语言学与诗学译丛
赵奎英 主编

C. S. Lewis

STUDIES IN WORDS

语词谈薮

〔英〕C. S. 刘易斯 著

丁骏 译

商务印书馆
The Commercial Press

C.S. Lewis
STUDIES IN WORDS

Chinese (Simplified Characters) Trade paperback copyright
© 2023 by The Commercial Press.

All Rights Reserved

本书根据剑桥大学出版社 1967 年英文版译出

本书得到教育部哲学社会科学研究后期资助项目的资助
（项目批准号：22JHQ037）

语言学与诗学译丛
编者前言

　　自从20世纪初西方出现"语言学转向"以来，语言已成为哲学、诗学、美学以至整个人文社会科学关注的前沿问题，从语言角度研究文学，从语言学、语言哲学角度研究文学理论的"语言学诗学"亦成为20世纪以来西方文学理论中的重要领域。尽管在"语言学转向"之后又出现了这样那样的转向，但并没有使"语言学转向"成为历史的遗音，相反，这各种各样的转向都可以从语言学转向找到根据，并使语言学转向在更为深广、更为基础的层面上继续发挥作用。人们对语言问题之所以会有如此持久的热情和兴趣，不仅在于20世纪初西方哲学领域出现的"语言学转向"这一重要的思想事件，而且亦由语言本身的性质和地位所致。我们知道，语言既是我们生存的空气又是我们存在的方式，既是最基本的文化现象，又是最基本的文化载体，既是构成文学的最基本元素，又是文学最直接的存在方式，语言无论什么时候都理应是文学、文化研究的基本问题。雅各布森在《语言学与诗学》中曾经说:"一个对语言的诗性功能充耳不闻的语言学家,和一个对语言学问题漠不关心、对语言学方法所知甚少的文学研究者都同样是不能容忍的不合时宜之人。"雅各布森的这一陈述虽然是在 50 年前做出的,但时至今日,仍对我们有振聋发聩的作用。

我们知道,西方文学理论学界,自从 20 世纪初俄国形式主义把语言学与诗学研究相结合以来,历经捷克布拉格学派,英美新批评,法国结构和后结构主义,以至今天盛行于英美和欧陆各国的文体学、叙事学研究,把语言与文学,语言学与文学理论、文学批评结合起来的努力一直处于持续发展的状态。1980年,"国际诗学与语言学协会"(简称 PALA)在英国成立,其宗旨就是要推动语言学与诗学的交叉研究。这个学会在世界范围内开展学术活动,每年举办一次年会,并拥有一份国际性的专业刊物《语言与文学》(*Language and Literature*)。除《语言与文学》这一会刊外,1972 年,由伊顿·特雷弗(Eaton Trevor)创办的《文学语义学》(*Journal of Literary Semantics*),也旨在推进语言学与文学之间的交叉研究和探索。而近些年来在西方欧美学界兴起的语言与文学、文化之间"界面"研究(Interface Studies),也是运行在这一理路上的。

与国际上语言学与诗学研究的繁荣局面相比,国内在这一领域的研究和译介则显得冷清得多。虽然我们的古人早就说过:"在心为志,发言为诗"(《毛诗序》),"心生而言立,言立而文明"(刘勰《文心雕龙》),"文之作也,必得之于心而成之于言"(孙复《答张洞书》),都认为"语言"是诗文得以"成""立"的根据，都认识到语言与文学、文化甚至文明的关系；虽然中国学界也有不少学者从事文学语言学或语言学诗学方面的研究，并产生了一些有分量的重要成果，但相对于中国这个庞大的学术队伍来说，相比于国际学术界的相关研究和语言问题本身的重要性来说，我们在这一领域投入的力量还显然不足。20 世纪 80 年代出版了一些俄国形式主义和英美"新批评"方面的文论选，并且陆续有一些结构主义和叙事学方面的译作问世，对推动当时的中国文学理论界对语言学诗学的关注，以及文学观念和文学研究方法的革新无疑都起到了巨大的作用，但对于这个在西方文论史上具有划时代意义并且今天仍在持续发挥重要作用的文学研究领域来说，还是远远不够的。正是鉴于国内学术界在语言学与诗学研究和译介方面的这一状况，我们主持编选"语言学与诗学译丛"，以使这一未竟的事业得以持续、深化和发展。

本译丛从翻译 20 世纪以来的语言学与诗学研究方面的经典理论家的经典作品开始，再逐步向涵盖更广的、当今时代的语言学与诗学研究领域的优秀作品延伸。所遴选的篇目涵盖俄国形式主义、捷克布拉格学派、法国结构主义、言语行为理论以及文学阐释学这几个与语言学和诗学研究关系最为密切的领域中的经典或优秀之作。通过这套译丛，希望能对国内学界"尚未完成"的语言学转向，尚未充分展开的语言学与诗学研究有所推进或助益，并能对更深入地理解当今的一些文学、文化研究现象提供可能的语言学路径。

我们知道，在语言学转向之后在西方学界又出现了"文化转向"、"空间转向"等等多种转向，但这些转向并非意味着"语言学转向"以及与之相关的语言学与诗学研究已经失去当下意义。文化转向、空间转向都是与语言观念的诗化、审美化转向相联系的，它实际上也可看作语言学转向的深化、扩展和延续。西方传统的哲学语言观强调语言的逻辑和语法本质，如果从逻辑的角度看语言，文学与非文学，文学语言与非文学语言就势必成为不同的东西。但随着语言观的诗化、审美化的转向，人们逐渐抛却了往日的对于语法和逻辑的虚妄信念，不再从逻辑和语法，而是从诗、文学、艺术或修辞解释语言的本质。如果一切语言都具有修辞本性，都是诗，是文学，文学将不再是一种特殊的文体，它将与所有用语言写成的文化文本交织汇融在一起。文学既然失去了明确的边界，文学研究自然也疆界难守，并从而拓展成了一种宽泛的文化研究。这便是"文化转向"得以发生的内在语言逻辑。同时，在西方哲学文化传统中，对于语言的逻辑和语法本质的强调又是与一种线性时间观相联系的，反对语言的逻辑和语法本质，势必又导致对于线性时间观的批判和质疑，从时间化向空间化的转向也就顺理成章了。从这一意义上说，文化研究、空间研究等都不是对语言研究的摈弃，而是一种"内化"或"转化"而已。这也使得，当人们从语言学角度切入这些研究领域时，便会更有效地切中问题的内在机理。

另外，需要指出的是，我们这套"语言学与诗学译丛"中的"语言学"不是在严格的学科意义上使用的，它既包括"语言学"，也包括"语言哲学"。"语言学与诗学"研究也因此是"语言学、语言哲学与文学理论"的交叉研究领域，而这一领域显然不是一个封闭的王国，也不是形式主义研究的代名词，相反，它是一种开放的、具有极强辐射力和增生力的研究领域，语言与哪些现象有关系，"语言学与诗学"研究就与哪些现象有关系。如语言与心理、语言与存在、语言与符号、语言与修辞、语言与文化的关系，也决定了语言学与诗学研究关涉这些领域。同时，对于语言学与诗学研究来说，西方学者一方面从语言角度研究文学或对文学语言进行专门研究，从而生成一种"原生性"的"语言学诗学"理论，如俄国形式主义、英美"新批评"等；另一方面也对这些"原生性"的语言学诗学进行"继发性"研究，从而形成一种"继发性"的"语言学诗学"，如乔纳森·卡勒的《结构主义诗学》等。无论是"原生性"还是"继发性"的语言学与诗学研究，都可能由于它们所依据的语言学、语言哲学基础或选取的研究对象的不同而形成不同的研究谱系，如语言形式诗学、语言文化诗学、语言存在论诗学、言语行为诗学研究等等。由此我们可以清楚地看出语言学与诗学研究的增生性、开放性。这种开放性也决定了我们这一"语言学与诗学译丛"不是完成式的，而是开放性的。

最后需要特别说明的是，译丛的筹划离不开南京大学周宪教授的关心、鼓励和支持。从译丛的最初提议，到篇目的最后选定，再到出版社的联系，周老师都给予了大量的无私帮助，译丛出版之际，特别向周老师致以最诚挚的谢意！译丛的编选还得到编者在英国伯明翰大学访学时的合作导师迈克·图兰（Michael Toolan）教授的帮助和指导，在这里也向图兰教授表示衷心感谢！与编者一起访学的学友，中央民族大学外国语学院教师赵明珠博士，也为译丛做了许多细致的工作，也一并表示感谢！同时衷心感谢商务印书馆的大力支持！也感谢各位译者积极参与译丛的翻译工作，没有他们辛苦的劳动，译丛的面世也是不可想象的。

赵奎英
2015 年 4 月 17 日于南京

献给

斯坦利·贝内特和琼·贝内特

目 录

序 ··· 1

1 导言 ·· 2
2 NATURE［兼谈 PHUSIS, KIND, PHYSICAL 等］········ 24
3 SAD［兼谈 GRAVIS］·· 82
4 WIT［兼谈 INGENIUM］·· 95
5 FREE［兼谈 ELEUTHERIOS, LIBERAL, FRANK 等］····123
6 SENSE［兼谈 SENTENCE, SENSIBILITY 与 SENSIBLE］······146
7 SIMPLE ··181
8 CONSCIENCE 与 CONSCIOUS ·····························201
9 WORLD ··238
10 LIFE ···300
11 I DARE SAY ··341
12 在语言的边缘 ··350

索引 ···367

序

本书基于我在剑桥大学任教最后几年的讲座，听众以学生为主。我实望亦可吸引旁人，惟需提醒诸位本书之所非。其非高等语言学论文。语言之本质，意义之理论，皆非本人关切所在。本书视角仅为词汇与历史的视角。对所选语词的研究旨在有助于更精准的阅读，究其被选之因则在于其对思想和情感的显明。第一章粗略概述一般语义变化类型，为实践指导所用；若引发深层问题，非我本意。

C.S. 刘易斯
1959 年 6 月于剑桥

1 导言

若论此书缘起，最初是本人不得已而为之的一样功课，后成私下偏好；最终是否得享研究之尊，则全凭他人定度了。我年轻时，领着学生们念盎格鲁－撒克逊及中古英语的文本，无论我本人还是学生，都不满于单单译出一个词在其特定语境中的义项，至于它在别处的不同义项则生记硬背，也无解释，仿佛它们是完全不同的词。天然的好奇，加之颇想省下些记忆的功夫，我们便想把这些词义连结起来，在可能的地方，看看它们究竟如何从一个中心词义发散开来。换了别人，也会做一样的事。既已启程，对那些幸存于现代英语中的义项便很难不觉得好奇。书页边的空白处和笔记本的内容也就渐次稳妥地丰富起来。吾人日益觉察到，十六世纪甚至于十七世纪的文本也需要阐释，相较于十一世纪或十二世纪的文本，阐释之需并无大减，且更显微妙；盖因古书中，哪些是不懂的，你我了然于胸，若是后面的书，则往往经年误读而尚不自知，直到发现一直是拿后起的义项误作了作者原本的意思。这样一路走来，似乎学习的不仅仅是词汇。最终，习惯成了第二天性；读书时遇见哪怕最小的语义上的不适，也会兴奋不已，好像狗儿见了猎物。诚然，如我这般从阅读中学到的东西，若翻开《新英语词典》*，则可得来全不费功夫。不过，我仍要建议诸位学我的样儿——很锻炼人——但凡时间允许。若在活的语境里遇见一个词，定能更好地理解这个词。只要可能，词典应该用来检验与补充我们的知识，而不是提供知识。

  同时，本书未来的读者或许会问，读我写的某一章节，与在词典里查我讨论的某个词，会有什么不同，这个问题很有道理。答案是，我所给的既是更多，也是更少。更少，是因为我从未试图巨细无遗；我年事已高，对那些伟大的词已不做此妄想。我给的更多，首先，是因为我让不同语言里的词汇并驾齐驱。我从古典英语语文学出发，完全不关注发音，也不关注单纯的衍生。我只关注语义关系，比如 *natura* 和 *nature* 的语义关系；其中一个由另一个"衍生"而来，这一事实于我的目的无关紧要。这也是为什么，*phusis* 与 *kind* 可以好好地放在 *natura* 的标题下。下文将谈及这样一个过程会有什么收获。其次，我多谈及词汇之语义发展背后的思想和情感历史，这在词典中既不可能也不适宜。我当然也去《新英语词典》里查对我的结论。词典常常给我完美的例句，我在自己的阅读中却遍寻不着；词典常常让我骇异（*pereant qui ante nos!***），只因我找到的美丽句子，词典里也赫

---

* 《新英语词典》即《牛津英语词典》（OED）的前身，出版于1837年，主编为查尔斯·理查森（Charles Richardson, 1775—1865）。[本书注释以星号为序者系译者注，以阿拉伯数字为序者系原注。所涉本书页码皆指英文版页码，参见本书边码。——编者]

** 此句拉丁引文意为"让捷足先登者见鬼去吧！"

然在目；而有时，词典给出的例句在我感觉，也许只是出于愚蠢的偏心，竟然还是我的句子更好些。词典里也有一些地方，我冒昧不敢苟同，且并非我没有自知之明。

　　我心目中的读者主要是学生。本书目的之一乃是经由某些特定语词帮助更准确地阅读古书；因此，也是鼓励所有人对其他更多语词做类似的探究。有人想要撇开语文学来研究文学，换言之，即研究文学无关乎对词的喜爱和知识，对此我时有耳闻。也许这样的人子虚乌有。倘若真有这样的人，若非异想天开，则必是铁了心要一辈子悉心守卫一个持续的错觉。我们读一首古诗，若对语词自古以降外延意义的变化，甚至是其词典意义的变化不甚了了——如果，我们确乎满足于语词碰巧在我们的现代头脑中留下的任何果效——则我们对诗的理解，当然不是古代诗人希望我们所理解的。我们可能自以为，眼前仍然是一首诗；但那将是我们的诗，而不是诗人的诗。我们若把这也叫作"读"古诗，实乃自欺欺人。我们若将还原诗人之诗的"仅仅是语文学"的努力拒之门外，则无异于维护此种自欺。诚然，谁都有权说他更喜欢他为自己所作的诗，亦即基于他对那些古诗的误译所作的诗，违背诗人本意之诗。我同他无所争。他亦无需与我有所争。人各有其志趣。

4　　要避免如此，知识不可或缺。仅凭智力与感觉是不够的。我以往的一次经历足可明鉴。老早还有毕业证书考试的时候，我们有一次从《裘力斯·恺撒》中抽了一段做考题：

　　　　Is Brutus sick and is it physical

> To walk unbraced and suck up the humours
> Of the dank morning
>
> （要是布鲁图斯病了，有这样医治的吗
> 宽衣解带走在潮湿的清晨，
> 把湿气全吸进身体）①

一个男孩解释 *physical* 意思为"明智的，正常的；'mental'或疯了的反义词"。若只是嘲笑男孩的无知却不赞叹他聪明至极，也太过迂腐了。无知之所以可笑，只因本可避免。但如果眼前的无知是无可避免的——我们读古书时常有类似的无知——如果因语言历史的遗落造成我们不知道，也不可能知道，mental 有"疯了"的义项，mental 和 physical 成为一对反义词都远在莎士比亚的时代之后，那么这个男孩的答案颇让人拍案叫绝。我们可能确实应该接受它，至少暂时算它是对的。因为在这段话里这个解释完全说得通，而且它赋予 *physical* 的含义可以演绎出一段语义发展过程——如果我们不知道按历史上的时间顺序是不可能的——这个过程也是相当有可能的。

因此，高度聪明又敏感的读者如果缺乏知识，不但不会对错误免疫，反而最容易犯错。他的脑袋里涌动着各种可能的含义。没人想到过的隐喻他信手拈来，完全属于他个人的复杂感受，微妙联想，模棱两可——应有尽有的语义杂耍——他都可以归到自己在读的作者身上。因此，对他而言，让一个奇怪的短语"讲得

---

① 《裘力斯·恺撒》，II, i, 261。

通"很少是办不到的。一个笨一点的读者不解的地方,一个聪明的读者就会误解——胜利地误解,聪明地误解。但是光光讲得通是不够的。我们要找到作者意图的义项。对一个段落的"聪明"解释往往只是一个信息量不够的聪明人又空欢喜了一场。一个智慧的读者绝不会炫耀把不通讲通的小聪明,他也不会接受哪怕是稍显勉强的含义,除非他完全肯定这个词的语义历史不允许有更简单的解释。最微乎其微的语义上的别扭也足以让他疑窦丛生。他会记下关键词,再去观察它在其它文本中的使用。这往往可以解释整个谜团。

通过把不同语言中的词汇并列观察,我得以发现一些远比衍生更有趣的词汇关系。比如,在 *phusis, natura* 和 *kind*,或者 *eleutherios, liberalis, free* 和 *frank* 的历史中,我们发现类似的、甚至是完全相同的语义变化各自独立进行着。实现这些变化的言说者属于不同族类,生活在不同的国家,不同的历史时期,且开始于不同的语言工具。在我们这个时代,语言分析师们让大家感觉人的思想恐怕完全受言语的调控,倒是我自己的观察给了我些许安慰。至少还有一些独立性。在思维结构抑或大脑思考的事物中,存在某些东西,可以在很不一样的条件下产生相同的结果。

有个人在听了本书的一个章节之后(当时它还是一个讲座),对我说:"您让我都不敢开口说话了。"我明白他的意思。对我们寻常思想所用的词汇做长时间的思考,可能造成暂时的失语症。我觉得这是好事。说话的时候能意识到自己在做什么,意识到词汇是多么古老、脆弱却又(用得好时)无限强大的工具,善莫大焉。

这意味着我知道什么是好的语言,什么是坏的语言。我确实知道。语言是交流的工具。能以最轻松的方式做出最微妙且无限量的意义区分,就是最好的语言。既有 *like* 又有 *love*,要比只有一个 *aimer* 更好。英语中以前可以区分 "I haven't got indigestion"(我眼下没有消化不良),以及 "I don't have indigestion"(我没有消化不良问题),这要好过没法区分,眼下美国人对 "I don't have" 的使用就有这样的趋势,英国人也在跟上。

接下来我们要看的就是一些好的词,或者好的义项,失去了它们的锋芒,或者是重拾锋芒,后者更少见,或者是获得一种新的锋芒,可以实现不同的目的。我努力不牵涉道德说教,但如果我能让读者最终获得对语言的一种新的责任感,也将深感欣慰。相信我们什么都做不了,是毫无必要的失败主义。我们的对话起不了什么作用;但是如果我们能出版——尤其如果我们是有影响力的作家、批评家或记者——对某些可怕词汇的流行我们是能助长或削弱的;出现一种法语或美语的语言现象,如果是好的我们可以鼓励,如果是坏的我们也可以抵制。因为媒体今天出版的许多东西,几年之后就会被大众说话者所效仿。

verbicide,词汇谋杀,有很多种方式。语义膨胀是最常见的一种;有些人教我们用 *awfully*(可怕地;非常)代替 very,*tremendous*(巨大)代替 great,*sadism*(施虐狂)代替 cruelty(残忍),*unthinkable*(无法想象的)代替 undesirable(不想要的),这就是在谋杀词汇。另一种谋杀法是"晦涩",这里是指对一个词的使用类似做了一个永远不会兑现的支付承诺。比如,把 *significant*(意义非凡)当作一个绝对的词来使用,又完全没打算告诉我们此物究竟何处 significant。再比如,*diametrically*(截然)

用来修饰 opposite（相反），仅仅是为了把后者放入最高级。人们犯下词汇谋杀的罪行，往往是因为他们想把一个词抓过来当党派的旗帜，盗用它的"销售力"。当我们用 Liberal（自由党）和 Conservative（保守党）替代了 Whig（辉格党）和 Tory（托利党），词汇谋杀就发生了。但是词汇谋杀最主要的原因还是这样一个事实，即大多数人显然更急于表达自己对事物的赞成或反对，远胜于去描述事物。因此，词汇也倾向于变得更少描述性质，而更多评价性质；然后就成了评价性词汇，同时仍然保有隐含的某种好或坏的痕迹；最后就成了单纯的评价性词汇——good 或 bad 的无用的同义词。在后面某章节里我们会看到 villain 一词的这种发展过程。rotten（腐烂的；恶劣的）已经彻底变成了 bad 的同义词，以至于我们如今想表达 rotten 的意思时，也不得不用 bad，何其反常。

我不是在建议经由某种复古的纯粹主义，来弥补已然产生的损失。然而，我们自己下个永不谋杀词汇的决心，这未必毫无用处。如果现代批评界的语言貌似正开启可能最终导致 adolescent（青春期的）和 contemporary（现代的）成为 bad 或 good 的同义词的过程——更奇怪的事也已发生——那我们就应该把这样的用法从我们自己的词汇库里驱逐出去。我禁不住要把我们在一些公园里会看到的对句改装一下——

    Let no one say, and say it to your shame,
    That there was meaning here before you came.
    （别让人说，说了也是你丢脸，

你来这儿之前,这里有过意义。)*

在结束本章前我要对在后面章节会反复出现的主题,做一个音乐家们所言的"陈述"。

I. 分支效果

如你我所知,词汇总在获得新义。新义不必也往往不会覆盖旧义,既然如此,这个过程不应被想象为昆虫变形,而是大树抽枝,这些枝条又会再抽发新枝;事实上,就是语义分支。新分支有时候会遮蔽斩除旧分支,但这并不常见。我们会一再看到,尽管某个词后发的义项无比庞杂,想象中早该把它最早的义项赶尽杀绝,但那些旧义项却历经几个世纪仍蓬勃兴旺。

语文学家的梦想是把一个词的所有含义图表化,以期获得一棵完美的语义树;每根嫩枝都被追溯到分枝,每根分枝再追溯到树干。这几乎很少能完美实现,但也无妨;所有的研究都终于怀疑。但显然存在一些真正的危险,即我们会忘记绝大多数语词使用者既不知有此树,亦毫不在意。甚至那些确实对语义大树有所了解之人,待到用词时也往往不会虑及大树。这就像所有人移动时都会使用肌肉,但多数人不知道也不在乎是哪些肌肉;即便是

---

* 这里应该是作者在公园里看到的公益宣传文字,号召游客不要破坏草坪之类。"Let no one say it/ And say it to your shame/ That all was beauty here/ Until you came" 据说引自英国小说家维尔·鲁东(Val Lewton, 1904—1951)。作者把原话中的 beauty(美)换作了 meaning(意义),以幽默的方式警告读者不要"践踏词义"。

解剖学家，打网球时也不会总想着这事。我们会用一个词的很多不同义项，这是在利用语义分支产生的结果。我们意识不到词的语义分支，对词也照用不误。

这就是为什么我无法同意燕卜荪*教授的观点，① 他提出当我们说"Use your sense, man！"（用你的理智，伙计！），我们是在暗示，要求对方做出的理智努力就和接受 sense-impression（感官印象）一样容易——换言之，我们是在隐喻性地使用 sense（即感官知觉）。后面一章里我会具体展开反驳：造成 sense 一词有这两个含义（理智和感官知觉）的语义分支产生于两千多年前，完全不必涉及隐喻。它已被"装盘"递给现代人。而这正是我此处关心的一个普遍原则。如果我们忽视某个词的语义历史，我们就可能认为普通说话者拥有某种独特的语义灵敏，而实际上他们既没有也不需要。事实是，我们听到普通人每天都在使用同一个词的不同义项，从不出错——仿佛舞步繁复依旧翩然的舞者。但这不是因为他们理解词义间的关联或它们的历史。

所有人都主要通过模仿学会自己的母语，部分是通过不断重复提问"那是什么意思？"，然后听长辈们匆忙给出些零星、业余的词典学回答。他不是先区分一个词的不同义项，以及不同的词——他怎么做得了呢？都得通过一样的方式去学习。是拉丁文练习里的 sentences（句子），还是坐牢的 sentences（刑期），是硬纸板 box（盒子），还是剧院里的 box（包厢），帮他做这些区

---

* 燕卜荪（William Empson, 1906—1984）：英国现代著名文学批评家。
① 《复杂词的结构》，1951，第 257 页。

分的是记忆力和模仿力，而不是语义体操。他甚至不会问哪些是不同的词，哪些是同一个词的不同义项。大多数时候，我们自己也不会问。船上的 *bows*（艏）和舞蹈老师教的 *bows*（弯腰礼），下山的 *down* 和往下的 *down*，一个男孩们的 *school*（学校）和一 *school*（群）鼠海豚，又有多少成年人知道这些词到底是巧合的同音异形词（就像 *neat*［干净］和 *neat*［家牛］或 *arms*［胳膊］和 *arms*［武器］），还是分支造成的同一个词的不同义项呢？

当然，一个孩子也可能具备语文学头脑。果真如此，它会自己构建想象中的语义树。但它不会解释自己已经学会的用法；应用并不是理论的结果。童年时我曾——可能和其他许多孩子一样——空想出一个理论，*candlestick*（蜡烛台）之所以这么叫是因为"它能把蜡烛抬起来"。但这不是我称之为蜡烛台的原因。我叫它蜡烛台是因为所有人都这么叫。

II. 语境的隔绝力

正是语境隔绝力这一重要原则使说话者能够赋予同一个词一打不一样的含义，也几乎没有混淆的危险。如果歧义（按燕卜荪教授的定义）没有经这一力量保持平衡，交流几乎不可能。在我的理解中，有一种现代诗，除非其中词汇的所有义项都在读者脑中启动，要完全读懂是不可能的。在本世纪之前是否存在这样的诗歌——是否这样去读古诗都将是误读——不是我们在这里需要讨论的问题。在我看来可以肯定的是，在普通语言中，词的义项是由语境控制的，而这一义项一般会把所有其它义项从大脑中摒除。我们看到"Wines and Spirits"（葡萄酒和烈酒），不会想到天使、魔鬼、幽灵和仙女——也不会想到古老医学理论中的"spirits"*。当有人说起 the Stations of the Cross（十字架苦路），我们不会想到火车站或者人生驿站。

突然侵入的不相干义项——有意或无意的双关语——会很搞笑，这就是语境隔绝力的证据。之所以搞笑是因为出乎意料。发生了一次语义爆炸，因为两个相距甚远的含义迎面撞上了；其中一个直到那一刻才出现在我们的意识中。如果它一直都在，就不会有引爆。有无数出于礼貌我无法（在印刷品中）复述的故事都清楚说明了这一点；这些故事中总有某位威严的人物，女校长或者大主教，站在讲台上，郑重其事地用了某个词的某个义项，完全没意识到这个词还有别的相当不合时宜的义项——因而造成可笑的失礼场面。观众们往往和说话者一样，也是在那一刻之前都对此毫无意识。因为公开的哈哈声或压抑的嘻嘻声，一般都不会立即爆发，而是在几秒钟之后。这位不雅的入侵者，不请自来的语义宾客，就是利用这点时间从大脑深处钻了出来，之前他都在那里睡觉，没轮到他的班。

train（裙裾）和 train（火车），或 civil（礼貌的）和 civil（平民的），magazine（存储库）和 magazine（杂志），它们不会互相干扰是因为不出现在同一个语境中。它们相安无事是因为互不挡道。

---

* 指某些类型的人。

III. 危险义项

当一个词有几个含义，历史境况往往让其中一个在某个时期处于主导地位。因此，station 在今天最可能是指火车站；evolution 最可能是用作生物学义项。我小时候 estate 的主导含义是"属于某大地主的土地"，但现在变成了"盖有房屋的土地"。

任何词的主导义项都位于我们大脑的最上层。无论在哪里遇到这个词，我们的第一反应就是赋予它那个义项。当这一操作的结果是说不通，我们当然会意识到自己的错误，再重新尝试。但如果这个义项也基本说得通，我们就会倾向于乐得如此。我们常常会被骗。在一位古代作家那里，这个词很可能是不同的意思。我将这样的义项称为"dangerous senses"（危险义项），因为它们会把我们引入误读。在考察一个词的过程中，我往往必须将它的某个词义区别为"危险义项"，我会在这个词（斜体）的后面加上 d.s. 来作为标记。

"safety"（安全）是 security 一词的"危险义项"，那么，security (d.s.) 就表示"security 的危险义项"。同样，philosophy (d.s.) 表示"philosophy 作为区分于自然科学的形而上学、认识论、逻辑等的义项"——这也正是我们容易误解古代作者使用这个词的意思，他们其实就是用 philosophy 指科学。fellow (d.s.) 的意思就是"fellow 用作表轻蔑的呼语"。

我们阅读的作者写作时所处的时代如果完全不存在这个"危

险义项",那么它就没有那么危险。适当的、且处于适当增长中的学识,会帮我们避开"危险义项"。但是情况往往更为复杂。眼下的"危险义项"可能当时已经存在,但还完全没有达到主导地位。它可能恰恰是古代作者确实想用的义项,但又与我们自己的用法很不一样,不太可能让我们想到是它。我们的任务不是淘汰一位不合格的候选人,那倒是相对简单;我们现在是在那些全都合格的候选人中特别偏向于某一位,要克服这一强烈倾向就难多了。

IV. 词的意思和言说者的意思

我从头到尾用"言说者"一词,也将作者包括在内。

当一个外国人或者教育程度不高的本国人确实违反了标准用法,误用了近音词,此时,某个词的意思和言说者想用这个词表达的意思之间的区别就以最原始的形式呈现出来。比如,想说"depreciate"(贬低),却用了 *deprecate*(反对),或者想表达"bored"(感到无聊),却用了 *disinterested*(无私的),想说"scare"(吓唬),却用了 *scarify*(划破)。但这不是我考虑的问题。即便没犯任何词汇使用错误,言说者的意思和词的意思也可能是不一样的。

"When I spoke of supper after the theatre, I meant by *supper* a biscuit and a cup of cocoa. But my friend meant by *supper* something like a cold bird and a bottle of wine."(我说看完戏去晚饭,我说的晚饭是一块饼干和一杯可可。但我朋友说晚

饭是指类似冻禽肉加一瓶红酒。）在这样的情境中，双方可能都同意晚饭一词的词汇（或"词典"）含义；可能就是"额外的一餐，如食用则为入睡前的最后一餐"。双方是以另一种方式用这个词"意指"不同的东西。动词"意指"同时用于词的本意，以及言说者的意向，这无疑是有问题的，也可以做出区别。但我在这里不是要开启"意义之意义"的讨论，或者高深的语言学。这没有必要。就这样使用"意指"，不作进一步区分，也是好英语，够我们用的。

言说者的意思和词的意思之间的区别之所以引起我们的兴趣，只有一个原因。且听我道来。如果某个言说者的意思变得特别普遍，那么最终这个意思就会成为这个词的众多含义之一；这是语义分支生发的方式之一。

对今天成千上万的英国人而言，*furniture*（家具）只有一个义项——一类家用动产（不太容易定义）。很多人如果读到贝克莱*的"all the choir of heaven and furniture of earth"（所有天国的天使和人间的一切），会把 *furniture* 的这一用法理解为他们自己知道的那个义项的比喻使用——这些东西之与人间犹如桌子椅子之于一座房子。即便是知道这个词的更广含义的人（即起"配备"作用的东西，如存储的、装备的或补给的），也肯定会承认"家用动产"是 *furniture* 的义项之一。事实上，在我的研究体系中，这正是 *furniture* 的"危险义项"。但它之所以成为这个词的含义之一，必定先是作为一个常见的言说者的意思。说"我

---

* 贝克莱（George Berkeley，1685—1753）：原籍英国的爱尔兰神学家和哲学家。

的 furniture"的人，在那个语境中往往确实在指自己家里的家具。这个词 furniture 却还没有这个意思；这是言说者的意思。当我说"拿走这个 rubbish"，我的"意思"一般是指这堆旧报纸、杂志和圣诞卡片。这不是 rubbish 这个词的意思。但是，如果足够多的人对于那类废纸有和我一样的反感，也足够频繁地使用 rubbish 一词来指称这些废纸，那么这就可能成为 rubbish 的义项之一。furniture 也是一样的道理，"家具"先是作为言说者的意思，然后固定为这个词的义项之一，且在口语中赶走了所有其它的义项。

经由同样的过程，"building estate"（建筑地产）正在成为 estate 在我们这个时代的主导义项。morality（道德）和 immorality（不道德）以同样方式成了"chastity"（贞洁）和"lechery"（淫荡）的意思。这一对美德和恶行恰是正人君子和好色之徒都最爱讨论的。又因为我们大多数人不是带点正经就是带点好色，还有不少是兼而有之，我们不妨直接说"是大多数人都最爱讨论的"。人们说"all that immorality"的意思往往就是"all that lechery"，以至于 lechery 成了 immorality 这个词的意思之一；事实上，除了在受过高等教育的群体中，"淫荡"已是"不道德"唯一的含义。

这是让词汇历史学家最头痛的现象之一。如果你想知道"家具"在什么时候成为 furniture 的含义（词汇义）之一，只是找到 furniture 明显就是指"家具"的最早文本，这毫无用处。这一使用可能仅仅是记录了言说者的意思。你不可能这样来推断"一个词的含义"，正如你不可能基于我本人对 rubbish 一词最习惯性的用法，推断出 *rubbish*（作为词汇）在1958年的义项之一是"废旧报纸等"。一位古代作者可能用 *gentle*（古代词义"上层阶级的"）来形容人的举止，这举止事实上显然符合我们口中的 *gentle*（节制，温柔，不严厉）；或者用 *wit*（古代词义"天才"）来指显然事实上是 *wit*（*d.s.*）（"机智"）的对象；或者用 *cattle*（古代词义"牲口"）指我们所知的 cattle（"牛"）。但所有这些都不能证明在当时这个词的现代词义已经存在。它们可能都是言说者的意思。

V. 战术性定义

如果你想知道某人对某个词怎么发音，直接问这个人是没有用的，有此兴趣的大多数人迟早都会发现。对这个问题的答复，很多人会给出一个出于势利心态或反势利心态而自认为最可取的发音。诚实且有自省力的人常常只能说："被你这样一问，我还真不知道这个词该怎么发音了。"无论如何，出于最好的意愿，念出一个词都是极其困难的——就这样冷不丁地念出来，完全脱离语境——又要和你在真实对话时的念法一模一样。正确的做法完全不同。你必须悄悄把对话引到某些主题上，可以迫使对方使用你感兴趣的这个词。然后你就能听到他真实的发音；他毫无防备时的发音，他不知道自己在用的发音。

词义也一样。要决定某个词在过去任何一个时段是什么意思，我们可以从那时的词典中获得帮助；尤其是双语词典。这些词典最值得信赖，因为编写它们的目的往往卑微且实用；编者就是想给出那个拉丁语或意大利语词的最接近的英语对应词。而一部纯英语词典则更可能被词典编纂家关于应当如何使用词汇的想法所影响；因此，对于这些词事实上如何被使用，单语词典的例证性反而差了些。

不过我们一旦离开词典，就必须对所有的词汇定义持谨慎态度。若德莱顿*定义了 *wit* 或阿诺德**定义了 *poetry*，我们便觉得可以拿他们的定义作为证据，证明这就是他们作品中这两个词出现时的意思，世上也没有比这更呆的事了。他们两人竟然会对词下定义，这本身足以让人生疑。除非我们是在编词典或者科技教材，只有当我们某种程度上要偏离词汇真正流行的义项时，才会亲自去下定义。否则没有必要这么做。否定性定义尤其如此。荣誉，或自由，或幽默，或财富"不是这个或那个意思"，这样的陈述恰恰证明这个词正开始具有这个或那个意思，或者早已经有了。我们告诉自己的学生 *deprecate*（抨击）不是 *depreciate*（贬低）的意思，或者 *immorality* 不仅仅指 *lechery*，是因为这些词正开始意指这些东西。我们事实上是在抵抗一种新义项的生长。这样的抵抗可能是正确的，因为这种用法可能会让英语作为交流手段变得越来越无用。但是除非它已经出现，否则我们不可能去抵抗。我们不会警告学生 *coalbox*（煤箱）不能指 *hippopotamus*（河马）。

讲 *wit* 的章节会说明这一点。我们会发现古代评论家对这个

---

* 德莱顿（John Dryden, 1631—1700）：英国桂冠诗人、剧作家、批评家。其创作时代有"德莱顿时代"之称。

** 阿诺德（Matthew Arnold, 1822—1888）：英国诗人、教育家、评论家。

词下的定义不仅与其它的例证相矛盾，而且评论家笔下也会自相矛盾。我们会发现，他们在不经意时使用这个词的义项，正是他们自己下定义刻意要排除的。哪个学生读十七世纪关于 wit 的批评论战，如果以为批评家们说 wit 是这个意思，他们就真的一直或经常用 wit 来表达这个意思，那么他最终会完全一头雾水。他必须明白这样的定义是纯战术性的。他们是想让某一派人可以使用一个强有力的词，而不让另一派人使用它。今天你也能看到同样的"站队之争"。某一类作家说"诗的精华在于"，或者"一切庸俗都可以被定义为"，然后炮制出一个自打开天辟地就没人想到过的定义，跟任何人的实际使用毫不搭边，他自己也很可能到月底就会忘记。只有当我们意识到这是一种战术性定义，这样的现象才不再令人困惑。这个漂亮词必须被临时窄化，以便排除他不喜欢的什么东西。这个丑词必须被临时拓宽，甚或即刻拓宽，以便溅污某位仇敌。十九世纪对 gentleman 一词的定义也是战术性的。

我当然不是说（因为我不知道）这样的定义不能有自己的用处。我只是说，这样的定义不具备为词汇的实际意义提供信息的用处。

VI. 方法性习语

假定我们无意中听到一段对话，其中有一句是"I'm afraid Jones's psychology will be his undoing"（琼斯恐怕就毁在他的 psychology 上了）。我想我们大多数人都会觉得这句话的意思是，乔恩的心理状态会危及他的成功和幸福。但是，假定我们之后又发现，这段对话发生在两位考官之间；乔恩则是参加考试的一名考生；而"psychology"（心理学）是三门要考的科目之一。那么这句话此刻意思就不一样了——琼斯其它两门科目都考得很不错，却因为考砸了心理学而失去了获奖机会。换言之，*psychology* 既是一门科学，也是这门科学研究的事物（甚或事物的某一样本）。

我称这一语义转移为方法性习语。它可能会造成歧义："Freud's psychology" 可能指我们都耳熟能详的一个主题（弗洛伊德的心理学），或者是很少被追究的一个话题（弗洛伊德的心理）。但是"my anatomy"几乎肯定指某位解剖学家作为专家所说的关于我的生理事实，而不会是我的解剖学理论或学识。如果忽视方法性习语，就很难解释 *physical* 这个词。弥尔顿*在《教会统治的理由》①里说，《圣经》中的赞美诗比品达**和卡利马科斯***更优秀，"not in their divine argument alone but in the very critical art of composition"（不仅仅在其神学观点，也在其写作的批判性艺术），批判性艺术，作为方法性习语，一定是指批评家的阐述艺术；这样去阐述的是诗人。"the scientific fact"（科学事实）这个表达很有意思，最早可能是指真正属于科学的

---

   *   弥尔顿（John Milton, 1608—1674）：英国伟大诗人、政论家。代表作《失乐园》《复乐园》《力士参孙》等。
   ①   《第二卷序》。
 **   品达（Pindar, 518—443 BC）：古希腊抒情诗人。
***   卡利马科斯（Callimachus, 310—240 BC）：古希腊诗人。

或"制造科学"的一个事实——这一关键事实的发现使大范围的进一步的科学发现成为可能。但是我觉得,大多数现代人用这个表达只是在说"科学家们知道的那类事实"。方法性习语用在 history(历史)这个词上,也造成了一些困惑。这个词是指发生在过去的事件本身,还是想要发现并理解这些事件的研究,往往很难确定。

VII. 身份词的道德化

最初指人的等级的词——法律、社会或经济地位以及与这些相关的出生条件——倾向于变成指称某类品性和行为的词。暗示优越地位的会变成赞美词;暗示劣等地位的就成了负面词。chivalrous(侠义),courteous(文雅),frank(坦诚),generous(慷慨),gentle(温柔),liberal(自由),以及 noble(高贵)都属前者;ignoble(可耻),villain(恶棍),以及 vulgar(庸俗),皆为后者。

有时情况也会更复杂。我从小到大听到 bourgeois(中产阶级)作为修饰语,在很多语境中都是一个表达鄙视的词,但背后的原因各异。我小时候——我是个中产阶级男孩——这个词被在其之上的阶级用来指称我所属的阶级;它的意思是"非贵族阶级,因而庸俗"。等到我二十多岁时,情况发生了变化。我所属的阶级被在其之下的阶级诋毁;中产阶级此时的意思是"非无产阶级,因此是寄生虫,反革命"。于是,它总是一个批评的词,用来把某人归到那个阶级,而正是这个阶级为世界贡献了几乎所有的神学家、诗人、哲学家、科学家、音乐家、画家、医生、建筑师和管理者。当中产阶级因为不属于无产者而被鄙视时,我们就有了违反上述一般原则的一个例外。一个较高阶级的名称暗示更糟糕的品性和行为。我视之为革命情势下的特殊、暂时的结果。早期用法——"非贵族的"bourgeois——是正常语言现象。

很多人会把身份词的词义转移诊断为人类根深蒂固的势利症状;语言的暗示当然几乎从来都不曾平等主义。但这不是故事的全部。还有两个因素加入。其一是乐观主义;人们相信,或至少是希望,社会地位高过自己的人也确实比自己更优秀。另一个因素远为重要。像 nobility 这样一个词,当它不仅指人的地位,而且也指与这个地位相匹配的礼貌和品性时,就开始获得社会—伦理含义。但是只要对这些品质稍作思考,很快人们就不得不反省,有时候贵族不一定高贵,有时候平民也不一定不高贵。相应地,自波爱修斯*以降,欧洲文学就普遍认同了真正的高贵出自内心,让人变成恶棍的不是地位,而是恶性,会有"ungentle gentles"(不温柔的绅士),也有"gentle is as gentle does"(温柔一如绅士)。因此,我们所思考的这种语言现象,对于上层的傲慢和下层的奴性都既是一种逃离,也是一种肯定,而傲慢和奴性在我看来,才应该被叫作势利。某些言行举止被理想化地或乐观地赋予贵族阶层,这提供了一个范式。很明显,就很多贵族个人而言,这是一个没有实现的理想。但范式留存下来;任何人,

---

* 波爱修斯(Boethius, 480—524):欧洲中世纪百科全书式思想家,古罗马晚期重要哲学家之一。

即便是那个坏贵族本人，都可以尝试遵循范式。一个新的伦理观念上台了。

我认为，这一伦理观念最强大的地方是贵族与中产阶级相遇的边界。宫廷从其下的阶层吸取独具天赋的个体——比如乔叟——作为供自己娱乐的表演者或助手。我们一般认为乔叟在宫廷学习礼仪。毫无疑问就是这样；宫廷的礼仪比乔叟自己家的更为优雅。但是我们又怎么会怀疑他也在宫廷教授礼仪呢？像乔叟这样一个人，他期待在宫廷看到礼仪和高贵的范式被实现，基于范式已然实现的假定他写下不朽的诗篇，就这样，他贡献出对宫廷现实风气的批判——无意识的批判——却无人能够拒绝。那不是奉承，但听者如沐春风。正如人们说的，被爱的女人会变得更美，基于身份地位的高贵也会因为被如此对待而变得更"高贵"。贺拉斯们、乔叟们、拉辛们、斯宾塞们，就是这样让资助他们的贵族变得更为高贵。也是经由他们，无数优雅从贵族阶级流入中产阶级。这一双向交通产生了一个文化群体，其中的成员是两个不同阶级中最优秀的个体。如果这也是势利，那么我们就得把势利看作文明最重要的育婴室之一。若没有这个文化群体，除了上层的财富和权力，以及下层的阿谀或嫉妒之外，还能有什么呢？

2 NATURE
[兼谈 PHUSIS, KIND, PHYSICAL 等]

本章我们要讨论希腊词 *phusis*，拉丁词 *natura*（及其衍生词），以及英语词 *kind*。此三者皆多义词，其中有两个义项为三词所共有。二义之一看起来是三词分别独立发展所得。另一义则是 *phusis* 最先独有，随之转入 *natura*，再经由 *natura* 进入 *kind*。可见，*phusis* 是让故事复杂之始作俑者，也因此，我们不妨无视时间顺序，先谈未希腊化的拉丁词和英语词，再转向希腊词，这样故事才最好讲。

I. "NATURA"

目前为止，*natura* 最普遍的本义类似于"种"、"类"、"特质"或者"特性"。如果你问某样东西"是什么样的"，在我们现在的语言意义里，你所问的就是这东西的 *natura*（属性）。你告诉别人某样事物的 *natura*，你就是在描述那样事物。十九世纪英语里的"description"一词（"I do not associate with persons of that description"［我不会和那样一类人交往］）往往就是 *natura* 的近义词。恺撒派侦查部队探查 *qualis esset natura montis*，山是什么样的，是一种什么山。① 昆体良﹡说起一个人 *ingenii natura praestantem*（XII, I），头脑特质出类拔萃。西塞罗﹡﹡的书题 *De Natura Deorum* 可以被译作"神是什么样的"。

需要注意的是，恺撒想知道某座山的（无疑是独一无二的）特性，西塞罗则是在写众神所共有的特性，贺拉斯﹡﹡﹡可以说 *humana natura*，② 所有人共有的特性。此处有逻辑上的区别，但从语言学角度来说，两种用法是一样的。某类别或某物种拥有某一特性，某个例或个人也可以拥有某一特性。

究竟是物种还是个例的概念最突出，这往往不太可能、也没有必要弄清楚。西塞罗说"*omnis natura* strives to preserve itself"（*omnis natura* 力图自保）③。我们到底把 *omnis natura* 译作"每个类别或物种"，还是"每种（事物）"，由是"任何种类的事物"，由是"一切事物"，区别并不大。

若有意再往前追溯，则可注意到 *natura* 与 *nasci*（降生，作

---

① 《高卢战记》，I, 21。
　﹡ 昆体良（Quintilian, 35—96）：古罗马修辞学家。
　﹡﹡ 西塞罗（Cicero, 106—43 BC）：古罗马政治家、哲学家。
　﹡﹡﹡ 贺拉斯（Horace, 65—8 BC）：古罗马著名诗人、批评家、翻译家。
② 《诗艺》，353。
③ 《论至善和至恶》，IV, 7。

动词）是同根词；还有名词 natus（降生）；natio（不仅是种族或民族，也是生殖女神的名字）；甚至于 natura 本身可以指性器官——英语词 nature 以前也有此义，但显然只限于女性。试图建立精确的语义桥梁是冒险之举，但是某一事物的 natura 乃其原生或曰"固有"特性，这层含义还是明显存在的。

若向前看，则路径清晰。natura 的这个义项尽管很快会受到不同源的大量语义发展的威胁，却还是表现出惊人的持久力，在英语词 nature 中，这仍是一个常用义项，不输其它任何义项。每天，我们都会说到"the nature of the case"(or of the soil, the animal, the problem)（这件事［或者这片土地、这只动物、这个问题］的本质）。

II. KIND

在英语语言最早期，kind 便既是名词（盎格鲁－撒克逊语 gecynd 和 cynd）又是形容词（gecynde 和 cynde）。

作为名词的各个义项与 natura 非常接近。在盎格鲁－撒克逊语里，这个词就有现代英语里的意思，即某"种"或"类"。于是，wæstma gecynde 是水果种类，又比如，在埃尔弗里克[*]关于《圣约翰升天》的讲解里，柳条奇迹般地变成了金子，又能立即被变回到原来的 gecynde。"物种"这个义项尽管如今已

---

[*] 埃尔弗里克（Aelfric, 955—1020）：盎格鲁－撒克逊作家、隐修会长，著有《天主教布道文集》、《圣徒传》等。

成古义，但是对《圣经》钦定本的读者来说仍然很熟悉："every winged fowl after his kind"（各样飞鸟，各从其类）。①

gecyndlimu 或者 "kind-limbs"（种肢），指生殖器无疑。盎格鲁－撒克逊语的《凤凰》（1.355）的作者说到只有上帝知道那鸟儿的 *gecynde*，他是指鸟的性别无疑。但这究竟是作者的意思，还是这个词的意思，尤可存疑。他用 *gecynde* 指"性别"（sex），可能仅仅因为性别是一种分类，无法命名，只能凭借上下文来定义；正如埃尔弗里克在他的《语法》一书中将 *neutrum*（中性）归类为 "neither cynd"（二类皆非），他是用 *cynd* 指词的"属性"（gender）。我们很容易忽视拉丁文赋予这种词性分类一个特殊名称（即 gender），这何其不同寻常；希腊文只能用 *genos*，德语则是 *Geschlecht*。

kind 也可指 "progeny"（后裔），"offspring"（子孙后代）。在《农夫皮尔斯》*里，野兽皆"循理"，懂节制，"in etying, in drinking, in gendrynge of kynde"（无论食、饮、繁殖后代）②，已婚夫妇若不生产 *kynde*（后代），则会招致咒诅③。与此义项紧密相关的是更为广义的 "family"（家庭）或 "stock"（世系）；某一宗族就是一个 *kind*，正如中世纪英语版的《创世记》和《出埃及记》中，雅各与众多同 *kinde*（宗）者一起离开迦南（ll.

---

① 《圣经·创世记》1：21。
* 《农夫皮尔斯》：14世纪晚期的头韵体长诗，传说是中世纪英格兰诗人威廉·朗格兰（1332？—1400？）的作品。
② 《农夫皮尔斯》，XIV, 144。
③ 同上，XIX, 223。

239f.）。莎士比亚写"came of a gentle kind and noble stock"（出身贵胄）①，其中"gentle kind"和"noble stock"为同义反复无疑（正如《祈祷书》里的"认错和悔过"）。

因此，名词 kind 虽然与 natura 在历史上并无连结（除非真正追溯到久远之前），但有着足够相似的语义场，没有太大的理解困难。而形容词形式（gecynde, cynde, cyndelic, kind, kindly）则有着远为复杂的语义贮存。重建两词之间的桥梁已不复可能，至于桥上交通往来之方向则更无处求证。"桥梁"确乎是太过机械的意象，词义之间的相互影响，其微妙与互反，堪比一群交好的友人。

1. kind 的形容词，意为"hereditary"（遗传的）——遗传当然是随出身或家庭（或 kind）而来。于是，《贝奥武夫》（1. 2179）里说，贝奥武夫与许基拉克*在故乡都有"gecynde land"（继承的土地），继承的庄园。同样，一位 kind 或者 kindly 领主，是继承了爵位的领主。盎格鲁－撒克逊语的《波爱修斯头韵诗》中，哥特人据说有两位 gecynde kings（继承爵位的国王）②。在马洛礼**的书中，亚瑟王让兰斯洛特和鲍斯***动身去照看他们死去的父辈的土地，"and cause youre lyege men to know you as for their kynde

---

① 见莎剧《佩里克利斯》V, i, 68。
* 许基拉克：瑞典南部叶亚特部落的国王。
② 《艾尔弗雷德的波爱修斯》，W. J. 西格菲尔德编（1899），第 151 页。
** 马洛礼（Thomas Malory, 1405—1471）：英国作家，《亚瑟王之死》的编著者。
*** 兰斯洛特爵士和鲍斯都是亚瑟王传奇中的圆桌骑士，后者是前者的侄子。

lord"（以使汝之子民知汝为其世袭之主）。① 可以想见，由此引申开去，一位完全合法的领主与征服者或者篡位者的区别，也许正在于"kindly"。"The Red City and all that be therein will take you for their kindly lord"（红城及城中所有皆以汝等为其世袭之主）。②

有趣的是，拉丁词 naturalis 的法语和英语衍生词，全都发展出了同样的义项。在德维尔阿杜安*的《君士坦丁堡的征服》里，十字军向拜占庭人形容阿历克塞为 vostre seignor naturel（你们的合法君主）；在锡德尼**的书中，我们会看到"your naturall prince"（你们的合法王子）③，莎士比亚则有"his natural king"（他的合法国王）④。naturalis 在拉丁文内部发展出这一义项，这是不太可能的。但是有人知道名词 kind（或其法语对应词）与拉丁词 natura 对应，那么，当这些人用拉丁文写作时，很可能会觉得，naturalis 倒不妨可以拿来对应做形容词的 kind。

2. 任何体现某物、或某人之种类或性质的行为或状态——是某物、某人的特点，典型的，正常的，也因此是可期待的——可称之为"kind"。我们被告知，贝奥武夫在某一场合表现英武，这对他而言就是 gecynde（l. 2696）——"just like him"

---

① 《亚瑟王之死》，Vinaver 版，第 245 页，第 17 行。Caxton 版本中没有。
② 同上，Vinaver 版，第 714 页，第 5 行。Caxton 版本中没有。
* 德维尔阿杜安（Villehardouin, 1160—1212）：骑士，历史学家，曾参与并记录了第四次十字军东征。
** 锡德尼（Philip Sydney, 1554—1586）：英国诗人、廷臣、军人，代表作为传奇故事《阿卡迪亚》。
③ 《阿卡迪亚》，II, xxvi, 4。
④ 《亨利四世》，Pt 3, I, i, 82。

（正合其人）。马洛礼让一对恋人在床上"clipping and kissing as was kindly thing"（纠缠、亲吻，此等应景之事）——恋人们当然会这样。① naturally 的这个相关义项可能是受了 kindly 的影响。naturaliter 不是"当然"的意思，而"naturally"以及 *naturellement* 常常做这个意思讲。这个意思与"naturally"的其它义项相距甚远，我们甚至可以说"As my hostess had cooked it herself, I *naturally pretended* to like it"（既然是我的女房东亲自做的，我当然假装喜欢吃了）。不过，gecynd 和 natura 最初的对应关系历经几个世纪之久，其中一个的任何义项被另一个的任何义项所感染，都是有可能的，发展出"当然"的意思，也就不足为奇了。

　　从典型或者正常的概念到恰当、合适、合意，可谓一步之遥。事实上，*proper*（恰当）这个词本身的词义变化就是一个颇震撼的例子，最初是指属于某物，或者某物定义的一部分，后来发展为某物所应具备的。菲拉图斯*说"so unkinde a yeare it hath beene... that we felt the heate of the Summer before we coulde discerne the temperature of the Spring"（今年非同寻常……尚未察觉春的气温，却已感知夏的热度）② "unusual"（异乎寻常）一词应可覆盖此句中 *unkinde* 的全部意思，尽管也许还略带着对不合适或者不适宜

---

① 《亚瑟王之死》XI, viii. Vinaver 版，第 804—805 页。
* 菲拉图斯：英国散文家黎里（1554—1606）的散文传奇《尤弗伊斯和他的英国》中的人物。
② 《尤弗伊斯和他的英国》，亚伯编（1919），第 465 页。

的抱怨。克丽西达问，任何植物或生物如果没有"his kinde noriture"（恰当营养）还如何维持生命，①此处，要区分是一个有机体的典型或正常的食物，还是适宜或恰当的食物，是不可能的。但是当马洛礼要点数哪些骑士尽力医治厄尔爵士，他说"we must begin at King Arthur, as is kindly to begin at him that was the most man of worship"（必由亚瑟王起，由最受崇敬者起方为合宜），②这里很清楚有价值判断，肯定有"合适"或"恰当"的意思。

3. 有时候，形容词的意思很像古典拉丁文中的 pius；介于"dutiful"（恭顺的）和"affectionate"（诚挚的）之间。一个 pius 或"kind"（在此意义上）之人，并非一般地尽责，而是在亲缘关系或者其他个人关系中尽忠尽责。当锡德尼说"the Paphlagonian unkinde king and his kind son"（帕伐拉戈尼的坏王和他的好儿子）③，他的意思是说这位父亲是个很坏的（unfatherly［有失父亲身份的］）父亲，而这位儿子却是个很好的（filial［孝顺的］）儿子。这里我们也再次发现 natura 的衍生词发展出了 kindly 的这层义项，因此 unnatural 和 natural 可以指"缺乏（或拥有）恰当的人伦之情"，而 nature 本身可以指 pietas（虔敬）。这两个用法在威廉·布兰＊下面这句话中同时出现："Parents are more natural to their children then children to their fathers and mothers. Nature

---

① 乔叟，《特洛伊罗斯与克丽西达》，IV, 768。
② XIX, x. Vinaver 版本，第1147页，第3行，was 即 is。
③ 《阿卡迪亚》II, 10, 提示词。
＊ 布兰（William Bulleyn, 1515—1576）：英国伊丽莎白时代著名医生、学者。

doth descend but not ascend"（父母对孩子尽责胜过孩子对父亲母亲。虔敬确乎下指而非上指）。① 拉丁文 natural 和英语 kind 被莎士比亚用作同义反复："A brother in his love towards her ever most kind and natural"（一位总是对她尽职尽责的兄弟）。② 但是家庭（或 kind）并非成就 "kindness" 这一特殊职责的唯一范畴。忘恩负义也是一种 "unkindness"。懒人在《农夫皮尔斯》中承认他自己 "unkynde ageyns courtesye"（对礼节无情）；③ 帮他一个忙，他也无动于衷。

4. 我们释义单上的下一个义项与拉丁词 generosus 极为相近。如果 genus 是一个世系或者家系，那么逻辑上来说，generosus 的意思应该是"从属于，或者拥有某个家系"。但这样一来，它就成了一个无用的词，说一个人 generosus 等于什么也没说；因为每个人都有各自的家系。事实上，generosus 意思是出身良好，高贵，系出名门。同样，德国人如果说某人 geboren，他们的意思是 hoch-geboren，出身名门，或高贵。同理，形容词 kind 不是指"有一个家或者族类"，而是指"高贵"。在所有三种语言中，我们都可以想象这一义项发生的不同途径。当某人为自己的店铺做广告，称之为"求质店铺"，他便是忽略了一个事实，即坏与好一样，都是一种质；他所谓的"质"是指"优质"。而"a man of family"（有家世的人）的意思是，或者曾经的意思是，"a

---

① 《瘟疫对话录》（1564）。
② 《一报还一报》，III, i, 225。
③ 《农夫皮尔斯》，C. VIII, 43。

man of good family"（有好家世的人），也是同样的省略现象。*generosus* 和 *kind* 指 "好的（高贵）家庭的"，而不仅仅是 "家庭的"，这是路径之一。或者也可能是，有些人在早期社会被认为是 "没有家的"，几乎就是真正意义上的没有家。奴隶、乞丐、陌生人，他们不属于这个社群中任何能称之为家的群体。毫无疑问（再一想）他们肯定有过生理意义上的父母，甚至祖父母。但不是我们所认识的。他们甚至可能自己都不认识。如果你问他们父母是谁——家里是姓恩林斯，还是伯明斯，还是沃芬斯？——答案是 "没有"。他们在我们所知道的组织之外，就如动物一样。

接着，*kind* 经由某种途径便有了 "noble"（高贵）或 "gentle"（上流）之义：于是乎，在《创世记》和《出埃及记》(l. 1452) 中有了 "begotten of kinde blood"（生于高贵血缘）。可想而知——我们的祖先不是也说金属有 "贵" "贱" 之分吗？——这一含义可以延伸至人的范畴之外，于是一位名为海勒斯（Hales, 1656）的人会说嫁接 "apples and kind fruit upon thorns"（苹果和高等水果于荆棘之上）。也许正是沿着这一支义项我们抵达了克莉奥佩特拉的 "kindly creatures, turn all to serpents"（高贵生物，全都变为毒蛇）①——让所有更高贵、更上流的生物都变作我们所最憎恶的吧。马洛礼的一段文字讲到一只狮子与一条蛇打架，帕西瓦尔为狮子助阵，因为狮子是 "the more naturall beast of the two"（二者中更高贵者），此句颇可斟酌。如果 "more naturall" 意为更高贵，在所谓野兽的社群等级

---

① 《安东尼与克莉奥佩特拉》, II, V, 78。

框架中排位更高，则又成为拉丁衍生词（naturall）的语义受其日耳曼语对应词（kindly）影响的例子。

kinde 一词含纯社会义的例句并不多见。更多情况下，有一种隐约的颂扬意味（正如 noble 一词本身）。因此才有中世纪匿名长诗《珍珠》（l. 276）中的"kind jeweler"（高贵的宝石匠），以及《高文爵士》*（l. 473）中的"kinde caroles"（高贵的颂歌）。

5. "suitable"（合适的），*pius*（孝顺的），"noble"（高贵的）这些义项——尤其是最后一个，正如 gentle 一词词义的平行发展所揭示的——也许对以下这个义项的产生都具有一定的作用："软心肠的，富有同情心的，仁慈的——与残忍相对立的。""Each Christian man be kinde to other"（基督徒皆善待他人），朗格兰[①]如是说，我觉得他的意思正是我们现如今应该理解的意思。而这也是 kind 一词所具有的 *dangerous sense*（危险义项）。有时候我们可能会在一篇古文里读出这个含义，但事实却并非如此。在乔叟的这句话"She was a gentil harlot and a kinde"（她是个温柔的荡妇，善良的人）里[②]，两个形容词（gentil 和 kinde）的现代含义都说得通，但是，我觉得不能肯定。在赫伯特**笔下"I the unkinde, ungratefull"（我这不好

---

* 《高文爵士》：指 14 世纪的英语韵文浪漫诗代表作《高文爵士与绿衣骑士》，作者不详。
① 《农夫皮尔斯》，XI, 243。
② 《坎特伯雷故事集》，A. 647。
** 乔治·赫伯特（George Herbert, 1593—1633）：英国玄学派宗教诗人，工于格律和韵文技巧。

的，不感恩的)(出自《爱》)，用现代含义来理解就大错特错了；人对上帝报以一般的仁慈，这样的念头近乎荒诞。赫伯特是把自己归类于"不慈之母"，"不孝之儿"，对于人所能想象的最温柔、最亲密的关系，来自这种关系的最自然的吁请，他无动于衷，漠然置之；一个辜负了爱的人。

  kind 一词也用于情爱语境，这不是它的一个特殊含义，而是"仁慈或软心肠"这一含义的特殊使用——尤其是后者。接受你求爱的那个女人是软心肠的，因而可称之为 kind。这背后的动机很可能是语气委婉或者谦恭，往往也略带反讽的意味。切莫以为这是暗示这位女士热情或者理智，因此她的垂爱应当按照中世纪传统归因于仁慈，*pite*（怜悯），或者 *ore*（同情）。于是科林斯*这样写道：

> Fair Circassia where, to love inclin'd,
> Each swain was bless'd for every maid was kind.
> （美丽的切尔卡西亚，爱之乡，
> 情郎都有福，只因少女皆心慈）^①

这可能是委婉语的唯一例子了，有些地方 kindness 干脆成了（女性）强大性欲的别名；于是德莱顿语出惊人，说罗马女人对她们的情人用希腊话倾诉衷肠，"in the fury of their kindness"（激情

---

* 威廉·科林斯（William Collins, 1721—1759）：英国诗人，代表作《波斯牧歌》。
① 《波斯牧歌》，IV, I。

如狂）。①

III. PHUSIS

如果追溯得够远，(g)nasci 和 kind 有一个共同的词根。phusis 则有着完全不同的起源。它在各种印度－日耳曼语系的语言中有其代表，或者貌似其代表，且都显示了两大主要的语义分支；其一，类似"居，生活（于），住，存，在"（某地或某条件）；其二，"种植，生长（作及物动词，如'种'黄瓜或'蓄'胡子，以及作不及物动词，如胡子或黄瓜'生长'），成为"。第二个语义分支最好的代表是德语动词 phuein。狄俄尼索斯为人类种（phuei）葡萄；② 父亲生（phuei）儿子；③ "not to have been born (phunai) has no fellow"（未曾出世，也便未有同伴）④，索福克勒斯*如是说。

恩培多克勒**说"there is neither a phusis nor an end of all mortal things"（世间万物既无始亦无终），⑤ 其中的名词 phusis 除了"开始，形成"，不可能是其它任何意思。另一方面，更多时候，跟 natura 或者 kind 一样，这个词的意思是种类或特性或

---

① 《论戏剧诗》，《文集》，W. P. Ker 编，Vol. I, p. 54。
② 欧里庇得斯，《酒神的女信徒》，651。
③ 欧里庇得斯，《海伦娜》，87。
④ 《俄狄浦斯王》，Col. 1222。
　* 索福克勒斯（Sophocles, 496—406 BC）：古希腊三大悲剧家之一。
　** 恩培多克勒（Empedocles, 493—433 BC）：古希腊哲学家、诗人、医生。
⑤ 《残篇》，8。

"类别"。"a horrid phusis of mind"（一种可怕的心态），① "the phusis of the Egyptian country"（埃及农村的特性），② "the philosophic phusis"（哲学特性），③ 这些都是典型的例子。这层意思与动词 phuein 的含义之间的关联并不明显，尽管"桥梁"可以一如既往地搭建。亚里士多德在他那个著名的释义中就尝试了一把："无论每个事物面貌如何（hoion hekaston esti），其形成的过程一旦完成，此即我们所谓事物之 phusis"。④ 按此观点，一个事物的 phusis 即其生长至成熟之后的状态。⑤ 这一解释在我看来并非全无可能，只是亚里士多德的话并不能佐证，大卫·罗斯爵士认为这在语文学上是错的。和所有的哲学家一样，亚里士多德对词的定义最可服务于他的个人目的，而语言历史是少数几个他算不上杰出先驱的领域。

不过，早在亚里士多德说这话之前，phusis 就已经在"种类"之外又有了一个新的让人震惊的义项。苏格拉底之前的希腊哲学家们有了一个主意，要把他们所知道的或者相信的所有东西——神、人、动物、植物、矿物，一切的一切——全都归到一个名称之下；事实上，就是视"万物"为一物，将此无分明界限的异质的集合体变作一个客体，或曰伪客体。出于某种原因，他们选择的名称就是 phusis。于是，公元前六世纪末前五

---

① 欧里庇得斯，《美狄亚》，103。
② 希罗多德，《历史》，II, 5。
③ 柏拉图，《理想国》，410e。
④ 《政治学》，1252b。
⑤ 参见《形而上学》，1014b。

世纪初，我们有了巴门尼德*的伟大哲学诗歌，题目就是 About Phusis（《论自然》）。公元前五世纪我们有恩培多克勒的 About the Phusis tôn ontôn（《存在之物的自然》）。**

至于他们为什么选择 phusis 一词，对此我给不出任何自信的答案。

我们早已注意到在恩培多克勒的残篇里，这个词开始有"初始"的意思。这乍一听有点意思；一部讲"万物"的作品可能被命名为"太初"或者"始成"。然而，不幸的是，这是恩培多克勒的书。在此残篇中，他恰恰是在否认有任何的开端，我们也知道他整个的哲学体系就是否认开端的。生长和变化，任何类型的成长，在他看来都是假象。不管别人会怎么样，恩培多克勒是最不可能写"初始"之诗的。

另一种假设是，phusis 有时候对他而言是"存在"的意思。我们见过其他印度-日耳曼语里的同根词有类似的意思。而基于我们对语言一般表现的了解，我们不能否认这样一种可能性，即这一义项因语境绝缘力的保护不受其他义项影响，很可能早已出现在希腊语中，并且已经存在了几个世纪。真正的困难在于，这一义项没有留下任何痕迹。为了解释一个困难，我们是在虚构一个毫无证据的用法。

第三种假设始于我们注意到巴门尼德的作品题目本身让人头

---

* 巴门尼德（Parmenides, 515—450 BC）：古希腊哲学家，著有诗体哲学著作《论自然》。

** 中译本名字常为《论自然》。

疼。我们能解释恩培多克勒的"存在之物的 *phusis*",以及卢克莱修*的 *De Rerum Natura*(《物性论》)。两者都可以指"事物之面貌",两者也都仅仅是 *phusis* 和 *natura* 作为"特性、类别"这一义项的两个例子。如果我们据此假设巴门尼德诗歌题目中的 *phusis* 最初后面跟的是一个所有格(事物的,万物的,一切的),那么整个故事就水落石出了。人们起初追问这个那个东西是怎么回事,追问事物的 *phusis*。接着他们想到追问"万物"或者"整出戏"是怎么回事。答案就是给出万物的 *phusis*。经过省略法,起限定作用的所有格被去掉了,那个最初意为"种类"的词在某些语境中开始有"万物"或者宇宙的意思,而且也受这些语境的保护。这一切,我相信,都有可能发生过;我并非宣称我确知这曾经发生过。

无论是怎样发生的,这神奇的一跃已成事实。一干为数不多的善于思考的希腊人发明了 Nature(自然)——大写的 Nature,*nature(d.s.)* 或曰 nature 的"危险义项",因为这本书里讨论的所有词以及它们所有的含义,都不如"自然"危险,这是我们最容易擅自侵犯的一个义项。这个义项从 *phusis* 进入 *natura*,再从 *natura* 进入 kind。三者皆成为中国人所谓的(我这样听说)"万物"。

经由"自然"之义还产生了一些略有变化的义项,单纯的"自然"一义也有很多了不起的用法,而从语言学角度来说,前者比后者更为重要。严格地讲,"自然"没有反义词。当我们说

---

* 卢克莱修(Lucretius, 94—55 BC):古罗马诗人、哲学家。

某个特定事物是自然的一部分,我们对它的了解并没有增多。"万物"是一个没有多少话可说的主题。也许单纯的"自然"一义最主要的用法是作为表达乐观主义或悲观主义的语法上的主语:在此意义上,倒是很像 life(生命)一词。

但是,当 nature(d.s.) 失去其纯洁性,当它的含义被削减或"降格",它就变得重要起来。

巴门尼德和恩培多克勒认为他们原则上是在给万物一个描述。后来的思想家否定了这一点;他们倒不是想在这里那里加点什么特殊的东西,只是他们所相信的秩序远远不同于前人所描述的秩序。他们对这一观点的表述并非"phusis 所包涵的东西超过我们祖先的假设",而是(或直接或间接)"除了 phusis 之外还存在别的东西"。你一旦这样表述,那么 phusis 就被赋予了我称之为"降格"之义。因为本来这个词是指"万物",而你现在却说除了它之外还有别的什么东西。你事实上是在用 phusis 来指"所有那些我们的先人以为是全部的东西"。而如果不是有先人早已用一个词来概括那些事物,那么你所做的这一思想运动也将远为艰难;事实上,你是将一个集合体变成了一个带有唯一决定特性的客体。一旦走到这一步,用 phusis 这个词来指代那个客体就成为可能,而且轻而易举,只是如今这一客体不再等同于万物。"降格的危险义项"以单纯的自然为先决条件,并从中获利。古代的思想家们发明(姑且这么说吧)了"自然",这使得或者至少是帮助了,是否存在其它东西这一问题成为可能。

共有三个主要的运动促成了这一词义降格。

1. 柏拉图学派。众所周知,在柏拉图主义里,存在于空间和时间的整个可感知的宇宙只是一个模仿，或者产物：基于那些无法感知的、永恒的范型。这一产物或者模仿，由于它包含了古代作家用 phusis 来涵盖的所有东西，便自然而然地被称作 phusis；比如普罗提诺*说艺术模仿 phusis 的源头，即理念（logoi），而非可感之物。① 这是降格的自然，因为它不是指存在的一切，它远不如范式王国真实可贵。

2. 亚里士多德学派。亚里士多德曾批评巴门尼德一类的思想家，因为"他们只考虑感官能感知到的东西"②。亚里士多德把 phusis 定义为自身存在变化准则之物。它是自然（phusike）哲学的研究对象。（这很有启发性。我们正进入大学时代，降格的 phusis(d.s.) 可以被定义为某种学科的"对象"。很快，在一个新的意义上，所有人都将"知道什么是 phusis"：它是某某人讲授的内容。方法论的俗语从此生效。）但是在 phusis 之外还有两样事物。第一，不可改变也无法"独立"存在之物。这是数学的研究对象。第二，有一样不可改变且独立存在之物。这是上帝，不动之动者；他是由第三种学科研究的。③ "天空及一切 phusis 依赖"于他；④ 但丁在《天堂篇》（Paradiso, xxviii, 41）一字不差地复述过。

3. 基督徒。基督教的上帝与亚里士多德的上帝一样超验，但

---

* 普罗提诺（Plotinus, 205—270）：古罗马哲学家，新柏拉图学派主要代表。
① 《九章集》V, viii, 1；某些版本中是 xxviii, 1。
② 《论天》，III, 278b。
③ 《形而上学》，1064a. 人人丛书译本，第 156 页。
④ 同上。1072b，人人丛书译本，第 346 页。

是增加了（这继承于犹太教，也可能是继承于柏拉图的《蒂迈欧篇》）上帝是 phusis 之创造者的概念。降格的 *nature*(d.s.) 至此既区分于上帝，又与祂相关联，类似艺术品之于艺术家，或仆人之于主人；因而在塔索*笔下，natura 臣服于上帝脚下。①

中世纪时又发生了进一步的词义降格或曰限制，nature 一词因此甚至不再涵盖被创造的宇宙。nature 的领域向上只延伸至月亮的轨道。这也许可以使我们精确理解乔叟让拟人化的 *nature* 所说的话。

> Eche thing in my cure is
> Under the Mone that mai waxe and wane.
> （我能治愈之物
> 在或盈或亏的月亮之下。）②

这一意义降格也许听起来幼稚，却是源于亚里士多德所做的月下和月外的区分，这一区分的目的是涵盖在他那个时代对太空观察的结果。③ 上文早已引用过了，不仅是 *phusis*，而是"天空及 *phusis*"都依赖于上帝。④

当我们强调 *nature* 是神造之物这一概念，我们得到了另

---

* 塔索（Tasso, 1544—1595）：意大利文艺复兴后期诗人。
① 《被解放的耶路撒冷》，ix, 56。
② 《医师的故事》，C.22。
③ 《宇宙论》，392a。
④ 《形而上学》，1072b。

一组对比。异教徒的神话（可以在奥维德*《变形记》的第一部里找到）和《创世记》似乎都同意事物最初的状态是无序（*tohu-bohu* 或混沌），后来变为有序，并发展为一个 *kosmos*（宇宙）（*kosmein*，安排，组织，美化，由此得 cosmetics［化妆品］）。此后宇宙可以被称之为 nature，并与之前的——也许还有后来的——无序互为对比。于是乎，弥尔顿将混沌描述为"the womb of Nature and perhaps her grave"（自然的子宫，抑或其坟墓）。①

不过除了所有这些意义的降格，也存在意义的升华。这在"自然"被命名之前同样不可能发生，对早期希腊神话②的精神而言也是完全陌生的。但是，你一旦可以讨论"自然"，也就可以把它神化——或曰"她"。于是就有了我称之为"伟大的自然母亲"的含义；nature 曾经不仅仅指所有存在之物，作为一个集合甚或一个体系，而是所有存在之物内含的某种力量或者头脑，或者 *élan*。当然，某个例句中"大自然母亲"这一含义暗示真正的拟人（一个被信仰的神），还是作为修辞手法的拟人，这往往是无法确定的。西塞罗说克利安西斯**把神之名赋予大脑以及所有 *natura*③ 之精神，几乎可以肯定是前者。但是当他说"除了

---

* 奥维德（Ovid, 43 BC—17）：古罗马诗人，代表作《变形记》。
① 《失乐园》，II, 911。
② 神话中的神，有父母、历史以及出生地，他们当然是"自然"的一部分。
** 克利安西斯（Cleanthes, 331—232BC）：希腊斯多葛派哲学家，提出唯物主义的泛神论，认为宇宙和上帝是同一的。
③ 《论神性》，I, 14。

Natura 还有哪个工匠能有这样的技巧？"① 就可能只是修辞了。当马克·奥勒利乌斯*，或者任何正常的斯多葛派成员，称 Phusis 为"神中最长者"（IX, I），我想这事实上就是宗教语言；而对出现在斯塔提乌斯**的《底比斯战纪》中的 natura 我则表示怀疑。不过，中世纪诗歌中的主角 kinde 或 natura 和 physis 或 nature，"vicaire of the almightie Lorde"（万能之神的主教），是一种拟人，尽管是极为严肃和活跃的拟人手法。

"大自然母亲"已经被证明是迄今为止最有影响力的一个义项。正是"她"生生不息，她厌恶真空，她是 die gute Mutter（好母亲），她残酷无情，"从不会背叛爱她的心"，她淘汰不适生存者，她催生越来越高级的生命形式，她发号施令，她制定目标，她警告，她惩罚，她安慰。即便此时此刻，我也不能肯定这一含义是否总是单纯作为修辞手法使用，因为即便不用修辞，也可以表达同样的含义。检测的方法是去掉修辞，看看这含义还剩下多少。无论如何，在所有的神庙中，"大自然母亲"总是最难推倒的一座。

IV．"NATURE"及其相反之义

我们以上讨论的这个义项也许看起来确实很强大，以至于一

---

① 《论神性》，II，57。
  * 马克·奥勒利乌斯（Marcus Aurelius, 121—180）：罗马皇帝，新斯多葛派哲学主要代表。
  ** 斯塔提乌斯（Statius, 45—96）：古罗马诗人。

旦产生，就会统领，或者可能是吞噬这个词所有其它的义项。但是，每一天我们都在证明事实并非如此，因为我们总会说"the nature of the case"（这件事的本质）或者"a good-natured man"（一个生性善良的人），而我们脑子里并不会出现"自然"的概念，无论是严格还是降格意义上的，无论是拟人抑或本意。意义的等级体系不像事物的等级体系。某个词指向最古老事物的义项其本身不必是最古老的义项；指向某个包罗万象之事物的词义其本身也不必包罗万象。我们称之为"自然"的东西可能是一个树干，我们全都生长于这树干之上；而"自然"这个义项则根本不是语义的树干，所有的意义并非生长于这一义项之上。这个义项本身也只是众多树枝中的一枝。因此，如果作者们使用 nature 这个词，我们就说他们想的是"自然"，那我们就大错特错了。更大的错误是，看到正面使用 nature 一词就认为反映了对自然的乐观态度，负面使用 nature 便是对自然持悲观态度。这些使用也许有不同的源头，不一定就是反映对自然的态度。当然，"自然"的含义在背景中时隐时现，常常显出修辞的形式，有时作者所说的内容需要不同的词义，但其想法也会受"自然"义的影响。

最好的办法是，对每个例子都要问自己，能不能找到与 nature 相反的含义，接下来我们就来看看这些相反的概念。能找到它们就能证明这里并非"自然"之义（自然是没有反义词的）。

V．"NATURAL"与"UNNATURAL"

共两个主要分支：

1. *natural* 可以指"拥有该有的感情",或者 *pius*,因而 *unnatural*(前文早已指出)当然就是与之相反之意。于是,老哈姆雷特的鬼魂才会说,凡谋杀皆"丑恶已极",然则他本人的谋杀"strange and unnatural"(既奇特又有违天伦),因为那是弑兄。

2. 任何发生改变而不同于其原属种类或族类(*nature*)的东西可以被形容为 *unnatural*,前提是这样的改变是说话者所悲叹的。行为可以 *unnatural* 或者"affected"(做作),不仅是当这一行为被认为偏离了某人 *nature*(本性)会引领的方向,而是当这一行为偏向恶的方向。一个胆小的人强迫自己勇敢,或者一个暴躁的人努力保持公正,他不会被叫作 *unnatural*。"unnatural vices"(邪行)之所以得此名,是因为人的口味将自己特有的原初的倾向,亦即 *phusis*,换作了大多数人认为是更糟糕的倾向。(持续的节制,尽管也是对 *phusis* 的偏离,却只有无法接受节制的人才会称之为"不自然"。)有可能"大自然母亲"的含义对此有一定的影响,因为在中世纪的拟人手法中,自然之母很喜欢谈论繁殖力,里尔的阿兰*所著的 *De Planctu Naturae*(《自然的悲叹》)中,她所"悲叹"的就是同性恋。但我不觉得这有充分的事实根据。

为什么 *unnatural* 总是作为谴责语(unearthly[超自然的]就不是这样),这很难理解。也许是和这个词最初的强烈的贬义用法(缺乏该有的情感)有关。

足够明显的是,这两个含义没有一个是 *nature(d.s.)*(大自

---

* 里尔的阿兰(Alanus ab Insulis, 1125—1203):法国神学家、诗人。

然）的衍生，自然当然也包囊了弑兄和变态，正如它包囊了一切。

VI. "NATURAL" 以及被干涉的

这一含义有一个美妙单纯的例子，出现在乔叟的作品中。中世纪的天文学家们相信，太空中较低的天体有一个自西向东运行的天然趋势，但是自东向西运行的"第十层天"＊，却迫使它们往相反方向运行。乔叟于是抱怨"firste moeving cruel firmament"（最高境界的运行中的残酷苍穹）迫使所有"that naturelly wolde holde another way"（原本天然往另一方向而行的）事物往西去。① 当然这两种运动都为自然所包含。但乔叟所想的不是自然。我们读他这句话的时候也就不该想到自然。他的用法非常熟悉易懂，无需多想，我们立即就明白他说的"would naturally"是什么意思；他的意思是"会自动地，自发地，如果不被管束的情况下"。同样，亚里士多德下面这句话也不难理解："We must study what is *natural* (*phusei*) in specimens which are *in their natural condition* (*kata phusin*), not in those which have been damaged."（我们必须研究标本中天然的内容，处于天然状态的标本，而不是已遭毁坏的标本。）②

这一义项是最古老的义项之一，是 *nature* 或 *natural* 最难的

＊ "第十层天"：古希腊天文学家托勒密的天动说中的最外层天体。
① 《律师的故事》，B. 298。
② 《政治学》，1254a。

含义之一。任何事物的 nature（本性），源头，内在的特性，自发的行为，这些可以与事物由外力强制之下的表现或者行为成为对比。一棵紫杉树，在被修剪工修剪之前是天然的；喷泉中的水被迫向上喷射，这与水的本性相违背；生蔬菜是 au naturel（天然的）。此处 natural 是指天赋的。

　　这一不被干涉者与被干涉者之间的区分也许对哲学家来说，并非不言自明。这一区别可能被认为是把一种非常原始的、几乎是神秘的抑或动物性的因果关系神化了。因为，在现实世界中，一切都不断地受到其它事物的"干涉"；完全的相互干涉（康德的"彻底相关性"）是 nature(d.s.)（大自然）的本质。然而，这一对比之所以鲜活，是因为人每天都在获得的经历，是实际生活的人，而不是思考的人。未经开垦的土地和清理干净的、经过排水的、竖起篱笆的、被耕种的、播种的、除过杂草的土地，它们之间的对立——未被驯服的和已被驯服的马——被抓住的鱼和被开膛破肚的、洗干净的、油煎过的鱼——每一天我们都在亲身经历。这就是为什么，nature 作为"天赋的"，我们的起点，我们尚未对其"做过什么"的东西，是一个如此持久的含义。这里的我们，当然是指人类。如果蚂蚁有语言，毫无疑问，它们会把自己的蚁冢称为制造物，把自家附近的砖墙描述为一个 natural（天然）之物。事实上，nature 对它们来说就是一切非"蚁造"之物。同样，对我们来说，nature 就是一切非人造之物；任何事物的天然状态就是未经人改造的状态。这是 nature 与人类之间的对立（在哲学上臭名昭著）的源头之一。我们作为中介，作为干涉者，无可避免地站立于所有其它事物之上；它们都是可供利用的原始材料，或者需要克服的困难。这也是或褒或贬的各种弦外之音的丰富源头。当我们哀叹人类的干涉，则被人所改变的 nature 当然是原汁原味的，是未经败坏的；当我们赞许干涉，则 nature 就是粗糙的、未经改良的、野蛮的。

在我们必须考察的语言中，这一对立都不可避免地体现出来。在柏拉图那里，事物或因 nature（phusei）或因艺术（techne）也许会处于令人满意的状态。① 自发的死亡，不是经由外在暴力，就是 natural（kata phusin）死亡。伊莱科特拉*被嫁给一个农民，这叫人难以忍受，而这个农民却因各种原因回避上她的床，其中一个原因就是他 naturally（ephu）贞洁；不是因为害怕，也不是经过痛苦的自律——他就是"这样一种人"。② 昆体良说，在演讲术中，没有训练单凭 natura 也能有所建树，但是只有训练没有 natura 却难有作为（II, xix）。这里说的 nature 当然是指学生"天赋"的能力，是老师能加以利用的东西。艾迪生**讲到 "the rustic part of the species who on all occasions acted bluntly and naturally"（这类人的乡土气，他们在任何场合的举止都是率直天然）③：他们没有主动去修整自己天然的举止（由性格、环境、激情所决定的举止），无论是朝向优雅还是做作的方向。

---

① 《理想国》，381a。
* 伊莱科特拉：希腊神话中阿伽门农和克吕泰墨斯特拉之女，怂恿弟弟杀死母亲和母亲的情夫，为被二人谋害的父亲报仇。
② 欧里庇得斯，《伊莱科特拉》，261。
** 艾迪生（Joseph Addison, 1672—1719）：英国散文家、剧作家、诗人。
③ 《观察者》，119。

这一对立很容易引起对"大自然母亲"的隐射，不需要对所说的内容造成任何改变；比如弥尔顿对天堂里的鲜花的描述：

> which not nice Art
> In Beds and curious knots, but nature boon
> Pourd forth profuse
> （不是美好的艺术
> 花床里奇特的枝节，而是天然恩惠
> 充盈倾泻）①

有时候，很难说是否一定隐射了"大自然母亲"，哪怕只是作为修辞手法。桑纳扎罗*在他的《阿卡迪亚》诗中表示，比起园丁艺术的产物，他更喜欢荒山上的大树，那是"天然的产物"（*de la natura produtti*）。这里的 *natura* 是为了唤起"伟大母亲"的形象吗，还是仅仅指"天然地"？塞内加**说"*natura* 不会产生德性；善是一门艺术"。②这可能仅仅是说"我们并非生而有德性，德性不会自动产生。我们必须努力去获得德性"。另一方面，塞内加是斯多葛学派成员，常常心系"大自然母亲"。当然也很有可能塞内加和桑纳扎罗都回答不了这个问题，甚至都没有提出过这个问题。

---

① 《失乐园》，IV, 241。
* 桑纳扎罗（Sannazaro, 1458—1530）：意大利诗人、小说家。
** 塞内加（Seneca, 4 BC — 65）：古罗马哲学家、政治家、剧作家。
② 《道德书简》，XC, 44。

VII. "NATURAL" 作为人的一个特性

我把这一大类分为三个小类，且必须警告读者，除了第一小类，我对其余两类都多少存有怀疑。第二小类我不能肯定自己是否理解；第三小类注定会边缘模糊，原因下文会出现。我觉得对读者来说，最后即便是一个可疑的分类（他可以自己再加以拆分），也比一个大杂烩更好些。

1. 波爱修斯论及世上的好东西，说无需太多，*natura* 就已满足。① 阿尔弗雷德的翻译很准确："in very little of them *kind* (*gecynd*) has enough"（寥寥几样，本性已觉足够）。斯宾塞② 有言："with how small allowance Untroubled Nature doth herself suffice"（无忧无虑的本性，能让她满足的分量，何其微不足道）。③ 亚当、夏娃、还有天使长一起吃饭，他们吃的东西 "sufficed, not burdened nature"（满足本性，而非成其负担）。④ 所有这些例子中暗示的对立，是人之本性所需——即人仅仅作为此种有机体的所需——与这个人或那个人因为奢侈、胡思乱想、或者赶时髦而想要的之间所存在的对立。这是 *nature* 作为天赋与被干涉之间更为一般的对立的一种应用。我们"内置"的胃口受

---

① 《哲学的慰藉》，II, Pr. v。
② 埃德蒙・斯宾塞（Edmund Spenser, 1552—1599）：英国诗人，以长篇寓言诗《仙后》著称。
③ 《仙后》，II, vii, 15。
④ 《失乐园》，V, 451。

到我们各自生活方式的干涉。

2. 但是以下这些使用说明了什么呢？一个 *natural* 是白痴或蠢人。"Love is like a great natural that runs lolling up and down to hide his bauble in a hole"（爱情像个大 *natural*，吐着舌头跑来跑去，把他的小玩意儿藏进洞里）。① 人体内无意识的巨大能量可以是 *nature*。"Ther nature wol not wirche"（它们*的 nature 不再运作了），乔叟这样描写垂死的阿尔希特，"Far-wel Physik! Go bear the man to chirche"（再见医生！把这人抬去教堂吧）。② 最惊人的是，德莱顿笔下的阿巴达拉说"Reason's a staff for age when nature's gone"（nature 消失后，理性就是老人的武器）。③ 必要时，我们可以去掉乔叟那一段。其中的 *nature* 可能是"大自然母亲"在这个人的身体里拒绝再运作了。而另两个例子则都暗示了 *nature* 与理性之间的对立。白痴是 *natural*，因为他缺乏理性，阿巴达拉只要还有 *nature* 就不会运用理性。既然人的 *nature* 被定义为"理性的动物"，则缺乏理性，或者理性的对立面被称为 *natural*，就显得很奇怪了。

我建议的解释如下。我们已经看到 *nature* 与人的对立如何在我们的现实生活中涌现。但这一对立同样也由另一个方向获得强化。《蒂迈欧篇》和《创世记》中的人都被表现为一类不同的特殊的造物；是上帝的一次新举动，将人加入 *nature(d.s.)*（大自

---

① 《罗密欧与朱丽叶》，II, iv, 92。
* "它们"应指人体器官。
② 《骑士的故事》，A. 2759。
③ 《格拉纳达的征服》，Pt. I, II, i。

2 NATURE[兼谈PHUSIS,KIND,PHYSICAL等]

然)。(在伯纳杜斯*的作品和里尔的阿兰所著的《安提克劳迪》里,人作为一种造物显得更为特别,更与众不同。)当然,与人相对的"自然的其余部分"也可以被称为自然。因此,我们感觉人与自然(其余部分)所共有的,因其是生物而非特殊生物,即为 natural,与人作为特殊的被造物的种差形成鲜明对照。于是,人在那些最不理性的状态和活动中可以是最 natural(与自然的其余部分相融合),这虽然是悖论,但并非不能理解。也许我们还可以补充说,人之特殊,即理性的运用与主导,只有通过每个个人的努力才能实现。人在理性得以发展之前的状态,或者说理性仍然被搁置的阶段,也许在"天赐"的意义上也因此为 natural——如果什么都不做,便会如是。白痴只不过是停留在了我们所有人最初所处的非理性状态。阿巴达拉将 nature 等同于激情或者激情的主导,因为激情会涌现并主宰我们,除非我们"干涉"自己。

按此思路,nature 一词可以获得以下含义:"并非为人所特有的,人与动物所共有的"。于是才有了这样的委婉语"a call of nature"(自然之召**)。于是乎,在乔叟的那段引文中,无意识的生理活动(消化、血液循环,等等)可以是 nature。

3. 我非常肯定我要讨论的下面这类含义是真实的;但是 nature 有一个更古老的含义使人怀疑,有些例子是否属于我要讨

---

* 伯纳杜斯:指伯纳杜斯·西尔维斯特(Bernardus Silvester),12 世纪的一位柏拉图主义哲学家、诗人。

** "自然之召":在英语中指大小便的感觉。

论的这层意思。我们已经知道 nature 可以是拥有"该有的感情"，或 pietas（孝顺）。因而其父鬼魂对哈姆雷特的下面这句话就有两种可能的解释："If thou hast nature in thee, bear it not"（你若还有 nature，不要再忍）（I, v, 81），普罗斯彼罗*的"You, brother mine that entertained ambition, expelled remorse and nature"（你，我的弟兄，满腹野心，驱走了悔恨和 nature）（V, i, 75）也是一样。鬼魂的意思可能是"如果你还有孝子之情"；普罗斯彼罗可能是说"你驱走了所有兄弟之情"。但鬼魂也有可能是说"如果你仍然有人性，如果你尚未远离人之 phusis"。而普罗斯彼罗可能是说"你驱走了天赋人性，自己将败坏自己的本性"。我怀疑还是第一种解释更有可能。（当然两种意思可能都有，或者这区别从来不曾在莎士比亚脑子里有意识地出现过。）不过当麦克白夫人祈祷说"no compunctious visitings of nature"（别让任何 nature 的愧疚之情）来撼动她毁灭的目的（I, v, 45），更有可能是第二种意思。她有可能是在祈祷她对邓肯作为一个国王、客人、同族者、恩人，所"该有的感情"和忠诚不要化作愧疚来找她。但是，与"unsex me here"（拿走我的性别）放在一起考虑，nature 似乎更可能是指"我原初的人性内容"。她是故意扔掉她作为女人的本性、她的人性以及理性（按我们祖先对理性的理解），并禁止它们再回来。

  nature 在这里似乎是善的，因为这个生灵正远离它的 phusis，走向更坏的东西。这与对普遍人性的乐观态度没有任何关系，与

---

* 莎士比亚《暴风雨》中的人物。

2　NATURE［兼谈PHUSIS, KIND, PHYSICAL等］

自然更加没关系。我们可以干涉我们天赋的 *nature*，或改善或损毁它；我们可以攀至人性之上，或沉陷其下。因此，在一个自甘堕落的人身上，他的 *nature* 就是仅存的一丝善（他的外形尚未丢失人性全部原初的光亮）。之后，人性就会成为他最终丢失的善。但是，当一个人正变得更好，正超越或者（我们所谓）"征服"他原初的心理 *datum*（资料），nature 相对就成了坏的东西——他体内尚未被征服或者纠正的内容。班柯* 是个好人，但是他却要祈祷 "Merciful powers, Restrain in me the cursed thoughts that nature gives way to in repose"（仁慈的大力，请抑制我心中那些可诅咒的念想吧，当我沉睡时本性就会向恶念屈服）（II, i, 7）。他体内原初的人性资料尚未完全被征服，仍然会在他睡梦中抬头。① 因此，约翰逊** 可以说："We are all envious naturally but by checking envy we get the better of it"（我们天性都会嫉妒，但是控制嫉妒就是战胜了它）。② 蒲柏*** 的用法更复杂——可以作燕卜荪教授的研究内容——他让艾洛伊斯这样说：

Then Conscience sleeps and, leaving Nature free,
All my loose soul unbounded leaps to thee. (l. 227)

---

*　班柯：莎士比亚悲剧《麦克白》中人物，被麦克白下令杀死，后以鬼魂显现，使麦克白暴露自己的罪行。
①　此种心理分析可以追溯到柏拉图的《理想国》，571a-572d。
**　撒缪尔·约翰逊（Samuel Johnson, 1709—1784）：英国 18 世纪著名作家、文学评论家、诗人、词典学家。
②　鲍斯威尔，《约翰逊博士传》，1778 年 4 月 12 日。
***　蒲柏（Alexander Pope, 1688—1744）：18 世纪英国著名诗人。

（良知睡去，天性得了自由，
　我放纵的灵魂不受羁绊，奔向你。）

从她虔诚的决心的角度来看，此处的 nature 是应该被征服的天赋部分，其顽固因此也是坏的。但是，她也可能是暗示她对阿伯拉尔的激情毕竟也是自然的，因此可以理解（我们必须回到这个用法）；在正常意义上的 natural，可以预期的，也许也是"大自然母亲"权威准许的，是她强加于人的，也就无可抗拒。性欲是自然的，因为性欲并非人所特有，也可能是这个概念。

目前为止，我举的例子都是伦理上的，一个人身上的 natural 部分因他本身的选择而显得在道德上更好或更糟。但是也可以作为"天赋"与语境中被认为是义务的、有罪的东西成为对立。有一个柯勒律治的例子（尽管借用了一个宗教用语）：

And happly by abstruse research to steal
From my own nature all the natural man.
（幸哉，玄奥钻研窃走
　我本性中那天然之人。）①

柯勒律治是在下决心，跟麦克白夫人一样，远离自己的 phusis，但并不败坏它（大多这么认为）。我们在《项狄传》*（V, iii）

---

① *Dejection*, VI。
* 《项狄传》：18 世纪著名小说家斯特恩的代表作之一。

里有一个同样的无关道德的对比,因"大自然母亲"而更复 53
杂:"When Tully was bereft of his daughter at first he listened
to the voice of nature and modulated his own unto it... O my
Tullia, my daughter, my child... But as soon as he began to look
into the stores of philosophy and consider how many excellent
things might be said upon the occasion... no body on earth can
conceive, says the great orator, how joyful it made me."(当塔
利失去他的女儿,一开始他倾听 nature 的声音,随之调节自己
的声音……哦塔莉娅,我的女儿,我的孩子……但是他一旦开始
看一堆哲学书,思考自己原本可以在这个场合说出那么多了不起
的话来……这位伟大的演讲者说,世上无人能想象,这让我多么
喜悦。)此处的"声音"是拟人;但真正的对比是天赋之物——
哲学家们,或任何人,都会自动感觉到的——与哲学和修辞(在
作者斯特恩*眼里是做作)可能对天赋做的改变。

VIII. "NATURE"与 GRACE(恩典)

上一节引用的班柯的晚祷已经把我们带到了这类用法的前
沿。人的 nature(就人本身而言)不仅可以如上所言与经过道德
努力所成之人形成对比,而且也可与经由神性恩典重造所成之人
形成对比。这一对照不仅仅是道德上的。克里斯蒂安娜说:"The
loss of my husband came into my mind, at which I was heartily

---

* 劳伦斯·斯特恩(Laurence Sterne, 1713—1768):18 世纪英国最重要的小说家之一。

grieved; but all that was but natural affection"（想起失去了我的丈夫，我便痛彻心扉，但这一切只是人之常情）。① 此处遭轻视或低估的所谓"人之常情"并非堕落或为人不齿的，而是在其自身程度或形式上合法合规，合情合理，是完全的善。但从基督教角度来说，转意归主带来新的动机、新的视角、以及对一切事物的重新评价，这一切上述例句中的 natural 完全没有包含。它不是需要忏悔的东西（大多数神学家的观点）；但它也并没有暗示"新人"。因此，它仅仅是 nature，不是恩典——或者说不是凭着信仰，或者非属灵的。当然，这种对照往往是很含蓄的：

> see, sons, what things you are!
> How quickly nature falls into revolt
> When gold becomes her object!
> （看呐，孩儿们，你们是什么样的东西！
> 本性那么快就堕入反叛
> 一旦金子成了她的目标！）②

此语境中 nature 一词的选用在莎士比亚时代具有鲜明的神学暗示。nature 意味着"处于自然状态的你我他"，意即除非或者直到为恩典所触。这就是作为赫伯特的某篇诗作标题的 "Nature" 之意。是指诗人本性中未改变性情的、未领受恩典的成分——是他的"旧人"、"旧亚当"，他的 vetustas，是充满反抗和怨恨的、未驯服的、

---

① 《天路历程》, Pt 2。
② 《亨利四世》, Pt 2, IV, v, 65。

危险的、致命的部分。这一对照的经典出处是在赫伯特的《效法基督》(III, liv)中:"Diligently watch the motions of nature and of grace... nature is subtle and always has self for end... grace walks in sincerity and does all for God"(孜孜不倦地观察天性与恩典的运作……天性微妙,常以自我为目的……恩典行在真诚中,一切为了上帝)。第二章里,作者又补充了一个语言知识:"for nature is fallen and so the very word nature (though she was created good and right) now means the weakness of fallen nature."(天性乃堕落,天性一词[尽管被造之初既善且正]当下之意为堕落天性之软弱。)

IX. NATURE 与模仿艺术

我们目前为止所讨论的对立,事实上都是同一个对立的变异;即作为天赋以及不被干涉的 *nature* 与它被改造之后的对立,无论结果更好还是更坏。眼下我们要看一个不同的对立;作为某个事物真实特性的 *nature*,与人们认为某个事物是什么样的,或者把它表现为什么样,并以此为依据来对待处理它,所形成的对立。

因此,诗人和画家据说是在模仿 *nature*。在此语境中的 *nature*(本质)主要是指艺术家们所表现的事物的真实特性(*phusis* 或者 what-sortedness)。当你画里的马像真马,或者你喜剧里的恋人举手投足像真恋人,则你的作品当然"true to nature"(忠于本然)或者就是"natural"(本然的)。正如我们把那些画出来的线条称为"马",或者称那些剧本里的人物为"恋人",那么这一模仿作品中的准确的描摹行为本身则可以称之为 nature。于是，蒲柏可以称一部作品"Where nature moves and rapture warms the mind"（本然流动，摄人心魄）；① 约翰逊会抱怨"In this poem there is no nature for there is no truth"（本然在这首诗中荡然无存，因为真理无处可觅）。②

对新古典批评中的 nature 一词做个全面的梳理，这需要写一本书，本书当然不会做此尝试。但是有两点必须申明。

1. 新古典主义批评家中有些人对 nature(d.s.) 抱有乐观态度，很愿意使用"大自然母亲"的比喻。但他们对艺术作品中的 nature 的频繁赞颂却不一定与此有何关联。他们可能在感情上略受影响，或者他们自己有时候也会困惑。但是从逻辑上来说，如果你的艺术理论是模仿论，你当然必须要称赞"追随"nature 的艺术家，当他们远离 nature 时则必须批评——必须称赞某个艺术作品中的 nature，批评 nature 的缺位——不管你对"大自然"作何感想。对模仿作品的判断必须基于作品与原型的相似度。

2. 我们早已听亚里士多德说过任何事物的 phusis 就是"what it is like when its process of coming to be is complete"（当其形成的过程完整之后的形态）。③ 我们还从亚里士多德那里获知，我们必须"study what is natural from specimens which are in their natural condition, not from damaged ones"（我们必须研究标本中天然的内容，处于天然状态的标本，而不是已遭毁坏的标本）。④

---

① 《论批评》，236。
② 《弥尔顿传》。
③ 《政治学》，1252b。
④ 同上，1254a。

一个不成熟或者变形的标本不会准确地展现其 *phusis*。而你一旦（从亚里士多德的《诗学》和贺拉斯的《诗艺》）得出艺术模仿普遍而非个别的理论，被模仿的 *nature* 事实上是所有种类（马、恋人）的各种 *nature*，则同样的原则既适用于艺术，也适用于生物学。这种普遍学说在新古典主义时期当然极为流行；"nothing can please many and please long"（没有什么作品能取悦大多数人，或者取悦很长时间），除非作品有"just representations of general nature"（对普遍本质的忠实表现）。① 如果他使用 *nature* 的复数，就会更清楚。② 显然，你只能在一个发展完全、正常、非变形的标本中展现某个种类的普遍 *nature*，才可能描绘它。脚的普遍 *nature* 不可能在一幅畸形足的绘画中获得揭示，无论画有多么逼真（虽然畸形足当然也是自然中的存在物）。小贩的普遍 *nature* 也不会在华兹华斯的诗作《远足》中的"漫游者"身上获得体现（尽管自然界应该也有过一个小贩碰巧就像这个漫游者，这也不是绝对不可能的。）

这一观点解释了托马斯·赖默*那些原本难以理解的句子。"Nature knows nothing in the manners which so properly distinguishes woman as doth her modesty"（女性本性温良恭谦）。③ 这不是说赖默头脑如此简单，以至于否认存在不谦卑的女人。他

---

① 约翰逊，《莎士比亚集前言》。
② 更清楚地理解这一理论的普遍意义。约翰逊自有他的理解。别人希望克劳迪亚斯或者梅尼乌斯表现出"国王"或者"元老院议员"的普遍性，而约翰逊则是希望"国王"或"元老院议员"的普遍性能表现出"普世之人"。
* 托马斯·赖默（Thomas Rymer, 1641—1713）：英国诗人、批评家、历史学家。
③ 《末日悲剧》，斯宾干，《十七世纪批评论文集》，Vol. II, p. 193。

很清楚大自然包括不谦卑的女人,正如大自然也包括长胡子的女人、驼背和同性恋。但是在他们身上我们无法观察普遍的女性 nature。他的观点因其后补充的一句话更为清晰:"if a woman has got any accidental historical impudence"(若一个女人显出意外的历史性的放肆无礼)(即不谦卑,impudicitia)"she must no longer stalk in Tragedy... but must rub off and pack down with the carriers into the Provence of Comedy"(她断不能再昂首挺胸于悲剧中……她必须消失,去到喜剧之城与那里的搬运工们为伍)。① 这样的女人适合出现在喜剧中(毫无疑问),因为喜剧的警示作用就是揭显对(普遍)nature 的偏离。但是女性的"放肆无礼"不是严肃诗歌的题材,因为虽然大自然中肯定存在,但那也仅仅是"意外"(逻辑意义上)以及"历史性的"。也就是说,只是特殊的,而如亚里士多德所教导的,记录具体的事件是历史而不是悲剧的功能。② 正是在这样的背景中,我们才能理解赖默关于伊阿古*的那句有名的评价。他谴责伊阿古为"insinuating rascal"(谄媚奸徒),而非"plain-dealing souldier"(普通的士兵)——"a character constantly worn by them for thousands of years in the World"(在这世界上存在了几千年的人物)。③ 赖默完全没有否认可能存在一个像伊阿古这样的士兵;关键是,就算他存在,也只是一个历史性的意外,并不能对士兵

---

① 《末日悲剧》,斯宾干,《十七世纪批评论文集》,Vol. II, p. 194。
② 《诗学》,1451a-b。
* 伊阿古:莎士比亚悲剧《奥赛罗》中狡猾残忍的反面人物。
③ 《悲剧略谈》(*Short View of Tragedy*),前引书,p. 224。

的普遍 nature 有何启发意义，因此也就不适合出现在悲剧中。

这一对典型性的要求很容易发展为对完美的要求，这不难发现。对完全正常的白菜的追求——正如我们强调"完美标本"——将意味着拒绝所有遭受历史性意外的白菜，比如这里是土壤贫瘠，日照不足（导致不同的生长期），那边是雨水过多或过少，等等等等。最后，你所寻找的就是理想中的白菜。我感觉这一发展更容易在绘画批评中看到。但是，当赖默说"no shadow of sense can be pretended for bringing any wicked persons on the stage"（把恶人带上舞台没有丝毫合理性）。① 他也正是在往那个方向发展。恐怕他是受了亚里士多德那句古怪箴言的鼓励：悲剧中的人物就应该"善"，舍此无他。②

X. 依凭"NATURE"还是依凭法律

一如上文中的对立，此处的 nature 也指向实际存在。某个事物本身 nature 使然，因此也是真实的状态，与法律（或风俗、传统）对该事物的定义形成对立。主张妇女参政运动中女性所提出的要求，或者非洲某地原住民的主张，用传统语言来表述的话，可能就是这样的："Our inferiority to you (men or whites) is legal or conventional, not natural"［我们相对于你们（男人或者白人）的劣等地位是法律或者传统意义上的，而非天然的］。亚

---

① 《悲剧略谈》(*Short View of Tragedy*), p. 197。
② 《诗学》, 1454a。

里士多德《政治学》第一部中对奴隶制的讨论是个很好的例子。亚里士多德认为有些人因其性格而特别适合做奴隶,同理另一些人特别适合做主人。因此一类是 natural 奴隶,另一类是 natural 主人。但是当然,奴隶买卖的实际情况是绑架、收购、战争中的俘虏,完全不能保证只有 natural 奴隶会成为奴隶。(奇怪的是,亚里士多德忽略了同样明显的一个事实,即那些奴隶主也往往并非 natural 主人。)因此,我们必须区分 natural 奴隶和法律上的奴隶:应该成为、也只适合成为奴隶的人,与法律视野中的奴隶。

你的父亲、师长、国王、或者你国家的法律宣称为公正或正确的是否就"真正"公正或正确,这肯定是个古老的问题。语言学分析师也许会成功说服世界(所有的政府都会拍手称快吧!),"真正正确"这一表达毫无意义;但是几千年以来,人们一直认为它具有丰富的含义。与政治统治者的法律相对立的"真正正确"这一概念,由索福克勒斯通过安提戈涅之口完美地表达出来:"I did not think your proclamation of such force that you, a man, destined to die, should override the laws of the gods, unwritten and unvarying. For those are not of yesterday nor of today, but everlasting. No one knows when they began."(你是人,终难逃一死,你如此强有力的宣言不该凌驾于神的律法之上,未曾写下却亘古不变。只因这些律法既不属昨天,也不属今日,而属永世。没人知道它们何时开始)。①

---

① 《安提戈涅》,453。

在一般散文中，这一对立的形式如下。柏拉图的《高尔吉亚》（482^e）中有人说到有些事物 "which are laudable (*kala*) not by phusis but by law or convention (*nomô*)"（值得赞美不是基于 *phusis* 而是基于法律或传统）。西塞罗则说："If, as it is naturally (*natura*), so it were in men's thoughts, and each regarded nothing human as alien from him"（如果，现实如此，人的思想亦如此，且无人视人性之物为陌生）。①柏拉图的 by *phusis* 在这里可以译作"基于现实"；西塞罗的 *natura* 可以译作"在现实中"。但是这样的想法导致一种新的用法，在历史上这一新用法甚至比 *nature* (*d.s.*)（大自然）的概念更重要。我们在《高尔吉亚》（483^e）的另一段里已经可以看到这种用法的兴起："They do these things according to the phusis of justice and, by heaven, according to the law of phusis, though perhaps not according to the law we men lay down."（他们做这些事是依照正义之 *phusis*，上天啊，是依照法律之 *phusis*，尽管也许并非依照我们人所制定的法律）。

注意，首先，一个如"正义"这样的抽象概念现在也可以有它的 *phusis* 了。我把这看作是追问国家"正义"是否真正正义的结果。因为这似乎在暗示"正义是什么样的——究竟是什么样的？"这个问题意义重大；那么你所追问的如果不是正义的 *phusis*，又是什么呢？

其次，我们现在有了"法律之 *phusis*"的概念。柏拉图笔下这个第二种 *phusis* 到底是什么意思，我完全不能肯定；但是看

---

① 《法律篇》, I, xii.

起来至少是指"现实"。现实的法律是真正的法律。但他是否也在带入 nature (d.s.) 或曰大自然母亲之类的东西呢？（他个人对 nature(d.s.) 的特殊降格在此无关紧要。）

无论如何，通向自然法（natural law）与民法（civil law）之间的巨大对立（古代、中世纪、以及近现代）之路如今已然大开；nature 之不可或变的普世之法与不同国家的不断变化的法律。但是 nature 一词的模棱两可允许人们用这一对立来表达大相径庭的政治哲学。

一方面，如果 nature 主要被认为是真实的（与传统及法律推定相对），nature 的法则被认为保障真正的善、禁止真正的恶（与坏政府所表彰的伪责任或者禁惩的真正德行相对），那么"nature 之法"当然会被认作是绝对的道德标准，任何国家的法律都必须以此为准绳，向其靠拢。事实上，那就是安提戈涅所说的律法。大自然母亲这时也可以加入，但是对斯多葛派学者来说，她是被神化的自然之母，或者对基督徒来说，自然之母就是"vicaire of the almightie lord"（全能之主的代表），将她从上帝那里因袭而来的律法铭刻在人心之上。托马斯·阿奎纳*、胡克**以及格劳秀斯***的作品都以这一自然法的概念为支撑。

另一方面，nature 可能是大自然的意思，而且甚至会特别强

---

* 托马斯·阿奎纳（Thomas Aquinas, 1225—1274）：中世纪意大利神学家和经院哲学家，其哲学和神学称托马斯主义。

** 胡克（Richard Hooker, 1553—1600）：英格兰基督教神学家，创立安立甘宗神学，主张政教合一。

*** 格劳秀斯（Hugo Grotius, 1583—1645）：荷兰法学家和诗人。

调大自然中非人类的部分（人与自然之间的顽固对立在这里起了作用），或者在人自身的话，就是特别强调那些不是人所特有的行为动机和模式。有些行为方式是非人类主体所固有的，人类主体只有在训练之后才会停止，以上这个观点中的"自然法"就是基于这些方式推断出的。于是，阿奎纳和胡克称之为"自然法"的东西现在成了传统；成了人为强加的，与 nature 之真实法则相对立，亦即我们只要足够大胆就都会自动做出的行为，也是所有其它生物的行为，是"自然"发生的行为。由此产生的 nature 之第一法则便是自我保存和自我膨胀，对此的追求可以不择手段，任何能想到的诡计和残忍都不在话下。这便是霍布斯*的"自然法"。①

XI．"NATURE"状态与世俗国家

以上两种观点中的任何一种都认可国家法是人为的，而 natural 法不是人为的。一个是人造，一个是天赐；因而这一对立尽管似乎始于真实与传统的对立，却又退回到我们更熟悉的原始（或曰未受损）与进步（或曰成熟）的对立。这也许就是为什么几乎所有的政治思想家，除了亚里士多德，都假定人类曾经一度没有社会组织，除了 nature 的法则之外什么都不遵循。这一"前国家"状态被描述为 nature，或者"nature 状态"。诚然，这或许也可以从相反两方面来看。它也许是一种原始的纯真，于

---

* 霍布斯（Thomas Hobbes, 1588—1679）：英国政治哲学家、机械唯物主义者。

是我们向世俗国家的过渡就是一种堕落。"The first of mortals and their children followed nature, uncorrupted, and enjoyed the nature of things in common"（最初的人类及其儿女追随本性，不腐不败，尽享共有之物的本性）。① 塞内加如是说。他们所享有的"物之本性"就是 *nature(d.s.)*（大自然）。而他们所追随的本性则是他们自己的尚未受损的 *phusis*。但他们享有"the nature of things in common"（共有之物的本性），那是因为世俗政府和私有财产尚未出现——他们仍然处于 *nature* 状态之中。于是乎，蒲柏云：

Nor think in Nature's state they blindly trod;
The state of Nature was the reign of God
（不要以为他们盲目行于自然之态；
自然之态正是神的统治）。②

另一方面，也可以看作是野蛮状态，为了逃离这种野蛮状态我们才发明了世俗国家，我们发现在 *nature* 状态中，人的生命就如霍布斯所言："孤独、贫瘠、肮脏、野蛮、又短暂"。③

（被认为是）先于世俗社会且一旦世俗社会解体便会返回的 *nature* 状态，某种意义上也是市民社会的基础。政府是要为我们做一些在 *nature* 状态中应该由我们自己来做的事情；可以这

---

① 《道德书简》，XC，4，38。
② 《论人》，III，147。
③ 《利维坦》，13。

样说,如果有一些事情政府做不到,则我们在这些事上便仍然处于 nature 状态,也会有对应的举措。约翰逊说,一个人的父亲被谋杀,凶手因苏格兰法的某个特殊性而不必接受绞刑,则此人完全有理由说"I am among barbarians who refuse to do justice. I am therefore in a state of nature and consequently... I will stab the murderer of my father"(我身处拒绝伸张正义的野蛮人中。我因此处于 nature 状态,由是……我将手刃我父亲的凶手)。①

应该指出的是,"nature 状态"一语有时候会被人从其准确的政治语境中借用出来,并被赋予一个原本属于我们第六部分讨论的语义。它可能被用来指"前文明",而不是"前国家";人所处的没有艺术、发明、学习以及享受的状态,而非没有政府的状态。于是,在《赫布里底群岛纪行》的另一部分,鲍斯威尔*记录道:"our satisfaction at finding ourselves again in a comfortable carriage was very great. We laughed at those who attempted to persuade us of the superior advantages of a state of nature"(发现自己再次置身于一架舒适的马车,我们非常满足。我们嘲笑了那些试图说服我们自然状态之优越的人)。②这里"自然状态"指的是与马车和碎石马路相对的小马和山路。他甚至单独用 nature 来指同样的含义,他谈到希望"to live

---

① 《赫布里底群岛纪行》,1773 年 8 月 22 日。
* 鲍斯威尔(James Boswell, 1740—1795):苏格兰作家,以其为约翰逊博士所写的传记被称为现代传记文学开创者。
② 《赫布里底群岛纪行》,1773 年 10 月 27 日。

three years in Otaheite and be satisfied what pure nature can do for man"（在塔希提岛住上三年，满足于纯粹自然能为人提供的一切）。①

XII. "NATURE" 与 "SUPERNATURE"

1. 在严格的神学意义上，这一区分轻而易举。任何主体被上帝赋予异能，去做其本性（kind 或 nature）永远不可能让它做到的事情，那么就可以说它行动 super-naturally（越越本性），高于其 nature 之上。"巴兰之驴"*的故事里驴子开口说话，这就是一个有关 supernatural 的故事，因为讲话不是驴的 nature（本性）的一部分。以赛亚看见六翼天使，也是 supernaturally，因为人眼凭自己的本性看不见这样的东西。当然，supernatural 的例子不必非得如此非同寻常。一个人经由神之恩典而非本人 nature 使然所领受或做成的事情，无论什么，都是 supernaturally。由是，"喜悦，平安，欢乐（某种类型）"可以被胡克描述为 "supernaturall passions"（超本然的激情）(1, xi, 3)。如果这是这个词所包含的唯一义项，我当然早在讲 nature 和 grace 的时候就应该提及。不幸的是，它还有其他的含义。

2. 我们早就注意到亚里士多德谈论事物处于"其天然状态"：亦即未受损的，或未经干扰的。但是事物的这一天然状态

---

① 《约翰逊博士传》，1776 年 4 月 29 日前。
* 《圣经·旧约》里《民数记》第 22 章记载先知巴兰的驴因受神力驱使向巴兰开口说话。

也可以被改变：在此意义上，就是因改变而远离 nature。一位农夫可以让一头猪达到某种程度的肥胖，即其 nature 不加改变永远达不到的程度。这头猪于是便胖过"其本性"。疾病可以让人的体温升高至他的天然（正常，未经伤害的）状态之上。这时说他热到 supernaturally，现在会让人感觉奇怪，但这个词一度是可以这样用的，而且颇言之有理。埃利奥特*说："Unnaturall or supernaturall heate destroyeth appetite"（不天然或超天然的热度败坏胃口）。① 在乔叟的《鲜花与绿叶》(l. 413) 中，"unkindly hete"（恶热）语带夸张，意指发烧，病态体温。

3. 但是这两个含义与 supernatural 在现代非神学英语中的含义都相去甚远。为什么鬼被称为 supernatural? 当然不是因为鬼在大自然之外。"大自然之外" 要用 "non-existent"（不存在）形容才恰当。但那不可能是 supernatural 的意思，因为无论是相信还是不相信鬼的人，都会把这个词用在鬼身上。也没有谁会把燃素说成 supernatural。你当然可以让大自然"降级"，把鬼排除在外，但那样就得为了这个速成目的而牵强附会。柏拉图派的含义不行，因为鬼的特殊性决定了它们不可能属于形式的王国；亚里士多德派的含义也不行，因为鬼不是上帝，也不是数学概念；基督教含义也不行，因为鬼是造物。这一 supernatural 的现代用法是否源自 nature (d.s.)（大自然）确实难以定论。

麦克白说女巫们的预言是 "supernatural soliciting"（超本

---

* 埃利奥特（Thomas Elyot, 1490—1546）：英国学者，提倡用英语而非拉丁文写作，编纂著名的拉-英词典。
① 《健康城堡》。

性的呼召）(I, iii, 130)。巫术和魔法起先是 *supernatural*，我想，某种意义上与神学义项相近。凭借神灵的帮助，魔法师可以成就靠自己的 *nature* 无法做到的事，或者让其它事物也超越本性地互相作用。*supernatural* 并非那些帮助魔法师的神灵，而是他借助神灵所施的魔法。同理，当先知看见天使，这一经历本身是 *supernatural*，在上述的意义上。先知预见未来也是一个道理。把天使们说成 *supernatural*，乍一看就跟把未来说成 *supernatural* 一样古怪。当然，现代用法允许我们说 "*supernatural* beings"（超自然生命体）。这一用法从哲学角度看简直荒唐。如果妖怪仙女都不存在，却把它们叫作 *supernatural*，那就奇怪为什么从没写出来的书不能叫作 *supernatural*。而如果妖怪仙女存在，则毫无疑问它们也有自己的本性，也会按本性行事。

有几个原因也许与这一义项的形成有关。无论这些生灵本身可能是什么样的，我们与之相遇，这件事肯定是不 *natural* 的，取其寻常或者"想当然之事"的含义。甚至可以这样假定，我们看见这些生灵，便是在我们的本性之上行事。如果在这两个前提之下，这一经历让人隐隐感到是 *supernatural* 的，则此形容词就有可能被转用于经历的对象。（至于这一经历被认为是真实还是幻觉，在语言学上当然是无关紧要的。）这样的生灵归不进"自然哲学"的研究主体；如果它们是真实的，就属于灵物学，如果是不真实的，则属于变态心理学。由是，这一方法论套路便可以将它们与 *nature* 相分离。但是，第三个方面（我怀疑这也是最强有力的一点），大众语言里说生灵 *supernatural*，而早在这个形容词被用来修饰这些生灵之前，大众出于一种普遍的情绪已经默认两者是互为连结的。此类生灵，有的神圣，有的神秘，有的骇异，有的恐怖；也全都多少有些不明不白、神神秘秘、古里古怪、"无厘头"。当 supernatural（超自然）这一学界术语进入大众语言，发现这一古老的情绪化的分类正是为接受它所做的准备，对这样一个命名早已迫不及待。我觉得，在普通人的大脑中存在某种非常肤浅的意义与事物之间的关联，正是因为这个原因，这个术语被一把抓住，几拳下去，就敲出了所需的语义形状，像只旧帽子似的。曾经，人们也就是这样抓住了另一些术语，比如 sadist（虐待狂），interiority-complex（自卑情结），romantic（浪漫），或者 exotic（异域情调），然后把它们强制加工成了自己选择的意义。

这一过程容易让受过高等教育的人感到震惊，但是它并非我们以为的那样总会对语言（交流）造成恶劣影响。supernatural 的这一现代语义，或者说退化语义，其实很实用。人类学家发现"supernatural 生命体"的说法很方便，所有人都能听懂；如果我们的朋友说："我没法忍受有关 supernatural 的故事"，我们便知道，一般来说，什么样的书不要借给他。一个普通的词，其各种特殊含义仅由一种情绪绑在一起，也许会是一个实用的词，但前提是这种情绪众所周知，界限也相对明晰。

4. 最后，我们读到（在戈尔丁*的书里）"亚里士多德的超自然"，意即他的《形而上学》。于是便有了下一部分。

---

*　戈尔丁（William Golding, 1911—1993）：英国小说家，《蝇王》作者。

XIII. 形而下与形而上

亚里士多德的作品一般按下面的顺序排列：1.《工具论》，有关逻辑的著作。2. 科学著作，《物理学》。3. 有关上帝、同一、存在、本原以及潜能的一本或几本书。4. 有关人类活动的著作（《伦理学》、《政治学》、《修辞学》、《诗学》）。为第三大类中的东西找到名称比较困难，因此它们的命名仅从它们的地位出发，被称为"物理学之后的东西"（*ta meta ta phusika*）。这些"东西"一旦被看作一本书（无疑是错误的），这本书就成了"形而上学"。

"形而上"一词尽管有着各种高大上的涵义，其源头不过是图书管理员用以指称亚里士多德文集某个分支的实用手法，只因没人能找到合适的名称——这样揶揄很容易。但是这个名称不像这句俏皮话暗示的那么不幸，亚里士多德本人的思想对其也并不陌生。我们已经看到，亚里士多德相信 *phusis*（用他的话来说）之外所存在的现实，且把这些现实作为与 *phusike*（或曰自然哲学）相区分的学科的研究对象。就算这些命名是肤浅的，它们所表达的这种区分是真正的亚里士多德主义的。

这些命名以及与之相应的学科安排，影响了语义。原本某个事物是 *phusikon*，因为你认为它属于 *phusis*，或者包括在其中；你自己对 *phusis* 的定义起到作用。但是，一旦 *phusike*（自然哲学）作为一个学科存在，区分于 *mathematike*（数学）和 *metaphusike*（形而上学），大多数人就有了决定什么是或者不

是 *phusikon* 的捷径。你上 *phusike* 课上遇到的任何东西都成了 *phusikon*。你不需要再问 *phusis* 本身是什么；你只需要知道某个东西在谁的课上出现，你是哪一年读到的，最后它又对你的哪门考试有帮助。事实上，这背后起作用的正是"方法论套路"。

亚里士多德的研究分类法，以及由此产生的各种分类法，延续了几个世纪。在此框架下，一个 *phusikos* 之人不是一个"自然的"人，而是那种研究 *phusike* 的博学的人。"savants（*philosophis*）"（哲学家），伊西多尔*说，"不是 *physici*（医学家）就是 *ethici*（伦理学家）或 *logici*（逻辑学家）"。①*Physici* 研究 *natures*——为事物分类，告诉你他们的种属。但是，大众对他们这部分工作最感兴趣的当然在于，如何减轻我们的痛苦，保存我们的生命。因此，*physicus* 或 *physician* 主要成为医生或医药的意思。医生给你的东西就成了 *physic*（"throw physic to the dogs"（扔药剂给狗），麦克白说，V, iii, 47）。形容词 *physical* 意思是"药物的"，"对你好的"；所以鲍西亚可以说

> Is Brutus sick, and is it physical
> To walk unbraced and suck up the humours
> Of the dank morning?
> （要是布鲁托斯病了吗，有这样医治的吗
> 宽衣解带走在潮湿的清晨，

---

* 伊西多尔（Isidore, 560—636）：西班牙基督教神学家，百科全书编纂者。
① 《语源学》VIII, vi, 3。

把湿气全吸进身体？）①

可以想见，metaphysical 就有了 supernatural 的意思（流行义项）；"事物超越本性的行为"或者（更可能是）"physicus 之外的艺术科学研究对象"。于是乎，马洛*写到一种 tempered by science metaphisical（经超自然学调和的）神奇药膏；② 而巫术对麦克白夫人来说就是 metaphysical aid（超自然的相助）（I, v, 30）。

正如亚里士多德所言，phusike（自然哲学）最初就是"主要与身体相关"。③ 也因此可以想见，physical，按照方法论套路，迟早都会发展出它的现代义项"肉体的"。这一倾向也被以下这个事实所鼓励，从一度无区分的 phusike 中产生了特殊学科，这些学科或从特殊角度研究身体（比如化学），或只研究某些身体（比如植物学），也各自有了不同的命名，于是 phusike，就像某种残留物一般，变成了仍然研究身体或者物质的科学。其复数形式 physics 存留下来，提醒我们它曾经是所有"phusika 之物"，正如 metaphysics 曾经是所有"形而上之物"。单数形式 metaphysic 如今正逐渐被接受，但是 physics 的词尾 -s 可能不太会掉，除非 physic 一词的"药剂"之义完全成为古义。

"肉体的"是 physical 一词略有些危险的义项。巴克斯特**

---

① 《尤利乌斯·恺撒》II, i, 261.
* 马洛（Christopher Marlowe, 1564—1593）：英国戏剧家、诗人。
② 《帖木儿》，Pt 2, 3944。
③ 《论天》，III, 298b。
** 巴克斯特（Richard Baxter, 1615—1691）：英国基督教清教徒牧师。

说 "common love to God and special saving love to God be both acts upon an object physically the same"（对上帝而言，普通的爱和救赎的爱都是同样 physically 作用于一个客体）^①，physically 意思是 "凭其本性"。胡克说圣餐 "are not physical but moral instruments of salvation"（不是救赎的 physical 工具，而是救赎的道德工具）(V, lvii, 4)，我觉得他用 physical 不是 "肉体" 的意思，正如他用 moral 也不是 "伦理道德" 的意思。他可能是在说 "其功效是道德哲学，而非自然哲学的研究对象"。

XIV． "NATURAL" 之情有可原

柯勒律治曾经给一首诗起名为 "Something childish but very natural"（幼稚然而极其自然的东西）。在瑞德·哈格德[*]的小说《她》里，土著女孩当着女王的面冒失地表达了自己对雷欧的激情，霍里为她求情："Be pitiful... it is but Nature working"（发发慈悲……这不过是天性使然）(ch. XVII)。"It's only natural"（再自然不过）这个日常短语也有同样找借口的意思。将自己的小过失解释为 natural，我怀疑有不止一层含义。这是 natural，普通的，稀松平常的事物，我不比别人更糟糕。这至少不是 unnatural，我的愚蠢或错误至少是人性的，而不是

---

① 《圣徒安息》，III, xi。

* 瑞德·哈格德（Rider Haggard, 1856—1925）：英国小说家，曾旅居南非，以冒险小说闻名。

兽性甚或魔鬼的。我所做的是 natural，身不由己，我并没有越出常规去发明新的恶习。有时候还会生发更高级的辩护，更像反击而不是自卫，比如在蒲柏这里

> Can sins of moment(s) claim the rod
> Of everlasting fires,
> And that offend great Nature's God
> Which Nature's self inspires?
> （一时起兴的罪孽当受
> 永恒火杖之责吗，
> 自然所激发的罪孽
> 也能冒犯自然的神吗？）①

中世纪诗人听说大自然母亲会激发罪孽的灵感，一定会感到奇怪，因为对他而言，大自然与人相关的"灵感"是在于她为人所设置的 nature（理性动物）。蒲柏更接近德莱顿笔下的阿布达拉；此处自然的"声音"是我们体内不那么理性，不那么严格人性的成分。

XV．十八－十九世纪诗歌中的"NATURE"

nature (d.s.)（大自然）出现在蒲柏下面的对句中时几乎没有

---

① 《宇宙的祷者》。

降格:

All are but parts of one stupendous whole
Whose body Nature is and God the soul.
(万物皆为大圆满的一部分
其身体是为自然,其灵魂是为神。)①

另一方面,当汤姆逊*将绿色描述为"Nature's universal robe"(自然之普世衣袍),巨大的意义抽缩由此发生。人人在晴朗的夜晚都能看到,"自然"大部分不是绿色,而是黑色的,视野越是清晰自然越显黑暗。即便是陆地上的自然,也并非全都是绿色。汤姆逊说"自然"的时候,其实他心里想的是英国的风景。

这里我们不关心华兹华斯对自然的记录;他的自相矛盾足以说明他(以及其他人,很快就会有成千上万这样的其他人)是如何使用这个词的。在华兹华斯的代表作《序曲》中,柯勒律治被恭维,因为虽然他"在大城市中长大",却"对委身自然的庙堂向往已久"(II, 452-463)。事实上,自然,或者她的"庙堂",总是把城镇排除在外。"科学"和"艺术"与自然的对比出现在第 III 部分(371-378);书和自然对比是在第 V 部分(166-173);人和自然在第 IV 部分(352),当然还有第 VIII 部分的小标题中。不管他是要做怎样的记录,他其实并没有使用 *nature* (d.s.) 义项;因为 *nature* (d.s.) 因其"万物"之意当然包括城镇、艺术、

---

① 《论人》, I, 267。
* 汤姆逊(James Thomson, 1700—1748):英国诗人,开创十九世纪浪漫主义诗歌之先河。

73 科学、书本以及人。华兹华斯以及大多数"自然诗人",他们对这个词的使用是基于自然与人的对立,自然与人造物的对立。

于是,这里大多数的使用目的是用 nature 来指与城镇相对的村庄,虽然在某些段落中也会延伸包括太阳、月亮和星星。尽管它常与"人"互成对立,但有时候也会包括(人的)乡村生活。它是非"人造的"乡村;柯珀*(或者瓦罗**)①的箴言"神造了乡村,人造了城市",或多或少总在被引用。大多数文明国家的风光地貌都完全经由人类技术和劳作的改变,或者说大多数"城镇风光"极大程度上受控于地域条件,这些事实却被忽略了。

这样说的意思完全不是指诗人们在胡说八道。他们是在表达一种看待事物的方法,一旦城镇变得特别大,城市生活与乡村生活的区别变得特别大,则这种视角必然会产生。发生这些变化之后,大多数人(不是所有人)会感觉回到乡村是一种放松,一种修整;这是一种严肃的反复出现的情感,也是高雅诗歌的正当主题。我们抽着人造烟斗,挥舞着人造手杖,穿着人造靴子和衣
74 服,来到人造桥上驻足,凝望被河堤包围的变窄变深的河流,那里曾经是又宽又浅的沼泽,我们又眺望河对岸的风景,只有那些广阔的地理风貌还保持着最初的形态,也就是如果从未有过人

---

* 柯珀(William Cowper, 1731—1800):英国诗人,诗作以赞美乡村生活和自然风光为主。

** 瓦罗(Varro, 116—27 BC):古罗马学者、讽刺作家。

① 柯珀,《任务》,I, 749。瓦罗《论农业》(III, i)有言:"*Divina natura* gave the land (*agros*), but human art built cities"(*Divina natura* 赋予大地,但人类技艺建造城市)。*Divina natura* 是指"神性自然"(*to theion*,上帝)还是神性物种(诸神)还是 nature (d.s.)(自然女神)? 瓦罗本人能回答这个问题吗?

类干涉的样子；与此同时，如果再说我们逃离了人的造物，回到自然怀抱，从哲学角度来看毫无疑问是极肤浅的。但我们是在表达我们的真实感受。与之相关的是更为宽广的视角；我们看到了比在大街上能看到的更多的自然（在很多意义上）。使城镇中的建筑物保持原样的 *natural* 力量（所有的压力）只是推论所得；而天气和植被的 *natural* 运动是看得见的。在乡村，人也更少；因此，按我们所习惯的对立来看，也就更 *natural*。我们（大多数人）还感觉，身处乡村时，周遭的条件也更有利于我们的 *nature*——我们的肺、鼻孔、耳朵、还有眼睛。

但我也无需反复赘言。浪漫主义的 *natural*，一如 *supernatural* 一词的大众用法，不是一个随便的词，因为它乍看之下是经不起逻辑批判的。人们很清楚他们用这个词是什么意思，而有时候用它是为了交流一些很难通过其它方式来交流的东西。当然，他们也可能会把这个词用得既模糊又乏味（甚至荒唐），而如果没有这个词的话，也许本可以把同样的话说得既清楚又清新。我有一次看到火车站的一个广告上把肯特郡描述成"自然之家"；而我们也都听说过喜欢走在一条"无人触碰过的"路上的女士。

3 SAD
[兼谈 GRAVIS]

I. "GRAVIS" 和 "GRAVE"

尽管就我所知，sad 一词从未受过拉丁语 *gravis* 及其英语衍生词 *grave* 的影响，这两个词的语义历史的相似度极高，本章从 *gravis* 说起倒也无妨。

众所周知，*gravis* 意为"沉重"。又因无人喜欢搬运重物，或"忍受"重物，这词也有"grievous"（痛苦）之意。*O passi graviora*，埃涅阿斯*如是说，哦你们这些人啊，遭遇之不堪尤甚于此！① 就此含义而言，英语中的 heavy 比 grave 一词与 gravis 对应度更高；又如，斯宾塞的"O heavie herse!"（哦好重的马！）②

---

* 埃涅阿斯：希腊神话人物，特洛伊战争中的英雄，背父携子逃出沦陷的特洛伊城，最后到达意大利，据说其后代建立了罗马。
① 《埃涅阿斯纪》，I, 199。
② 《牧人日历》，Nov., 60, 70 etc.

诚然，我们也说"grave danger"（极度危险）或"a grave disaster"（大祸），但是，我以为这种用法多少带着以下这个义项。

凡有重量的，就物理层面而言，也是重要的。我们必得花费些力气才能将其安置到理想的处所，甚至还非得计划一番不可；反之，大风大水抑或敌人也没法轻易移动这样的重物。它将"不为所动"。从方方面面来看，皆可谓严肃、不可怠慢之物。gravis 因此也用来描述不可怠慢之人；其人之一言一行，皆所谓"举足轻重"。（谈及这一语义场，难免会生孔武有力的联想。）卢克莱修不屑赫拉克利特*，称此人名声在 inanes 的希腊人中高过 gravis 的希腊人，后者也是真正渴慕真理的人群。这是"空"希腊人与"重"希腊人之间的区别（一只空瓶总比一只满瓶轻）；是 dilettanti 或曰将哲学作爱好的轻浮者，与真诚严肃者的区别——后者法国人谓之 solides。这与"可敬、权威、或庄严"之义相融合。维吉尔遂言："if the crowd catches sight of a man who is gravis by reason of his pietas and his good record"（众人若见到因虔敬与一贯善行而庄严之人）。①

奥赛罗说"Most potent, grave, and reverend Seniors"（最强大、威严、可敬的前辈们）(I, iii, 76)，爱丽尔**称呼普罗斯彼罗为"grave Sir"（威严的先生）(I, ii, 189)，这个英语词相当准确地重现了这一义项。当弥尔顿说"the men, though grave,

---

* 赫拉克利特（Heraclitus, 540—470 BC）：古希腊唯物主义哲学家，辩证法奠基人之一。
① 《埃涅阿斯纪》，I, 151。
** 爱丽尔：莎士比亚剧作《暴风雨》中的一个精灵。

eyed them"（那些人虽然严肃，却上下打量他们），就有点偏离这一义项了。此处的 *grave* 可能意思有点接近"serious-minded"（头脑严肃），比起卢克来修、维吉尔、莎士比亚的用法，这里多了宗教和道德方面的特殊强调，且可能已经包含了对神情仪态这些外部表现的所指。这一后起的外指义项肯定是这个词后来发展的方向。格列佛说大人国的服饰"are a very grave and decent habit"（乃庄重体面之习俗）（第三章）。谁都会记得《项狄传》里那位教区的粗人，事实上"完全德不配位"，但是项狄先生对他却"评价颇高"，因为"he went through the business with a grave face"（他办事时总一脸严肃）。①

II．"SAD"："满"之意

盎格鲁-撒克逊语中的 *sæd*（复数 *sade*）跟古斯堪的纳维亚语中的 *saddr* 是弟兄，跟拉丁语中的 *satur* 是表兄，这三个词最初有一个共同的含义：吃饱的，充满（食物）的，饱足的。于是才有《诗篇 78：30》第 30 句，其拉丁文为 *manducaverunt et saturati sunt nimis**，科弗代尔** 的版本译成"So they did eat and were well-fed"（他们大吃一番，酒足饭饱），某位盎格鲁-撒克

---

① 《项狄传》，IX, 33。
  * 《圣经》通用中文译本此句多译作"他们贪而无厌，食物还在他们口中时"。
 ** 科弗代尔（Myles Coverdale, 1488—1569）：英国教会改革家，编辑出版了最早的英文版《圣经》（1535 年，以丁代尔译本为主），即后来的钦定版《圣经》（KJV, 1537）。

逊译者译成"They ate largely (*swipe*) and became *sade*"（他们吃得甚多，很是饱足）。在古斯堪的纳维亚语中 *addr lifdaga* "full of life-days" 对应圣经英语中的"full of years"（尽享天年）。

　　足够多和太多之间的区别，如你我所知，颇为微妙。我们现代英语中的"fed up"（受够了）足以为证；同样，"I've had enough of your impudence"（我受够了你的放肆）表达了"我之所有超过我之所需"，尽管这里也含反语。还有，"He's had his bellyful"（他已经受够了）是说这个人已无斗志，尽管是有点过时的用语，但其中的反讽依然清晰可辨。*Saddr* 和 *sæd* 都经历了同样的词意发展。在 *Laxdale Saga*（《拉克斯代尔萨迦》）中，奶牛人一面从鬼魂边飞走，一面说："I am *saddr* of wrestling with him"（我跟他摔跤摔够了）(ch. xxiv)。"I'm fed up with"（我受够了）和"I've had enough"（我足够了）都是一样准确的翻译。盎格鲁-撒克逊诗歌中也出现了类似的用法。"布拉南勃"这首诗*这样描述战场："there lay many a man, weary and *sæd* of war"（遍地躺着的，是奄奄一息、饱尝战争的人们）——这么多人"吃饱了"战争，意思是这些人已死或垂死。① 此处毫无讥讽之意；只有古德语风格中苦涩阴郁的怜悯之情。维格拉夫将水泼到"*sæd* of battle"（饱尝战斗）的贝奥武夫身上，意即他已身负致命之伤（l. 2722）。

---

* 布拉南勃这首诗：指九世纪《盎格鲁-撒克逊编年史》中的一首古英语诗"布拉南勃战役"（Battle of Brunnanburh）。
① 《盎格鲁-撒克逊编年史》，937, l.20。

"过饱"或"受够"的意思也进入了中古英语。在中世纪佚名作者的名诗《猫头鹰与夜莺》中，夜莺说她不会一年唱到头，是因为她不想让她的听众们 to sade，太过餍足（l.452）。乔叟指出成瘾的炼金术士永远不会"wexen sadde"，对自己虚妄的技艺永远不会厌倦（G. 877）。

"忧郁"（sad (d.s.)）这一现代含义是不是"受够"这个意思直接单独的衍生，这一想法很诱人，但是这样判断未免操之过急。

那么，一个人——或者一样东西——如果是充满的，则必定比空空的分量更重。因此，"重"成了 sad 的意思之一。高尔*说地球"is schape round, Substantial, strong, sad and sound"（形圆，质实，坚，沉而稳）（VII, 225）。所以在科特格雷夫的《法英词典》（1611）中，我们发现 Fromage de taulpe 被定义为"如奶酪般重或沉"；时至今日，在我们这个国家的很多地方，我们说做蛋糕或面包时发面没有发起来，就用"sad"。《玫瑰传奇》**的英文版说"sadde burdens"（沉重的负担）让人的肩膀生疼，不知道这个词历史的人还以为这是个心理学的词汇搭配；事实上，sadde 的意思就是"重"。①

空无和空洞，充满和坚实，都是有密切关联的概念。因此，我们听到威克里夫***说"the altar was not sad but hollow"（祭

---

* 约翰·高尔（John Gower, 1330—1408）：英国诗人，乔叟之友。
** 《玫瑰传奇》：法国中世纪长篇叙事诗，作者吉尧姆·德·洛利斯。
① Fragment C. 6907.
*** 威克里夫（John Wycliff, 1328—1384）：英国神学家、圣经译者。

坛不重，空空如也）也没什么好吃惊的。① 但是这就打开了通往更重要的意义发展的一条道路。sad 成了拉丁词 solidus 的对应词，并且有了很多同样的意思，不管是不是这一对应关系建立的结果：坚实（与薄弱相对），完整（未被打破或打断），可靠，稳健。维吉尔用 solidum 描述卡米拉的父亲用来绑住婴儿时的她所用的矛枪；② 盖文·道格拉斯*翻译成 "the shaft was sad and sound"（长矛沉而稳）——这一形容词搭配也是之前高尔所用的。马洛礼则在应该使用 soundly 的地方用了 sadly："and there he found a bed and laid him therein and fell on sleep sadly"（他在彼处找到了床，便躺下，沉沉睡去）③——沉睡。当乔叟说 "The messenger drank sadly ale and wyn"（信使豪饮啤酒和葡萄酒）(B. 743)，我们几乎可以译作 "drank solidly"——正如续篇所言（他很快就"睡得像只猪"了），是致力于一场结实的、持续的、稳健的、沉重的、严肃的傍晚豪饮。

III. "沉重"之意

sad 一旦有了"坚实"或"稳健"之意，几乎不可避免地会被用来形容人的性格。于是，那个"like seasoned timber never

---

① 《论〈出埃及记〉》，xxxviii. 7。
② 《埃涅阿斯纪》，XI, 553。
* 盖文·道格拉斯（Gavin Douglas, 1475—1522）：苏格兰诗人，首位把《埃涅阿斯纪》译成英文的译者。
③ 《兰斯洛特爵士传奇》，VI, iv. Vinaver, p.259, l. 27。

gives"（如风干木材般从不折断的）人会很"sad"。我们也发现这个词被用在一个好主妇身上："o dere wyf... that were to me so sad and eek so trewe"（哦亲爱的妇人……在我眼中如此稳重且诚恳）①。sadness 是合乎成熟者或年长者的德行。利德盖特*劝我们"In youth be lusty, sad when thou art olde"（年少时精壮，年长时沉稳）。② sadness 这一美德很难在年轻人中看到，不过有时候，我们也会惊喜地发现年轻的肩膀上有着一颗老成的脑袋。于是我们听说格丽泽尔达**

> Though this mayde tender wer of age,
> Yet in the brest of hir virginitie
> Ther was enclosed rype and sad corage.③
> （这少女虽年稚，
> 然其童贞的胸膛里
> 藏着成熟稳健的勇气。）

在同一个故事里，轻浮的围观者兴致高昂地奔去欢迎沃尔特的新妻子，因为他们是"unsad and ever untrewe"（不稳重，素来不

---

① 《伙食司的故事》，H. 275。（乔叟《坎特伯雷故事集》）
　*　利德盖特（John Lydgate, 1370—1451）：英国诗人，修士。
② R. 霍普·罗宾斯，《十四和十五世纪世俗歌谣》，no. 78, 63。
**　格丽泽尔达：欧洲民间传说中的女子，受丈夫沃尔特的再三试探，最终以其耐心贞洁忠诚赢得丈夫信任。乔叟的《坎特伯雷故事集》中"学者的故事"就是讲了格丽泽尔达的故事。
③ 《学者的故事》，E. 218。（乔叟《坎特伯雷故事集》）。

真诚)(1. 995),即 unstable(反复无常),faithless(不忠不义)。而对这种喜新厌旧做谴责的是"sadde folk"(沉稳之人),用当时罗马人的话来说就是 *graviores*,有原则的人,不会跟风随潮,左摇右摆。

我们会注意到——思想深深根植于感官感受——所有这些例子中的 *sad* 都在很大程度上附着于重量的概念,形容词"light"(轻)可以作为它的反义词。这一词意也经由另一条路线回到物理层面。身体的行动,如果坚定平稳,可以是 *sad*:"in goon the speres ful sadly in arest"(长矛稳稳地插进矛托架里)①。这些长矛被稳稳地放在后面,这种状态告诉我们战士们有多严肃。一张脸上的表情如果表现出内心的 *sadness*,那么这张脸自然就是 *sad*。中世纪长诗《珍珠》的叙述者最后见到他女儿时,女儿是个婴儿,借助诗歌强大的对比力量,女儿跨阴阳之界出现在他面前,"semblant sad for doc other erle"(1. 211),带着伟大贵族的气质与庄严。所以,在诗歌后半部,"宝座"前的"长者们"全都"sad of chere"(面容肃穆)。

在所有这些段落中,*sad* 若作"忧郁,悲伤"解即其危险义项,都会造成严重误解。而在《学者的故事》(E. 693)中要是这样解释 *sad*,更是大错特错。故事里说,若不是沃尔特凭别的理由知道格丽泽尔达有多爱她的孩子们,当她接受儿子要被杀害时所流露的"sad visage"(沉静表情)多半会让沃尔特觉得她很残忍。*sad* 在这里当然是镇静、无动于衷的意思,与悲痛正相

---

① 《骑士的故事》,A. 2602。

反。乔叟翻译波爱修斯时就是用 sad 对应 compositus。格尔泽丽达的心在滴血，但是她的脸上却没有丝毫流露。这可能是我知道的语境绝缘力之强大的最典型例子。因为如果把 sad 理解为"悲伤"，这段话就会显得莫名其妙，而"悲伤"的意思在乔叟时代已经存在了。显然，乔叟根本没担心过在这个语境中任何人有可能会产生这样的疑惑。

IV."SAD（D. S.）"

sad 这个含义存在的证据可以在乔叟自己的文字中找到。在他翻译的《玫瑰传奇》（l. 211）中，他这样描述"贪婪"："full sad... was she"（她……满是悲伤），原作者吉尧姆·德·洛利斯用了 maigre（瘦）这个法语词（199. 还有版本是 laide［丑］）。我们可能觉得 sad (d.s.) 无论对应两个法语词中的哪一个，都不是很好的翻译，但 sad 所有其它含义都不可能。乔叟不可能是在说"贪婪"饱足，或重，或可靠，或沉静。他的意思肯定是"阴郁"，"难过"。但是，要在十四世纪文本中找到其它如此毫不含糊的例子，也不容易。十八世纪的《新英语词典》在另一段乔叟的文字中找了一个例句，忒修斯"with a sad visage... syked stille"（带着悲伤的表情……静静地叹了口气）（A.2785）。但是我感觉此处 sad 一词的"悲伤"意最多就是有点可能。整个段落都在讲忒修斯所展现的 *gravitas*（威严）。他叫人去传帕拉蒙和艾米丽。他等着他们入座，等着会客厅完全安静下来。接着他又沉默了一会儿，然后——绝妙的一笔——"his eyen sette he theras was his lest"（l. 2983），他的目光落到他选择的目标之上。他静静地叹了口气，从"第一推动力"开始他的高级哲学讲演。我不能肯定 sad visage 就是——我能肯定它没有必要非得是——超过严肃、沉着、冷静、或威严的一种表情。此刻的忒修斯就是 compositus，威严。卡尔顿·布朗编辑的《十四世纪宗教诗》，其中第 105 首的第二句倒是更有可能："For sorowe sore I sykkit sadde"（悲恸甚巨，我哀伤叹息）。这里 sad 的"悲伤"意在我看来是最可能的解释。不过也并非确定不疑。哀悼者叹息的方式也可能就是和乔叟笔下的邮差喝酒一个样：不间断地，持续地，"大大地"。

等到十六世纪晚期，sad(d.s.) 的"悲伤"意尽管不是它唯一的含义，但已经非常普遍——"in sad cypress let me be laid"（请将我安置于悲伤的柏树林中），"tell sad stories of the death of kings"（讲述国王们悲伤的故事），"sad Celeno"（悲伤的塞莱诺）唱着歌，"that hart of flint asonder could have rifte"（远处硬如火石的心也会为之破碎）①。

一般来说，推测这个词如何发展出这个义项并不困难。相反，如何发展的可能性太多了，我们无法决定到底哪一种最有可能。

但从暗喻的本质来看，一个意为"沉着"的词，很可能会发展出"悲哀"的意思。一个意为"吃够了"的词也很可能发展出"不开心，不满足"的意思。而一个意为"沉重"甚或"稳重"的词肯定是"轻"或"嬉闹"的反义词。于是，我们发现 sad 被用

---

① 《仙后》，II, vii, 23。

来指"严肃",亦即不是开玩笑。"Speak you this with a sad brow? Are you in earnest?"(你双眉紧锁着说这话?你是认真的吗?)^①而严肃的东西总会让有些人感觉沉郁,通过间接肯定法,沉郁也可以被称为严肃了。pensive,本来是"沉思"的意思,经由这样的路径就有了"忧郁"的意思。于是,那些用 sad 来形容的东西,原本是坚实或彻底或诚恳的意思,在有些语境中就变成悲伤了。当马洛礼写"They drew their swords and gave many sad strokes"(VII, 8),他的意思是指全力以赴地、竭尽全力地剑击(他们没有手下留情),还是严肃、沉郁的剑击?也许连他自己都说不清呢。

sad (d.s.) 这个词曾经有过的所有词义也许都渗透了"悲伤"这一含义的形成。

V. 波莉是个"SAD"小荡妇

这是《乞丐的歌剧》[*]中的一句唱辞。我们不妨在它边上放上法夸尔^{**}的《招兵官》(III, iii):"An ignorant, pretending, impudent coxcomb – Aye, aye, a sad dog"(一个无知、做作、粗鲁的花花公子——啊,啊,一只可怜的狗),还有"He's a Whig, Sir, a sad dog"(他是辉格党,先生,一只 sad 狗),^②最后

---

① 《无事生非》,I, I, 183。
＊ 《乞丐的歌剧》:一部出版于 1728 年的叙事剧,作者约翰·盖伊(John Gay, 1685—1732)。
＊＊ 乔治·法夸尔(George Farquhar, 1677—1707):爱尔兰剧作家,代表作为喜剧《招兵官》(1706)。
② 鲍斯威尔,《约翰逊博士传》,1778 年 4 月 12 日。

是玛丽·克劳福德对芬妮说的话:"Sad, sad girl: I do not know when I shall have done scolding you"(可怜的姑娘:我不知道什么时候才不需要再教训你)。① 我十分疑惑 sad 的这一用法是如何兴起的。

sorry 和 wretch 曾因某种转义而获得两个新的含义,sad 也许是类似的过程。按逻辑来讲,一个 sorry(盎格鲁-撒克逊语的 sarig)的人身体疼痛,难过。但是这个人也可以是讨厌的,令人不满的——"a sorry knave"(一个讨厌的恶棍);于是也就有讨厌的酒肆,讨厌的碎嘴,或者"sorry cheer"(一顿糟糕的饭菜)。一个 wretch(盎格鲁-撒克逊语的 wrecca)应该是位流亡者,因此在盎格鲁-撒克逊诗歌中是英雄,但是很快就成了"落魄潦倒",一个可怜的异类。但是 wretch 也可以是个讨厌鬼,一个恶棍。"Princes have been sold by wretches to whose care they were entrusted"(王子们被恶棍贩卖,并由他们照看),约翰逊如是说②。于是,一个 sorry 者也许不是自己感觉不满的人,而是引起我们不满的人;正如那个 wretch 自己一点不觉得悲催,却可能引别人生出悲催之情。同样,sad 可能转移到那个让我们感觉 sad 的人身上,无论是哪个含义;也许是让我们感觉"受够了"(我们很快就受够了这个人),也许是让我们肃然起敬,也许是让我们忧郁。

但是我猜想还有另一种可能性。乔叟的信使喝酒用 sadly 形

---

① 《曼斯菲尔德庄园》(简·奥斯汀),第三十六章。
② 鲍斯威尔,《约翰逊博士传》,1777 年 9 月 23 日。

容；也就是喝得彻底，喝得认真——喝得当回事。长矛被怎么放在后面用 sadly 形容，因为战士们当回事。任何不招人喜欢的东西的例子如果用 sad 形容，可能就是一个严肃的例子。波莉的父母喊她"sad 小荡妇"，意思是说她是个严肃的、了不得的、重要的荡妇代表吗——在荡妇中的地位正如"严重灾难"在灾难中的地位？"sad dogs"是狗类的先进或严肃代表吗？如果是这样，那么玛丽·克劳福德的"sad girl"就属于单独一类了。前面几个例子讲的是不招人喜爱的物种（荡妇、狗），然后强调其中某个人作为这一类人的首要标本。但玛丽·克劳福德肯定不会认为姑娘是不招人喜欢的物种。她这样使用 sad 说明这个词最初的那层含义已经被遗忘，然后才出现了现在的义项。

　　虽然两种可能性都只是猜测，我还是禁不住认为第二种更有可能。那些出现 sad 这种用法的段落我听起来总有点儿幽默的意味；从来不是 wretch 出现时那种完全的发自心底的否定。这让我那些 sad 的用法感觉更可能是表达"主要标本"之意。

4 WIT
[兼谈 INGENIUM]

如果我们的时间只够研究一个英文词的历史，*wit* 是最佳选择。它的命运沉浮给语义发展中起作用的主要原则提供了近乎完美的例子。*wit* 早年很快乐，不曾经历任何复杂变化。后来它逐渐有了一个义项，充分展现出词汇本身含义与使用者用意之间的差别。它也经历了令所有词汇恐惧的最糟糕的命运；它成了批评家口中最时髦的赞赏之词。于是乎，如何定义这个词，成了各方论战之中不择手段用来取胜的武器。在争议热潮之中，它差点就成了各阵营的战斗口号，词义则变得空洞。然而与此同时，这个词的大众用法也不断向另一个方向发展；最终，那些"言说只为达意"的人士把 *wit* 从批评家手里解救出来，赋予其有用的词义，沿用至今。这段曲折的故事总算欢喜收场——这在同样的事件中可不多见。

I. 早期历史

盎格鲁-撒克逊语中的 *wit* 或者 *gewit* 指的是头脑、理性、智慧。所谓理性生物是从上帝那里获得了 *wit*。①一个身负重伤的人,只要尚未陷入精神错乱或昏迷不醒,就仍然保有他的 *gewit*。②显然,这层含义以及与之相近的意思流传了好几个世纪。一个人疯了,就是他的"wit's diseased"(脑子坏了)。③随着一个人长大,他的 *wit* "ought to be more"(理应更多),他应该更懂道理。④戴维斯爵士*(早于《失乐园》VIII, 76f.)说上帝故意隐去一些问题的答案,"to punish pride of wit"(以处罚理性的骄傲),即人类才智之傲,⑤蒲柏的格言紧随其后,"Nature wisely curbed proud man's pretending wit"(自然明智地,遏制骄傲之人的矫揉造作)。⑥在爱尔兰,或许还有其他地方,人们至今还会说 "God give you wit"(愿上帝赐予你理智)或"If you'd only had the wit to get his address"(要是你有问他要地址的机智就好了),这里 *wit* 的意思都是理智或机智。在以上这些用法中,*wit* 的古老词义都因上下文而与后起含义相隔绝,免

---

① 《创世记》B, 250。
② 《贝奥武夫》, 2703。
③ 《哈姆莱特》III, ii, 336。
④ 《道德颂》第二部分, 1200 年前。
* 戴维斯爵士(Sir John Davies, 1569—1626):英国诗人、律师。
⑤ 《认识你自己》中的《论灵魂》, 第 15 节。
⑥ 《论批评》, I, 53。

遭腐蚀。上下文的这种隔绝作用很大，哪怕只是一个独立分句：

> for a calm unfit,
> Would steer too nigh the sands to boast his wit.
> Great wits are sure to madness near allied.
> （不适宜的冷静，
> 会将船驶近沙滩以炫耀他的明智。
> 伟大的天才确与疯狂咫尺相连。）①

第一个 wit 意指"理智"，即常识、审慎。但下一句中的复数 wits 的意义就丰富得多了。此句中的句号与形容词 great，再加上这整行已经成了一句谚语，让读者、也许也让德莱顿自己下意识地做了理解上的调整。

II. 复数形式 WITS

wits 常常以复数使用，原因有二。其一是古代心理学的五种内在 wits 与五种外在 wits 或感官。② 比如莎士比亚的《无事生非》中，班奈迪克与碧翠丝相见时，"four of his five wits went halting off"（他的五个感官停了倒有四个）。③ 不过在我看来，这种用法对 wit 一词的其它义项几乎没有影响。

---

① 《押沙龙与阿奇托菲尔》，I, 161.
② 见本书 147 页以下。
③ 《无事生非》，I, I, 63.

第二个原因就有趣多了。人与人之间的差别不仅在于 wit 或智力的多少，还在于其类别不同。每个人的 wit 都有自己独特的特性、倾向和脾性；有的迅捷，有的迟缓，有的稳重，有的花哨，有的擅创造，有的精记忆。因此当我们说哪个"头脑"多疑或轻信、有创造力或善于分析，wits 既可以指头脑种类，或"心态"，也可以指拥有这些头脑的人。因此乔叟会这样写：

> For tender wittes wenen al be wyle
> Theras they can nat pleynly understande
> （心智优柔之人看一切皆为诡计
> 因而无法简单理解事物）①

心智"优柔"的人。这种用法的经典出处是阿斯克姆*在《校长》中所描绘的"迅捷"和"愚顽"的 wits。

wit 的这一义项乍看之下并不重要，但实则为其几乎所有的后续词义发展开了路。若没有这一含义，wit 仅仅是所有理性生物的共有之物，或者至少所有有脑子的人。但这层含义却能对人作出区分，是个体的特性，他的大脑特征。

一个重要结果就是 wit 成了拉丁语词 ingenium 的英语翻译。至于长期以来 wit 与 ingenium 的对应关系到底有没有影响前者的词义，还是说仅仅让我们更深入地了解它的词义，这我也不知

---

① 《特罗伊拉斯和克莱西德》，II，271。
* 阿斯克姆（Roger Ascham, 1515—1568）：英国学者，作家。

道。不过，研究 wit 却不深入考虑它和 ingenium 的对应关系，这份研究不值一提；而若要对 wit 进行全面研究，其实还得花点时间讨论 ingegno 这个意大利语词，我就不尝试了。

III. "INGENIUM"

ingenium 和早期的 natura 一样，最早指的是事物的特点或"分类依据"，所以塔西佗*可以谈论一座小山的 ingenium。① 然而，我们对这个词感兴趣只是在它用来指人的时候，这种用法也更为常见。塞内加说，"Precepts lead to right actions only if they meet a pliant ingenium"（准则只有遇到一个易塑造的 ingenium 才能产生正确的行为）。② 这里 ingenium 可以大致翻译为"本性"或"个性"。还有些地方，这个词特指人的智力水平。卢克莱修说伊壁鸠鲁在 ingenium 方面超过了全人类（III, 1043）。塔西佗曾写到，赫尔维蒂乌斯（Helvidius）很小的时候就将自己惊人的 ingenium 投入到哲学研究中。③ 就像我们倾向于用"家庭"指美满的家庭，用"特质"指优秀的特质一样，我们所说的 ingenium 也通常指"超乎超人的智力"，而非普通的智力。昆体良曾这样引用西塞罗的话："Whatever my share of ingenium, which I know to be small, may be"（不管我的 ingenium 有多少，我清楚并不

---

* 塔西佗（Tacitus, 56—120）：古罗马历史学家、文学家、演说家。
① 《历史》, II, 4。
② 《道德书简》, 95。
③ 《历史》, IV, 5。

多），以及"What I lack in *ingenium* I make up for by hard work"（我在 *ingenium* 方面所欠缺的，通过努力补回来）(XI, i)。在这里，这个词显然是聪慧、能力、高智商之类的意思。西塞罗曾　说："Quickness to learn and memory... are summed up in the single word *ingenium*"（快速的学习能力与记忆力……都包括在 *ingenium* 一词中）①，并且补充说有这些能力的人叫作 *ingeniosi*。但是西塞罗罗列的太少，也可能因为什么原因段落中有些词失落了。其实 *ingenium* 的意思更加接近于"才华"，甚至"天赋"。当它以复数形式出现时，它的意思是"拥有 *ingenium* 的人"（我们会把"men of talent"[拥有天赋者]称为"talents"[天才]）。当塔西佗说，在历史学家们看来，奥古斯都作为一位统治者充满了 *decora ingenia*,② 我们只能翻译成"杰出的天赋"，若语气更弱些，就不达意了。因此，我们必须把苏埃托尼乌斯＊写的维斯帕芗皇帝"资助了许多 *ingenia* 与艺术事业"③理解成"资助才俊"或"天才"（即拥有天赋者）。

IV．"INGENIUM"与WIT

　　深入研究这个问题之后我才发现，这两个词的联系比我之前想象的要紧密得多。

---

① 《论至善和至恶》，V, 13。
② 《编年史》，I, i。
＊ 苏埃托尼乌斯（Suetonius, 69—122）：罗马帝国早期历史学家。
③ 《维斯帕芗生平》，xviii。

这两个词几乎一直互为翻译对应词。波爱修斯所说的 *ingenii gloriam*① 在 J.T. 版（1609）中被译为"glory of wit"（理智的荣耀）。我刚刚提到卢克莱修吹捧伊壁鸠鲁，说他的 *ingenium* 超过全人类，伯顿*将这句话译为"Whose wit excelled the wits of men so far"（他的智力超过了古往今来所有人）。②贺拉斯写道：

Ingeniis non ille favet plauditque sepultis
*Nostra sed impugnat,*③

字面意思就是"他并非赞美推崇早已入土的 *ingenia*，只是抨击我们自己的 *ingenia*"。德莱顿将其译为"He favours not dead wits but hates the living"（他并非中意已故的才智，只是厌恶生者）。④莎士比亚提到"the wits of former days"（往昔的才俊）（十四行诗第 59 首），也是这个意思；就是指他之前的那些有天赋的活跃作家。

但 *wit* 这个词不止是作为 *ingenium* 的翻译出现；两个词都与其他词形成了传统的对立关系。

塞内加在《论心灵的宁静》（XVII, 4）中写道：*Nullum magnum ingenium sine mixtura dementiae*，字面意思就是所有

---

① 《哲学的慰藉》，II, Pr.iii。
* 伯顿（Robert Burton, 1577—1640）：英国学者、作家。
② 《德谟克利特二世致读者》。
③ 《诗简》，II, i, 88。
④ 《结语的辩护》，收录于《文集》，Vol.1, p.163。

伟大的 *ingenium* 都包含疯狂的成分，德莱顿将其译为 "Great wits are sure to madness near allied"（伟大的天才确与疯狂咫尺相连）。

"You get what is called affectation (*kakozelon*) when *ingenium* lacks *judicium*"（空有 *ingenium* 却缺乏判断力，就会变成所谓的假装虚饰）。① "It is a bad sign when a boy's *judicium* gets ahead of his *ingenium*"（当一个男孩的判断力胜过他的 ingenium，这是不好的预兆）。② 这组形成对比的句子对于新古典主义批评的读者来说应该都不陌生。考利*的颂诗（第 13 节）中写到，哈维（Harvey）有着 "so strong a wit as all things but his Judgment overcame"（如此强大的才智，可以战胜除了他自身判断力之外的一切）。"Wit and Judgment often are at strife"（文才和判断力常常是冲突的），蒲柏这样说。③

"The poem of Lucretius has many flashes of *ingenium*, but also much art"（卢克莱修的诗中常常闪耀诗人的 *ingenium*，但也不乏艺术）。④ 蒲柏说某一作品中 "Wit and Art conspire to move your mind"（才智与艺术相融合，打动人心），同样是将二者置于对立的地位。⑤

---

① 昆体良，VIII, iii。
② 同上，II, iv。
* 考利（Abraham Cowley, 1618—1667）：英国诗人、散文家。
③ 《论批评》，I, 82。
④ 西塞罗，《致昆图斯》II, ii。有人将这句校订为 "没有多少艺术的技巧"，无论选用哪一种都不影响我们这里的举例。
⑤ 《论批评》，II, 532。

一个作者可能会过于沉迷于自己的 ingenium，*nimium amator ingenii sui*（太爱自己的天赋）。① 蒲柏在他所写的一个对句中再现了这种观点，以及 *ingenium* 与 *judicium* 的对立：

> Authors are partial to their wit, 'tis true.
> But are not critics to their judgment too.
> （作者偏爱自己的才智，此言不假。
> 但批评家不也偏爱自己的评判吗。）②

这里的困难在于，我们如何找到一个词来清楚表达 *ingenium* 和 *wit* 的意思。如果把它称为"talent"（天赋）或"genius"（天才），就是给古罗马和英国作者的作品强加了一种很晚才出现的、浪漫主义的意味；何况"genius"这个词还没有合适的复数形式。不过，尽管这种含义很难表达，理解起来却并不难。这里所说的是一种在最高点近乎于疯癫的东西；一种具有生产力的意义重大的（现在一般叫"创造性的"）东西，和判断力所具有的批判性质截然不同；一种源于天性、无法通过技巧（*ars*）获得的东西；一种一旦拥有便可能极其偏爱、使用无度的东西。正是这种东西将杰出的作家，尤其是诗人，与普通人区别开来。因此，它和"想象力"非常接近。事实上，确实有这样一段拉丁语文字，其中的 *ingenium* 只能用"想象力"来翻译。这段话出现在西塞罗《论

---

① 昆体良，X, i。
② 《论批评》，I, 17。

法律》的开篇。阿提库斯（Atticus）环顾四周，见到了西塞罗在《马略》一诗中提到的那棵橡树，问起这棵树是否还活着。"Yes, it is, and always will be, for it was planted by ingenium."（是的，它还活着，并且还将永远生长下去，因为它是 ingenium 种下的。）这是一棵幻想之树（I, i）。

既然英语里找不到合适的词，接下来我们也不会再用到拉丁词，所以在这一章剩下的部分我就把目前讨论的 wit 的这一义项称为"ingenium 义项"或"wit-ingenium"。在我看来，正视这一义项并将其牢牢记在脑中是绝对必要的。在阅读新古典主义作家时，一旦放任更加熟悉的、虽然不一定更晚出现的含义影响我们对 wit 的理解，就会陷入无可救药的混乱。

我想有一位为世人贡献了宝贵 ingenium 的批评家也曾犯过这个错误。在《复杂词的结构》一书中（87页），燕卜荪教授谈到蒲柏《论批评》中的 wit 一词，曾这样说："全文用到这个词的地方没有一处不包含戏谑，事实上我觉得全文的思路都以此为基础展开。"而我现在认为，很多段落里 wit 一词就是"wit-ingenium"，毫无戏谑意味。"Great Wits may sometimes gloriously offend"（杰出的 wits 时可精彩逾矩）（1, 152）。这里说的自然是了不起的 ingenia，可以不受规则束缚（l. 144），亦可超越技艺（l. 154）？这是一种"无名的优雅"（l. 144），唯有"大师高手"（l. 145）方可获得；一种古人的特权（l. 161），与君王的特权十分相似（l. 162）。运用这种才华的结果令人愉悦，但又并非寻常愉悦，倒像是"奇形怪石，悬崖峭壁"（l. 160），蒲柏这样说显然不是在调侃。在我看来，他这里说的其实近乎 locus communis（老生常谈）。贺拉斯曾引用德谟克利特的话，*ingenium* 比"痛苦"或"不幸"的艺术更幸福。① 弥尔顿或许是记住了"不幸"这个词，才会说莎士比亚"轻松流动的乐音"让"耗时费力的艺术自惭形秽"。和蒲柏的看法最接近的是布瓦洛*（Boileau）所说的：

> par quel transport heureux
> Quelquefois dans sa course un esprit vigoureux,
> Trop resserré par l'art, sort des règles prescrites,
> Et de l'art même apprend à franchir leurs limites②
> （一位雄健的诗才，
> 当他逸兴遄飞时是怎样激昂慷慨，
> 艺术的束缚过严，便打破清规戒律，
> 从艺术本身学到放开手无拘无束）。

在所有这些语境中，燕卜荪教授的理解都不太可能成立。所谓活过一千年的"patriarch wits"（睿智的文坛长老）又怎么讲呢（II, 479）？仅仅是指阿里斯托芬和琉善**吗？我倒认为是指荷马、索福克勒斯和维吉尔。

但关键还是在文本中去考验。对 *wit* 一词的解释唯有经受住

---

① 《诗艺》, 295。
* 布瓦洛（Boileau, 1636—1711）：法国诗人、批评家。
② 《诗的艺术》, IV, 78。
** 琉善（Lucian, 125—180）：罗马帝国时期的希腊语讽刺作家。

以下这个对句的考验，才能真正被接受：

> Some have at first for wits, then poets passed,
> Turn'd critics next, and proved plain fools at last
> （有些人先混充 wits，再是诗人，
> 接着变身批评家，最后证明是十足的蠢货）。①

很显然，除非我们能给这些关键词找到依次递减的词义，整个修辞结构都会崩塌；诗人必然低于 wit，批评家又低于诗人，"十足的蠢货"再低于批评家。

麻烦的是，这里的 poet（诗人）和 wit 两个词都需要做进一步解释。时至今日，"诗人"已经成为了赞美而非描述的词汇，所以说一个人是"糟糕的诗人"在一些人看来几乎就是矛盾修辞法。如果我没记错的话，F.R. 利维斯*博士曾给报纸写文章说奥登先生不是一个诗人。不过，当然也存在另外一种诗人，在这种含义下所有人，包括利维斯博士，都必须承认奥登先生就是诗人。当一位老师说"不对，不对，你把卢坎**和琉善搞混了，前者是拉丁诗人，后者是希腊语散文家"，他说的就是这种诗人。17、18 世纪对诗人一词的用法，即便不是和这位老师完全一样，

---

① 《论批评》，I, 36。
* F. R. 利维斯（F. R. Leavis, 1895—1978）：英国著名剑桥派文学评论家，强调通过文学培养人的知性和道德感受力。
** 卢坎（Lucan, 39—65）：罗马诗人，其未完成的史诗《法沙利亚》被誉为维吉尔的《埃涅阿斯纪》之外最伟大的拉丁文史诗。

至少比起利维斯博士来,要更接近。约翰逊将诗歌定义为"有韵律的文字作品",将诗人则定义为"创作者;虚构作品的作者;诗歌作者;用韵律写作之人"。如果我们把这个定义和《简编本牛津英语词典》中的定义作个比较,就能估摸我们已经走了有多远①。在给出一个和约翰逊非常相似的解释之后,《简编本牛津英语词典》不得不加上一句"诗作(或者典雅散文)的作者,拥有突出的想象力、洞察力、感受能力和表达力"。约翰逊的定义或许非常忠实于他之前那个时代。虚构和韵律是当时区分"诗人"的主要标志。因此,沙德韦尔*在《愠怒的情人》的"后记"中是位诗人,在《阿尔萨斯乡绅》的"后记"中则是"我们的诗人"。在当时,称一个写诗的人为诗人并不能代表他有或没有我们所说的"诗歌天分"。这跟叫他建筑师或演员差不多。只是告诉你他从事什么职业;就像叫他"作者"一样。

以这一点为前提,再用 wit-ingenium 的含义去理解 wit 这个词(也只能这样去理解),蒲柏的对句不就一清二楚了吗?"有些人先混充天资过人者;再是作者(或者文学匠人);接着是批评家;最后证实是蠢人。"

基于此,德莱顿有两段文字仍需"耐心"(正如老牧师们所言)等待远比现有解读更重要的解读。在《论戏剧诗》中德莱顿告诉我们,本·琼森是"the more correct poet, but Shakespeare

---

① 我们从新古典主义及16世纪开始已经走了有多远;因为《简编本牛津英语词典》对这个更高贵的词义给出的日期是1530年。

* 沙德韦尔(Thomas Shadwell, 1642—1692):英国诗人、剧作家,1689年桂冠诗人。

the greater wit"（更标准的诗人，但莎士比亚是更伟大的天才）。① 在《论讽刺诗之起源与进展》中，他说 "if we are not so great wits as Donne, yet certainly we are better poets"（即便我们不是约翰·邓恩这样的天才，我们仍然无疑是更好的诗人）。② 我想这两处 wit 的含义几乎都和现代读者第一眼看到时的理解正相反。wit 和 wits 在用的都是 ingenium 的含义。德莱顿想说的是，尽管琼森是更加训练有素的工匠，莎士比亚却是更了不起的天才；尽管我们不像邓恩那样天资卓越，但我们掌握更多文字技巧。这种解读的佐证就是，他前文刚批评过邓恩在"用词"和"格律"上不够用心。一言以蔽之，德莱顿几乎（不完全）是在说，某种意义上，莎士比亚是比琼森更杰出的诗人，邓恩是比德莱顿自己还有其他同时代作者更杰出的诗人。

　　需要弄明白的是，我大胆怀疑燕卜荪教授的说法有误，并不是认为他犯了年代错误。他认为《论批评》微妙地展现了 wit 的一个义项，这种义项在蒲柏的时代当然存在，很久以前就存在。它最终注定要摧毁 ingenium 的含义。我和燕卜荪教授的分歧只在于，这种缓慢演进的趋势是否已经影响到了蒲柏对于这一词的所有使用。我相信并没有；语境的绝缘力仍然起到对词义的保护作用。接下来我们谈谈 wit 的另一个义项，就让 wit-ingenium 留在它高高在上却已摇摇欲坠的位置上吧。

---

① 《文集》，Vol. I, p.82。
② 同上，Vol. II, p.102。

V. "危险义项"的早期历史

我认为 wit 现在通用的含义是指一种头脑的敏捷或曰头脑体操,而语言正是头脑体操馆的首要装备。此处的"语言"当取广义,包括存在于日常琐碎对话中的习语和几乎与习语相当的引语。因此,那位法国人对慕尼黑协定的评论(*ce n'est pas magnifique, mais ce n'est pas la guerre*[这不光鲜,但这也不是战争])*或者桃乐茜·内维尔夫人**对厨师的抗议"you cannot serve cod and salmon"("你不能又上鳕鱼,又上三文鱼")***都是 wit 的体现,因为熟悉的格言(*gnomae*)经过适当改动后,成就了其被言说的整个语言情境的一部分。双关、半双关、谐音、现代意义上的隽语以及被篡改的习语或引语都是 witty(机智的)。因此,文章的种种妙处,唯 wit 最难翻译。这就是 wit 的危险义项,下面我就都称之为 wit (d.s.)。但是除了 wit (d.s.) 和 wit-ingenium,我们还需要给这个词最早的义项一个名称,即表示"头脑、理性、明智"义的 wit。我称其为 wit(古义)。

毫无疑问,wit 的危险义项在十七世纪已经流行,然而要精准确定这一含义产生的时间是不可能的。这种"不可能"的原因

---

* 此句是对一句法语名言的改写,原句为"C'est pas magnifique, mais ce n'est pas la guerre[这很光鲜,但这不是战争]",是拿破仑三世所封的法国十二元帅之一皮埃尔·博凯斯(1810—1861)在克里米亚战争期间评论轻骑兵束装所说的话。

** 陶乐茜·内维尔夫人(Dorothy Neville, 1826—1913):英国作家、园艺家。

*** 此句是对《新约·马太福音》6:24 的改写,原句为"You cannot serve god and mammon"(你不能又侍奉神,又侍奉玛门[即财神])。

再清楚不过。一个人的智慧（wit［古义］）如果展现在对话中，最容易使别人印象深刻，也最容易为人称道。而对于听者来说，对话中的展示，没有什么能够像巧辩、隽语和整体的灵巧——wit (d.s.) 那样明显和吸引人。因此，人们认为某个人有 wit（古义），常常是因为他在对话中表现出的 wit (d.s.)。当 wit (d.s.) 在语言中取得了明确地位之后，一个非常仔细的说话者才可能区分对话中展现的特质，以及由此推断出的总体智力水平。然而一千个说话者中也不会有一个人在乎这种事情，直到这里的"特质"有了一个名字，上述区分才能由语言轻松表达出来。因此，在一段时间内，像 "My lord showed prodigious wit in his discourse today"（大人今日的言谈展现出惊人的 wit）这样的话始终具有歧义。它的意思到底是"大人言谈中的 wit (d.s.)（机敏）惊人"还是"大人的言谈显示（证明）他具备惊人的 wit（古义）（智慧）"？说话人不会知道答案，也不会提出这样的问题。

我们听说过班奈迪克与碧翠丝 "never meet but there's a skirmish of wit between them"（一见面就唇枪舌战，互不相让）。① 没有人会质疑他们展现出来的其实是 wit (d.s.)。然而说话者到底是用了这个词的危险义项，还是说他们绞尽脑汁，靠 wit（古义）来争论？

福斯塔夫的 "I am not only witty myself but the cause that wit is in other men"（我不仅自己 witty，也把 wit 借给别人）② 也是如

---

① 《无事生非》，I, i, 57。
② 《亨利四世》，Pt. z i, ii, 8。

此。只要 wit 还保有古义，witty 当然是睿智的意思；就像在《帖木儿》（I, iv, 686）中，"Are you the witty king of Persia?"（您是波斯的英明国王吗？），虽然带着嘲弄的意思。福斯塔夫是说自己睿智（wise），还是风趣（spirituel）呢？他人展现出来的 wit，根据上下文，是指能够"发明""笑料"。这里的 wit 同样可能不止一种含义。

毫无疑问，福斯塔夫的 wit 是它的危险义项（机智），而这种他指的机智在某种程度上成为了他称自己为 witty（睿智）的基础，这也几乎没有疑问。但这并不意味着 wit 在他的语言中已经有了危险义项。

或许我们可以用一个类似的例子来解释这种情况。在这个例子中，一个词的两种含义有不同的拼法。一位女士可以通过行屈膝礼（curtsy）来表明她有礼貌（courtesy）；更简单来说，是通过屈膝礼展现礼貌。之后有人在特定情境下说起她的礼貌，在这些情境中，她的礼貌完全包含在屈膝礼中（她什么也没说，什么也没做，只行了一个屈膝礼），但这并不表明说话者认为礼貌（courtesy）一词意味着屈膝礼（curtsy）。这是我们对词语意思与说话者意思的区分。从一方面来看，说话者在说起"她的礼貌"时，就是指她的屈膝礼。但在他的语言中，屈膝礼不必非得是 courtesy 的含义，甚至都不必是一种义项。同样，莎士比亚的角色们指的也许确实是 wit(d.s.)，这一含义当时变成了说话者的意思。然而它不一定就是这个词的意思。

但很明显，它很快就会成为这个词的一种含义。如果那个我们现在称为屈膝礼（curtsy）的特殊姿势成为每位女士进屋时显示她们礼貌的必要方式——以至于那些忘记行礼的女子会被母亲或保姆提醒"别忘了礼貌"（courtesy）（即"你的教养"）——那么改或不改拼写，*courtesy* 仅指这一姿势的新含义已然呼之欲出，而它与 *cortesia*（礼貌）的联系也许就被淡忘了。类似地，在大多数情况下，人们称赞一个人的 *wit*，实际上是指他的 *wit (d.s.)*（机智），那么这种含义注定会成为这个词一种新的并且是可区别的义项。因此，莎士比亚文字的模糊性是可以预见的。一个新义项第一次从主干中抽发出来，而我们就在此刻遇到了它。

这里有两段比较清楚的文本可以用来说明这个词在不知不觉中远离古义，走向 *wit (d.s.)* 的过程。"Sharp and subtle discourses of wit"（犀利而巧妙的机智演讲），胡克说道，"procure great applause, but being laid in the balance with that which the habit of sound experience plainly delivereth, they are over weighed"（获得热烈的掌声，然而比起因成熟经验而习惯自然的演说，前者便相形见绌）（V, vii, I）。伯顿将 *wit* 定义为"敏锐或巧妙，创造的犀利性"。两者都算不上什么。但是不论是胡克认为的轻浮或是伯顿定义中的犀利，或许都有些微的重要性。*wit* 不再像智力（intelligence）一词那么固定静止。

在十七世纪后半叶，我们才找到最为丰富和有趣的证据，证明这个词的词义漂向了它的危险义项；说这些例句有趣，是因为它们几乎全是反例。每个人都开始告诉我们这个词不是什么意思；而这恰恰证明它开始有了这个意思。

1650 年：戴夫南特*叙述一些"被认为是，但实际上还不是

---

* 戴夫南特（William Davenant, 1606—1668）：英国诗人，戏剧家。

wit"的东西,包括"通常说的 Conceits(别出心裁的措辞),听上去像平庸的讽刺诗人的技巧或手段"。①

1664 年:弗莱克诺*提醒我们,wit 一定不包括"双关、诡辩、重复以及诸如此类的雕虫小技"。②

1667 年:德莱顿告诉我们,wit 不在于"带来刺激或促动的警句,也不在于似是而非的劣质对偶……亦或更为劣质的吵闹的近音双关语"。③

1668 年:沙德韦尔纠正无知的人们,他们认为"戏剧中的 wit 在于让台上的两个人互开玩笑,来回打太极,所谓的'巧辩'是也"。④

1672 年:德莱顿将"双关"归类为"最低等卑劣的 wit"。⑤

1700 年:德莱顿说"粗人……才会把讨巧比喻和铿锵短诗叫作 wit"。⑥

显然他们所否认的 wit 所指,或者只承认是"最低等和卑劣"的 wit 含义,正是 wit (d.s.)(机智)。而这种情况,就像我之前说过的那样,证明 wit (d.s.) 正日益成为其通用词义。毫无疑问,德莱顿提到的"粗人"以及所有此类批评者的语言可能让我们觉得,一群文化人正在捍卫他们自己对 wit 这一词的使用,以对抗"几乎没有经过规范教育"的平民群体。但事情根本不是

---

① 《冈迪波特序》。
* 弗莱克诺(Richard Flecknoe, 1600—1678):英国诗人,戏剧家,旅行家。
② 《谈英国戏剧》。
③ 《奇迹之年序》,《文集》,Vol, I, p.14。
④ 《郁郁寡欢的爱人序》。
⑤ 《结语的辩护》,《文集》,Vol, I, p.173。
⑥ 《寓言序》,《文集》,II, p.256。

那样。他们自己也在使用被他们拒绝的 wit 含义。德莱顿在思考这个词时的警惕性,到真正使用它时却放松了,请看下例。

"As for comedy"(至于喜剧),他说,"repartee is one of its chief graces; the greatest pleasure of the audience is a chase of wit, kept up on both sides and swiftly managed"(巧辩是其主要魅力;观众们最大的欢乐就是对机智的追寻,跟上两边的思路并迅速作出反应)。① 又或者,"They say the quickness of repartees in argumentative scenes receives on ornament from verse. Now what is more unreasonable than to imagine that a man should not only light upon the wit, but the rhyme too, upon the sudden"(他们说在辩论情境中,巧辩的敏捷性通过诗的形式得到更好的展现。想象一下,一个人不仅要在一时之间发现其中的风趣之处,还要找到韵脚,这简直太没道理了)。② 奥维德的"wit"(才思)如此"丰富",以至于他"在有的话题上时常太过犀利"。③ 在这类语段中,wit 除了危险义项很难有其它意思。对于自己使用 wit 这个词是取什么意思,德莱顿可能自以为的,并且肯定希望别人以为的那个意思,不是它真正的含义。"离开了学校",他也常常像个"粗人"般说话。

wit-ingenium 和 *wit*(d.s.) 虽不总是,但也常常是德莱顿用词中两个平等的组成部分;因此,我猜想 wit(古义)也是如此。这种情况再平常不过了。你和我在某个早晨的九点,盯着一张由佣人拿出的铅笔写的洗衣单,抱怨说"我看不清最后一个 figure

---

① 《戏剧诗》,《文集》,I, p.72。
② 同上,p.92。
③ 《奥维德〈女杰书简〉序》,《文集》,I, pp.233-234。

（数字）"。十点，在导师指导期间，我们提到了一个 figure（修辞手法）。十一点的时候，我们跟一个朋友说起刚刚离开酒吧的那个女人 figure（身材）不错。那么同理。德莱顿在去咖啡屋的路上碰到一位年长的朋友，被问及克拉兰顿勋爵是否是一个很有 wit 的人，他会马上反应过来这是 wit（古义）（智慧）。一小时后，他坐在一群圣殿骑士和诗人中间，讨论诗歌的本质时，他会使用 wit-ingenium（才智）。不过在讨论开始之前，要是有伶俐的年轻人用精彩的妙语取悦了大家，德莱顿或许会称赞那个年轻人的 wit(d.s.)（机智）。不经意间，他就在不同的词义之间游走。直到其中一个词义在某场论战中具有了战略重要性，这种寻常与安逸才会消失。接着就会产生一个糟糕的语言情境。

VI. "WIT-INGENIUM" 的磨难

wit (d.s.) 的流行本来就会危及 wit-ingenium。但是后者也同时受自身的某一弱点之害。它是一个褒颂词；说某人具有 wit-ingenium，或者称他是（在此意义上的）"a wit"（一位智者），你是在赞扬他。这就使得词的含义和说话者的用意之间的差别变得格外尖锐。

一个非洲的霍屯都人和一个丹麦人也许会就美的定义达成一致，在此意义上，就字面意思而言，他们都用"美"表达同样的意思。但是，在不同的意义上，"美"对其中一位可能"意味着"凸嘴唇、卷毛头、啤酒肚，而对另一位则"意味着"樱桃小嘴、如丝秀发、"唇红齿白"、纤纤细腰。对"喜剧"一词的（词汇）

含义毫无异议的两个人，对同样的事情，很可能不会都觉得好笑。

　　对于天才这样的词来说显然更是如此。对我们所有人而言，天才可能字面上都"意味着"可以创造出譬如说，伟大文学的脑力、个性或状态。但同样种类的文学不会在我们眼里都是一样的伟大。因此我们会把天才用在不同的作者身上，我们也会在我们的天才概念中加入不同的大脑能力。达成共识的所指，千差万别的能指，这两者是可以共存的。

　　十七世纪和十八世纪早期，批评家们正是以上述方式对 wit 的含义达成广泛共识——当他们有意识地使用这个词的时候。他们同意 ingenium 是 wit 真正的或准确的词义。他们永远、永远不会同意（直到下一分钟，也即他们自己忘记的时候）有 wit (d.s.)（机智）这个含义。不行；这个高贵的词指的就是诗人的本质，优秀作品的内在原因。但是就在这一语义共识仍然通行之时，品味却已开始发生变化。wit 是优秀的原因，但什么是优秀，对此人们的想法已经开始不一样了。也没有人愿意放弃 wit 这个神奇的词。无论新诗与旧诗的相似处有多微乎其微，称其优秀的人就会说新诗体现了 wit。就像新店主买下了上一任的"好名声"，就会把旧店的名号在自家商铺的门上再挂一段时间，文学创新者们也想继续拥有这个被圣化的词所带来的特权，甚或是"销售力"。谁也没想过要说"wit 派已经完蛋了；我们可以带来一种不同的优秀"。他们喜欢说"我们带来的是'真正的'或者'真实的'wit"。于是也就出现了对这个词的无休止的定义和重新定义，尽管从语言学角度来看毫无产出。这些定义都只是战术性的。必须让这个词拉伸或者收缩，以便囊括你和你的朋友写的或者喜欢的东西，然后排除敌对阵营所写所爱的。

考利笔下的 wit "意指"诗人的天赋。但是，对他来说，这种天赋是能创造 concordia discors（不和谐的和谐）的能力，也即自约翰逊博士起著称的"Metaphysical Wit"（玄学天赋）：

> In a true piece of *Wit* all things must be,
> Yet all things there agree,
> As in the Ark, join'd without force or strife,
> All Creatures dwelt; all creatures that had Life
>
> （万事当存于真正的天赋，
>
> 万事于真天赋中相宜，
>
> 如同在方舟中，没有武力或争端，
>
> 一切生物居于其中；一切有生命之生物）。①

德莱顿笔下的 wit 同样"意指"诗人的天赋。1667 年他把这一天赋定义为"想象力……仿佛一只灵活的猎犬，纵横于记忆的原野搜寻猎物"。② 他理想的 wit 已经和考利的有些许出入；很少强调 discors（不和谐），即由诗人整合起来的事物的多样性。但是十年之后德莱顿和考利就相去十万八千里了，远到"只见船桅不见船身"。③ wit 如今成了"思想和文字的得体"。德莱顿这么说

---

① 《智慧颂歌》，第 8 段。
② 《奇迹之年序》，《文集》，I, p.14。
③ 《作者的辩护》，《文集》，I, p.190。

的时候颇为自得。他如此喜欢以至于 1685 年时又重复了一遍。①

正如艾迪生（Addison）所言，② 这一定义会将我们导向这样的结论，"Euclid was the greatest wit that ever set pen to paper"（欧几里得是所有提笔写字者中最伟大的 wit）。也许还可以大胆断言，任何人使用 wit 而不是讨论 wit 时，都不会用它表达天才的意思。德莱顿本人也没有在任何其它地方使用过这一定义；也许根本无处可用，因为这个定义使得 wit 根本无法用来区分世上最伟大的文学和任何还算过得去的手稿。我们可能绞尽脑汁也难解释以德莱顿之才高八斗，何以会对实际用法下这么大错特错的结论，这么毫无用处，这么口说无凭，除非我们意识到他这样说的战术功能。他考虑的既不是这个词实际上是什么意思，也不是它能够用来明确、准确、有效地指什么意思。它只是一个有价值的时髦词。因此，也是批评大战中的一个重要据点。他不想让敌方使用这个词。至于他自己这一方从今往后还能怎么用这个词，不妨从长计议。"得体"是个卫戍词；把它扔出来是为了把奥维德、考利和克利夫兰*排除在最优秀诗人的荣誉之外。

蒲柏也用 wit 指诗人的主要天赋。但是到了他这里，意思几乎一百八十度大转弯。对考利而言，wit 在于能出其不意地把"本质上最不相邻的东西"绑到一起。对蒲柏而言，却在于能把老生常谈讲得头头是道，这种表达的透彻和自信能让人们重新关注那些熟视无睹的东西——

---

① 《文集》，I, p.270。
② 《观察者》，62。
* 约翰·克利夫兰（John Cleveland, 1613—1658）：英国诗人，政治讽刺作家。

True Wit is Nature to advantage dress'd,
What oft was thought but ne'er so well express'd.
（真正的天赋是将人们常常思索
却从未好好表达之物作动人的言说。）①

但真正说明问题的词是"*true*"。没有人会把自己喜爱的生活描述为"真正的幸福"；那就是"幸福"。一个友好的人不会自称是我们"真正的朋友"；自由与黑格尔派所谓"真正的自由"几乎互为排斥。如果 wit 就是蒲柏同时代用来指他所描述之物的那个词，那么他只会称之为 wit，而不是 true wit。这个形容词 true 说明他是在把名词 wit 扭曲出一个它从未自然拥有过的词义。

在以上这个故事里，德莱顿和蒲柏的表现都很一般；因此还得补充一句，这完全不是因为他们不够聪明。两人在别处对这个词的使用都说明他们心里很清楚，也本可以做得更好。"Ben Jonson... always writ properly and in the character required; and I will not contest further with my friends who call that wit; it being very certain that even folly itself, well represented is wit in a larger signification"（本·琼森……素来行文得体合宜；我无意与称之为机智的友人再多辩驳；即便愚蠢本身，若表达恰当，广义而言，亦是机智无疑）。② 此处德莱顿不再固执于这个词应该指什么，而是对两种它实际所有的词义做了区分。而蒲柏也可以这么写：

---

① 《批评论文集》，II, 297。
② 《结语的辩护》，《文集》，I, p.172。

> Thus Wit, like faith, by each man is applied
> To one small sect, and all are damn'd beside.
> （于是天赋，如同信仰，由各人赋予
> 各自的小团体，外人只有被咒诅的份儿）。

蒲柏自己对"true wit"的定义也是代表某个小团体而写。但在这里他却是站在纷争之上，虽然也只是一会儿的工夫。

VII. 圆满结局

这些战术定义一旦达到了它们暂时的目标，立即被其发明者抛弃，也被其他说话者拒绝。若说它们对语言历史有任何影响，可能就是通过减少使用而助推了 *ingenium* 这一词义的死亡。但这一点也是存疑的。

ingenium 词义有一个外部敌人，即危险义项的越来越流行。但是它也有一个内部敌人。从词汇上来讲，如我前文所言，*wit-ingenium* 一直都是指诗人的主要天赋。这就是这个词的含义。而说话者的意思，当然是指能创造出说话者所认同的那类诗歌的天赋。自十六世纪最后二十五年起，大多数人都认同一种大量使用比喻的尖刻、自负的诗歌。盖斯科恩①、年轻的莎士比亚，还有杜巴塔斯*，并不比考利和克利夫兰、巴特勒**贡献了更多的"常

---

① 盖斯科恩（George Gascoigne, 1525?—1577）：英国诗人。
* 杜巴塔斯（Du Bartas, 1544—1590）：法国诗人。
** 巴特勒（Joseph Butler, 1692—1752）：英国主教、神学家、哲学家。

常思索之物"。奥维德或年轻的德莱顿也没有，年轻的弥尔顿也很少这样的贡献。现代批评家将伊丽莎白时代的文人与"形而上"的自负划清界限，这是对的；但所有这些诗人，无论与中世纪或十八和十九世纪诗人相比，都是一个连续统。及至德莱顿和年轻的蒲柏为定义一种新的诗歌成就而争战，那个连续统长久以来的权威已经把 wit-ingenium 和某种诗歌的 ingenium 不可分割地联系起来。说话者的意思成了词的含义。将 wit 一词指代新成就的努力只是徒劳，正如今天谁想把悲剧一词用来涵盖结局圆满的戏剧将是徒劳（像《海伦》、《伊菲革涅亚在陶里斯》和《熙德》），这个词和最后一幕中的死亡连结在一起已经太久了。因此，wit 作为一个赞扬诗歌的词，与某种特定的诗歌连结在一起也已经太久了。它是一个有用的词，因为它描述那种诗歌的优点，而不是描述诗歌的优点。在这个意义上，经过那些文学批评上的争议而仍然留下了的词义也许可以被称作降格的 wit-ingenium，即艾迪生所描述的那种东西，他在纠正洛克时说，wit 不仅仅是"将能找到相似点或一致性的各种想法拼接起来……"，因为"不是想法类似就能称为 wit，而是这种类似可以带来愉悦和惊奇"。① 之后是约翰逊提出的完美，"一种 discordia concors，不具备相似性的意象之组合，在表面不同的事物之间发现不可思议的相似性"。② 这属于和蒲柏、德莱顿的定义完全不同的一个世界。这一位下定义者没有在磨刀霍霍，他是在定义自己相信的

---

① 《观察者》，62。
② 《考利传》(*Life of Cowley*)。

（无疑是对的）这个词的某个词义的实际用法。

只是某个词义。因为 wit-ingenium 即便这样降格，也仍然谈不上是 wit (d.s.) 的近义词。但是它们之间的共同点肯定超过二者与 wit（古义），或意见冲突的批评家们赋予这个词的伪词义之间的共同点。二者都展现了意料之外的，活泼的，灵巧的，这些含义。若不招人喜欢，则二者都可能被称作"小聪明"，或"烟雾弹"。如此这般，出乎意料地，一个皆大欢喜的语言情境出现了。在文学圈之外，wit 的意思是 wit (d.s.)。但是那些文学圈里的人，尽管完全接受 wit (d.s.)，也完全接受 wit（再额外装备上形而上的或巴洛克的）指代多恩和赫伯特的诗歌特征。而我们中的大多数都不觉得这两个 wit 是亚里士多德所谓"碰巧同形异义"。我们觉得 wit 的概念范围很广（从多恩的《圣露西节夜祷》到王尔德的《不可儿戏》），而且也都有连续性。因此，九死一生之后，wit 又成了一个真正有用的词，就跟它在古英语中时一样有用。它能让我们作区分；指这个，而不指那个。这个词在抵达这个愉快现状的过程中，不得不抛弃了那个宽广高贵的 ingenium 义。某个词既然已被用来指某种文学成就，或某个具有相关成就的领域，就不可能继续指一般的文学成就。至于它更普通的那个词义，其古义，仍然在一些习惯表达中出现，比如"God give you wit"（愿上帝赐予你理智）。之所以如此，因为这是出现在与文学完全无关的语境中，因此绝不会与作为批评术语的 wit 相冲突。Fallentis semita vitae，它活下来是因为避开了它的竞争对手。

5 FREE
[兼谈ELEUTHERIOS，LIBERAL，FRANK等]

　　本章内容将阐明引言部分提到的两大原则。本章中的主题词都是被道德化的"状态词"（status-words），也都能体现不同语言中并行的语义进程。

I."ELEUTHEROS"

　　eleutheros 意为"自由"，非奴隶。一个人可以 *eleutheros apo*，免于痛苦、害怕等的自由。一个自治的社区是 *eleutheros*；色诺芬*曾说起两个社区 *eleutheros apo*，相互独立；互不干涉。①后来这个词汇有了一个社会伦理层面的次要义项，若非如此，这个词就不值一提了。说某人 *eleutheros*，就第一个义项而

---

*　色诺芬（Xenophon, 440 – 355BC）：古希腊历史学家。
①　《居鲁士的教育》，III, ii, 23。

言就是描述他的法律身份；说他的行为 eleutheros，就第二个义项而言是说这行为体现了古希腊认同的自由民特质。还有另一个形容词 eleutherios，只做第二种义项使用。eluthreos 则可作两种义项使用。

eluthreos（或 eleutherios）的品格当然同奴隶相反。在现代英语里说"with the servile character"（奴性人格）有点危险，因为这可能会唤起错误的意象。当我们用"servile"形容某人，我觉得是指那种低眉顺眼、阿谀奉承的顺从之人。但这显然不是古代典型的奴隶形象，这一点看古希腊和古罗马喜剧中的奴隶就知道，也反映在我们眼下研究的这些词的反差中。圣奥古斯丁的《忏悔录》(IX, 8) 中，奚落莫妮卡酗酒的是一位奴隶女孩，她也总和年轻的女主人争执，"他们就是这样的"。真正的"奴性"是无耻、狡猾、精明、诡计多端，总在寻找获得最多利益的机会，铁了心"只顾自己"。《费加罗的婚礼》中的男仆费加罗和《约瑟夫·安德鲁斯》中的女佣斯利斯浦夫人就是这类人物的典型代表。而狄更斯《匹克威克外传》中的男仆山姆·威乐斯虽然也精于世故，实打实的现实主义，但他没有私心。奴性的标志就是无私和慷慨的缺席。最典型的奴隶总有一个小算盘要打。因此，在索福克勒斯的戏剧里，菲罗克忒忒斯在惨遭背叛后，对狡猾的奥德修斯说"Oh you – you who never had a sound or eleutheron thought in your mind!"（你啊——你这个人的心里就从未有过一个健全或 eleutheron 的念头！）

正如亚里士多德和众人所意识到的那样，奴隶的身份和奴性的人格并不总是重合。因此，雅典剧作家米南德会说"Live in

slavery with the spirit of a freeman (eleutheros) and you will be no slave"(遭受奴役却保有自由民［*eleuterôs*］的精神，你就不是奴隶）。

慷慨既是自由民品格的一部分，抽象名词 *eleutheriotes* 可以指金钱上的慷慨、宽宏大量、乐善好施；*generosity* 一词本身也显示了相似的发展过程，如我们之前提到的。而 *aneleutheria*，作为 *eleutheriotes* 的反义词，当然就是吝啬的意思。①

II. "LIBER"

拉丁文 liber 和 liberalis 的关系同 *elutheros* 和 *eleutherios* 的关系几乎完全一致。liber 就是"自由"，非奴隶；或者修饰无生命物时，指此物不受束缚，无阻挠。在奥维德笔下，大海与河流对照，是更自由（*liberioris*）之水的平原。② 一个人不"忠于"或受缚于先前之约或成见，他的心思或判断就可以是 *liber*。带着开放思维出庭的诚实的陪审员在西塞罗的《反对维瑞斯的演讲》里被形容作 *liberi solutique*，"自由且不受约束"。符合自由民身份的行为可称 *liberalis*。西塞罗认为公正是最高尚的美德，也最"贴合自由民"（liberalis）。③ 这一伦理义项往往被特殊化和狭义化，用来指我们仍称为 liberality 的品质。"Liberales are the sort of people who ransom prisoners of war"（自由者是会为

---

① 亚里士多德,《尼各马可伦理学》, 1119b。
② 《变形记》, I, 41。
③ 《共和国》, III, viii。

战俘付赎金的那类人）。①

　　由于 liberalis 这个词在音韵上属两个长短格，它无法出现在扬抑抑格诗中。因此，诗歌中用 ingenuus（自由出生）来代替，我觉得二者词义完全相同。也就是说，ingenuus 可以仅仅指地位，但更多时候带有伦理－社会层面的含义；比如，尤维纳尔*笔下的"a boy of ingenuus countenance, with an ignenuus modesty (pudor)"（男孩有着自由的面容，带着自由的谦逊［羞怯］）。这句话很有趣，原因有两个：其一，因为男孩其实是个奴隶，其二，因为 pudor 一词从反面凸显了古代对典型奴隶的看法。最糟糕的那类"奢华"旅馆里油嘴滑舌的侍应生，时而侮慢时而谄媚，在古人眼里会是典型的"奴性"；而我这个年纪的人还能记得的那些善良淳朴的老佣人（尤其在乡村），则不符合。作为衍生词的 ingenuous 后来的词义发展也颇给人启发；像自由民的，由是心胸开阔，不疑神疑鬼，因自身值得信任也便信任他人，由是（褒义的）单纯，由是太过单纯，轻信他人，最终则为愚蠢、成了受骗者，傻子。希腊词 euethes 最初义为"好天性的"，最终成了"愚蠢"，这是同样的词义发展过程。Silly（愚蠢）一词本身和 innocent（纯真）也一样。这样的词义发展其实反映了典型奴仆对 ingennus 的看法，后者的不起疑心在前者眼中就是愚蠢。如果山姆·威乐斯是典型的 servus（势利奴仆），他只会鄙夷匹克威克先生的天真单纯（而非小说里的尊重

---

① 西塞罗,《论义务》, II, xvi.
* 尤维纳尔（Juvenal, 55—130）：古罗马讽刺诗人。

和善意嘲笑）。

III. "FREE"

和拉丁以及希腊词一样，free 最初也指法律地位。与其相对的是奴隶——盎格鲁－撒克逊语 *theow*，后来是古斯堪的纳维亚语的 *thrael*。阿尔弗雷德大帝在《牧人的关怀》（*Cura Pastoralis*）的序言里提到，所有自由民（*freora manna*）的子孙都应受教育。free 也是物理意义上的自由，可自由移动。在古英语版的比德所著《英吉利教会史》中，一位由女仆搀扶去圣殿的盲女，在奇迹般被治愈后，"freo on her own feet"（IV，10）（双脚自由地）回了家。奇怪的是，这些最古老的义项现在成了 free 的危险义项；盖因其它那些同 *eleutherios* 和 *liberalis* 粗略对应的义项大都废弃了。

我之所以说"粗略对应"，是因为古代希腊语、拉丁语和英语里这两组词的发展存在一个明显的不同。尽管两支发展都可以被描述为"社会—伦理的"发展，但是在希腊词和拉丁词，伦理义是主导，社会义最后基本消失了。英语词 *free* 则并非如此。其背景是封建制，不是共和制；在它所属的世界里，礼仪远比在古代更繁复，也更受重视。

在《农夫皮尔斯》里我们读到，梅德结婚最主要是因为她有钱，而不是因为美德、美貌或 high kinde——贵族血统。① 在

---

① 《农夫皮尔斯》，C. III, 82。

B 手稿文献中，对应 "high kinde" 的位置是 "free kinde"。① 在这一语境下，这两个形容词可能基本是近义词。二者都无需任何伦理暗示；比起 *eleutherios* 或 *liberalis*，也更强调社会地位。这个词往往既不指血统，也不指道德，而是指礼仪，比如十三世纪罗曼史《弗洛里与布朗谢芙萝》(*Floris and Blancheflor*, l. 498) 里描述一个市民为 "fre and curteys"，礼貌而文雅。和形容词 kinde 一样，free 也变成了模糊至极的、泛泛的赞美之词，因此，基督在中世纪约克郡宗教剧《地狱劫》(*Harrowing of Hell*, 1.5) 里才会说 "mi Fader free"（我高尚的父啊）。乔叟下面这句话 "Trouthe and Honour, fredom and courtesye"（真理和荣耀，自由和礼仪），② 反映了其词义最全面的内涵；道德上至最高的自我牺牲，礼仪下至最细微的优雅仪态，这些都在中世纪被视为理想的骑士行为中融为一体，不可分割。

由于 "largesse"（慷慨好施）是 fredom 的一个重要方面，因此这个义项不可避免地抽发出以下这些分支："宽宏，出手大方"；"fre of hir goodes"，不吝自己的财物；③ 以及 "to fre of dede"，行动过于自由。④ 然而，这也可以不经由 "高贵、谦恭有礼" 的义项，而直接生发自 "无束缚的" 义项（如可敬的比德作品中那样），即在处理个人财物时不受阻，不受限。

乔叟的诗句 "Free was daun John and namely of dispence"

---

① 《农夫皮尔斯》，B. II, 75。
② 《坎特布雷故事集》，A. 46。
③ 《农夫皮尔斯》，B. x. 74。
④ 《珍珠》，481。

(约翰君甚慷慨,出手阔绰),也许很好地突显了更广的含义:① 约翰颇具绅士风度,尤其体现在舍得花钱上。乔叟《弗兰克林的故事》里有一场 *fredom*(宽宏大量、慷慨)的较量,让读者来决定 "which was the moste free"(谁最大方)。② 薄伽丘作品中与之对应的地方是问谁表现出最大的 *liberalità*。*

从"无束缚的"义项中又生出另一支来。非正式的、亲密的、轻浮的行为,与冷漠疏远相对的,也可以用 *free* 来形容。因此夸尔斯**说 "The world's a crafty strumpet... if thou be free she's strange; if strange, she's free"(世界是个狡猾的淫妇……你若亲近,她就疏远;你若疏远,她则亲近)。③ 这里的 free 作贬义用法。相较社会规范所能容忍的,人可能会多些随意,少些正式,也可能会被直斥 "Not so free, fellow"(放规矩点,伙计),④ 就像谢里丹***剧本里写的那样。最后,*free* 也可以指"恶语相向的"。"The mistress and the maid shall quarrel and give each other very free language"(女主人和女佣吵架,互相都是口无遮拦)。⑤ "A freedom" 同样可以是对社会规范的无端违抗,是"liberty"的过度挥霍,甚至不雅行为:"I do not know a

---

① 《坎特伯雷故事集》,B. 1233。
② 《弗兰克林的故事》,1622。
  * 一般认为乔叟《弗兰克林的故事》是受了薄伽丘《十日谈》里第五个故事的启发。
 ** 夸尔斯(Francis Quarles, 1592—1644):英国诗人,以带寓意画的寓言诗著称。
③ 《寓言诗》,I, iv。
④ 《圣帕特里克日》,II, ii。
*** 谢里丹(R. B. Sheridan, 1751—1816):爱尔兰讽刺作家、戏剧家。
⑤ 斯蒂尔,《观察者》,493。

more disagreeable character than a valetudianarian, who thinks he may do anything that is for his ease and indulges hiself in the grossest freedoms"（我不知道还有谁比疑病症患者更讨人厌，为了自己舒服不惜做任何事，沉浸于最下流的胡作非为）。①

或许正是受这一义项的影响，莎士比亚所用的 liberal 才应被解释为 "free-spoken"（口无遮拦），而不是其它的意思；在《威尼斯商人》里，年轻仆人被告诫，他在陌生人面前的喋喋不休 "may show something too liberal"（显得太放肆）(II, ii, 187)。

free 还有一个义项与上述皆不同，尽管无疑也是源自"无束缚的，不拘的，不受限的"，即 *free* 意为"免费的"（对应拉丁词 *gratis* 和希腊词 *dorean*）。因此 *dorean* 在钦定版《圣经》中被译作 *freely*；"freely ye have received"（你们白白得到），在更早一些的威克利夫《圣经》译本中作 *freli*。

IV."FRANK"和"VILLAIN"

frank 和 *free* 这两个词的词义发展有极大差异。*free* 的社会伦理词义已经消失；至于 *frank*，却只有伦理词义被保留下来，而且极为狭义。

最初，*frank* 指的是一个民族——法兰克人。后来，法兰克人入侵高卢，*frank* 一词在法律、社会、伦理层面的含义才逐渐

---

① 鲍斯威尔,《约翰逊博士传》,1777年9月16日。

产生。其时的高卢，你可能见到的人要么是法兰克人，因此是征服者、武士，或者地主，要么就是"原住民"，被统治民的一员。若是后者，就是（典型的）农奴，不自由的农民，依附于某一片曾是罗马 villa（庄园）的土地；他其实就是一个 villanus 或 vilains。frank 和 villain（或 frans 和 vilains）就是一对至关重要的对比。

兰斯洛特·安德鲁斯* 主教笔下的英语词 villain 仍是用它的字面义："they be men, and not beasts; freemen, and not villains"（其为人，非兽；为自由人，非农奴）。① 但是，早在他的时代之前，villain 已经降为骂人的词汇，最终则成了一个纯粹的（即无确指的）辱骂词：villain (d. s.)，"坏人"的近义词，除了作为戏剧评论中的专业术语（比如"Shakespeare's villains"就是个比较固定的表达），几乎是个无用的词。这个演变过程当然是渐进的，旧文本中这个词每次出现分别代表哪个发展阶段，这也很难确定。

首先，其贬义词意与它本义紧密关联；现实中的 vilains 或农民形象仍然有效。自从废除农奴以后，农民在我们国家被特别理想化了，以至于我们对"peasant"一词的言外之意的误解堪比对古人所理解的奴性人格。《玫瑰传奇》中的"爱情"说："没有哪个 villain（农民）或屠夫"可以亲他的嘴唇（1.1938），由此我们对它的意思略知一二。"爱情"又接着说 villain 野蛮（fel）、

---

* 兰斯洛特·安德鲁斯（Lancelot Andrewes, 1555—1626）：英国主教，学者。
① "对女王的布道"，1590 年 2 月 24 日。

无情、别扭且不友好（ll. 2086-2087）。你若想避免 vilanie，农民性格，你必须效仿彬彬有礼的高文骑士，而不是乖戾粗暴的凯（ll. 2093f）。"危险"后来被描写为一个 vilains；他突然从藏身之地跳出来，高大、黝黑、浑身刚毛，眼冒怒火，大嗓门，粗手脚（ll. 2920f）。但是请注意，尽管 vilains 仍然与真实的农民形象紧密相连，这种联系显然是心理上的，而非实际身份。"爱情"特意告诉我们，"vilanie makes vilains"（农民性格造就农民）（l. 2083）。理论上说，一个人处于 vilains 的地位，不一定就有 vilanie 的恶习；而很多人地位上不是 vilains，却难免 valanie 的恶行。churl（粗人）这个词本身也是身份词，原是这个意义上最接近古法语 vilains 的英语对应词，只是它尤其强调小气吝啬，而不是农民一般的阴郁、不合作性格。① 这么看来，也许 boor 才是我们今天能找到的最好翻译。

　　在乔叟的文本中，名词 vilein 是否出现并不确定，但 vileinye 常见到。vileinye 一词的核心词义是粗鲁，没有礼貌。骑士从不对任何人"said vileinye"（A. 70），言辞粗鲁。乔叟不希望自己讲述这些粗俗的故事会被人们视为 vileinye（l. 726）。《赎罪僧的故事》中，年轻的醉酒暴徒因对一个老头说 vileinye 而受谴责（C. 740）。经过简单的转义，指责诋毁任何事情就是说它 vileinye；《巴斯太太的故事》中，巴斯太太质疑为什么有人要说"重婚者、八婚者"（D. 34）或拉麦*的 vileinye（坏话）。由是，

---

① 可能是受钦定版《圣经·撒母耳记上》（25：3-11）的影响。
* 拉麦：《圣经》中亚当和夏娃长子该隐的后裔，玛土撒利的儿子。据《圣经》记载，他是第一个违反一夫一妻制的人。

任何侮辱性的事，比如克瑞翁拒绝让死去的敌人下葬（D. 53），也可以是一种 vileinye。

巴斯太太主张如果高尚真的可以遗传，那么，那些好人家的后代将永远不会停止 gentillesse（绅士行为），或开始 "villeinye or vyce（农民行为或恶行）(D. 1133-8）。但是，在此语境中，与 vileinye 紧密相关的并非一般的道德缺陷，而是最高阶层者最不该有的特殊道德缺陷——gentillesse 的对立面。我们两次发现强奸被称为 villeinye。在《自由农的故事》中，哈斯德鲁巴的妻子为了不让罗马人 dide hir vileinye（玷污她）(F. 1404）而自杀身亡。《贞女传奇》中，塔尔昆被委婉质疑他怎么能对卢克莱西娅做出 this vilanye（此等恶行）。① 塔尔昆本该行事像名大人，一位 "verray knight"（真正的骑士），然而他却"侮辱骑士精神"。在所有可被称为 vileinye 的有违道德的行为中，强奸自然首当其冲，因为强奸不仅被基督教律法定为罪，它也是 gentillesse（绅士行为）、礼仪、尊重女性的直接对立面。塔尔昆之罪是一个 vilein 的行为，因为它是我们父辈会说的 "the act of a cad"（无赖的行径）。虽然 cad 一词当下摇摆于社会和伦理谴责之间，它在这一词义上可以算作 vileinye 的对应词。一旦 vileinye 意指类似"无赖行径"的事，它就已经走上了下坡路，最终演变为一个纯粹的、无确指的骂语。乔叟有一两次几乎就是这么用的。在《梅利比的故事》中，梅利比的三个仇敌打了他的妻子，又重伤了他女儿，这一行为被称作是 vileinye（B. 2547）。在《磨坊主

---

① 《贞女传奇》，1823 行。

的故事》中，约翰警告雅伦说磨坊主是个危险人物，他可能会对他们做出 *vileinye*（A. 4191），此处 *vileinye* 的准确意思就是"恶劣手段"，或是"恶意伤人"。在《第二个修女的故事》中，我们读到一个人只有"be chaast and hate vileinye"（贞洁且憎恶邪行）（G.231），才能看到天使带来的玫瑰和百合花环，这里或许是抵达了纯伦理层面的含义。

在伊丽莎白时代的戏剧中，*villain* 以及相关词汇的意义都可以说是变化多端。多数情况下，如今的读者只看一眼，便会毫不犹豫地理解为它们的"危险义项"。因为这类词是责骂的，此类词义似乎总是符合语境。"Remorseless, treacherous, lecherous, kindless villain！"（不知悔改、背信弃义、好色、无情的恶棍！）；①"我此生从未爱过我的兄弟"——"More villain thou"（你这个十恶不赦之徒）；②"Some villain hath done me wrong"（有个恶人对我不义）③——这些不是 *villain* (d.s.) 还会是什么呢？或许都是的。但并不能完全肯定。

锡拉库萨的安提福勒斯如此描述侍从德洛米奥："a trusty villain"（一个可靠的 villain），总能说些"开心的玩笑话"让自己振作起来。④这里显然是把一个骂词反用来表达喜爱——就像 "a trusty rogue"（可靠的无赖）。但是很难相信，这个词在反用之前已经蕴含的辱骂意味会和 *villain* (d.s.) 一样强烈。可能更

---

① 《哈姆雷特》，II, ii, 619。
② 《无事生非》，III, I, 14。
③ 《李尔王》，I, ii, 183。
④ 《错误的喜剧》，I, ii, 19。

类似"rogue"(无赖),或者(旧用法的)"wretch"(可怜虫),或"rascal"(坏蛋)。当彼特鲁乔反复称侍从格鲁尼欧为 *villain*,还有一次称他为 *knave*,他想表达的意思肯定不是 *villain* (*d.s.*),而是"rascal"。①在《一报还一报》中(V, i, 264),倒霉的路西欧说,罗多维克修士"spoke most villainous speeches of the Duke"(说了关于公爵最恶毒的话)。这句话的笑点在于,正是路西欧本人说了那些"恶毒话",公爵自己再清楚不过。这些话也没有 *villain* (*d.s.*) 的意思。他并没有打算谋杀公爵,或要推翻他,只是在说"pretty tales"(玩笑话)、开点比自己强的人的下流玩笑。事实上,他这些话更接近乔叟笔下 *vileinye* 的意思,而不是其现代义;是粗鲁、丢人的意思。

同一时期的词可以有不同意思,上面这些用法当然不能证反《哈姆雷特》《皆大欢喜》和《李尔王》选段里的 *villain* (*d.s.*)。但是这些用法也提供了一个背景,可以对 *villain* (*d.s.*) 的可能性作判断。我个人倾向于认为,*villain* (*d.s.*) 不必在其中任何一处完全存在。也许作为说话者的用意,它全都在场。说话者肯定看对方就是我们会称为 *villain* 的人;但我不确定他专门选择这个骂词是因为这个词(在词汇意义上)表示"非常邪恶的人"。所有辱骂性质的语言,目的在于伤人,而非描述——哪怕我们像哈姆雷特一样,只是在一场独白战中跟影子过招。我们管敌人叫什么不是根据我们对他的真实感受,而是专挑他最不喜欢听的话。因此,对有深仇大恨的人,可能会专挑 *villain*,因为这个词不仅

---

① 《驯悍记》,I, ii, 8-19。

涵盖道德缺陷，还影射出身卑贱、举止粗俗和无知。因为除了最优秀的人，大家都宁可被称作邪恶，也不愿被说成粗俗。请看这个场景：萨默塞特公爵将萨福克从名义上的约克公爵身边招离时说："Away!...We grace the yeoman by conversing with him"（走吧！……和粗农交谈，是我们看得起他）。①

我承认，这一切推断都不确定。但是有一处，我特别希望 villain 完全没有包含危险义项。《理查三世》的开场独白无论如何都算不上莎翁细腻微妙的最佳体现。即便如此，"I am determined to prove a villain"（我决心成为一个 villain），这里理查的意思若是"恶棍"，那这句话的粗俗简直到了可笑的地步。但是，如果我们大胆假定，这个词很大程度上——或者完全就是——取早期用法，这句话就好太多了。理查先是尽他畸形身体所能展现了一出滑稽模仿，嘲笑那些"钟情于镜中之影的人"。尔后，他突然变回自己，笨拙、粗俗、粗鲁之极——正是 vilains 的典型模样。他盯着观众，露出妖魔般的一笑，说道"哦，既然我成不了奶油小生，那我就做个——神呐，我就做个——莽夫吧"。

还有一些其它用法，显然出自夸张法，几乎可以是这个词的任何含义。比如 "a villainous house for fleas"（可怕的跳蚤窝），"villainous smell"（恶臭），"villainous melancholy"（可怕的忧郁），或是 "villainously cross gartered"（混蛋似地穿着交叉袜带）。要知道，在某个时代，令人感到不愉快的情绪曾被

---

① 《亨利六世》，VI, Pt I, II, iv 81。

描述成 scurvy（讨人厌的）、abominable（可恶的）、shocking（令人震惊的）、incredible（骇人听闻的），或是 shattering（令人惊骇的），因此以上的表述也并不奇怪。

Frank 在古法语里的对应词是 *frans*，意思是 *free*、无拘束的。四世纪的基督教释经家卡西底乌斯曾引柏拉图的话："When you have laid aside your body and soar free (*liber*) to the sky"（当你将身体放到一边，自由地冲上天空）；① 同一句话《玫瑰传奇》(l. 5030) 的翻译是："You will go frans into the holy air"（你将自由地进入神圣的空中）。英语中也有同样的用法。伯纳斯公爵版本的《胡恩》(*Huon*) 中有："he and his companye shal depart frank and free at their pleasure"（他和他的同伴们将自由地离开）(XLIII)。

frank 一词社会伦理层面的义项曾和 *free* 有大致相同的范围。《玫瑰传奇》中的爱神说，仆人在接受东西的时候必须彬彬有礼且 *frans* (l. 1939)。此处 *frans* 的品质当然在法语和英语中都是指 *franchise*（礼仪，温文尔雅，温柔的心）。高文爵士的诸多美德中就有 "franchise and fellowshipe"（礼仪和同伴精神）。② 但之后的用法把这个词限制在"不受束缚"以及骑士的高尚品德两个方面。这样的双重内涵，或双重语义根源，可能推动了这一义项的顺利发展。一个人若 *frank*，就是不受恐惧、算计、图谋私利的束缚；也有高贵天性中的直白和大胆。因此会有 "with

---

① 《蒂迈欧篇》卡西迪乌斯拉丁文译本，CXXXVI。
② 《高文爵士与绿衣骑士》, 652。

frank and with uncurbed plainness"（凭借英勇及不受束缚的质朴），①或者"bearing with frank appearance their purposes towards Cyprus"（他们显然是在驶向塞浦路斯岛）。②

和 *free* 一样，*frank* 也可以表示 *gratis*（免费），不用付钱；在《哈贝斯妈妈故事集》中可见："Thous hast it wonne for it is of frank gift"（这是你赢得的，是一份免费的礼物）（L. 531）。这一义项在"the frank"（邮资已付）这一习惯语中长存至今，国会议员曾经有权在他们寄的信上这么写。

V. 已淘汰的分支

如同 *eleutheria* 和 *libertas*，*freedom* 和 *franchise* 二词当然也可以指一个社群的法律上的自由。但这两个古词主要用来指国家的自由。其隐含的对立面有时候介于自治与被外邦统治之间；有时候则是介于共和自由与君主专制之间。而 *freedom* 和 *franchise* 在中世纪使用时指向的是不一样的东西：是跨国境的联合实体受保障的自由，或豁免权（不受皇室或贵族干涉），比如教会，亦或是境内组织的，比如城市或者行会。因此高尔说，骑士应该守护"The common right and the franchise of Holy Churche"（神圣教堂的共同利益和自由）；③还有莎士比亚的"If you deny it let the danger light upon your city's freedom"（你若拒绝，让危

---

① 《亨利五世》，V, I, ii, 244。
② 《奥赛罗》，I, iii, 37。
③ 《忏悔录》，VIII, 3023。

险栖落在你城邦的自由之上)。①

我认为，这引向的一种词义发展是古典语言里找不到的。一个团体若是享有 *freedom* 和 *franchise*，作为团体一员自然也享有这样的自由。你就是这个城市的 *freeman*（自由人），或者获得这个城市的 *freedom*（自由）；或者你可 free of the Grocers（自起炉灶）。② 这些表述都很熟悉。但是沿着这条线进一步的发展则更惊人。*freedom* 可以单指 "公民身份"，罗马千夫长告诉圣保罗，他花了很多钱获取罗马的公民身份（*politeia*），钦定版圣经是这么写的（《使徒行传》，22：29）： "At a great price obtained I this freedom"（我用许多银子，才入了罗马的民籍）。费尔蒙·赫兰德*这样翻译苏埃托尼乌斯**： "Unlesse they might be *donate civitate*... enjoy the fraunchises and freedom of Rome"（除非他们是正式公民……享有罗马的选举权和自由）。这一含义保留在现代英语 franchise 中就是 "投票权"，是正式公民身份的重要标志。

VI. 作为文化词汇的 "LIBERAL"

我们已经探讨了 *eleutheria, libertas* 的社会和伦理义项；从中衍生出的至关重要的文化含义还需进一步探讨。

---

① 《威尼斯商人》，IV, I, 39。
② 琼森，《炼金术士》，I, i。
* 费尔蒙·赫兰德（Philemon Holland, 1552—1637）：英国学者、翻译家。
** 苏埃托尼乌斯（Suetonius, 69—122）：罗马帝国早期著名历史学家。

自由人，还有不仅是而且应该是自由人的 *eleutherios* 或 *liberalis*，这样的人不仅具有自由人标志性的美德，而且也参与自由人标志性的活动。其中有些是必要活动；伪柏拉图《阿西俄库篇》①中说，政治是所有研究中最自由的（*eleutheriotaten*）。不过，闲暇类活动，即以自身为目的而无实用性的活动，则尤为 *eleuthera*，这样的想法很快流行起来。色诺芬说："They have a square (*agora*) called the Free (*eleuthera*) Square from which tradespeople and their noises and vulgarities (*apeirokaliai*) are excluded"（他们有一个广场，叫作'自由广场'，商人和他们的噪音及鄙俗 [*apeirokaliai*] 不得入内），②这应该就包含上述想法。商人不必非得是奴隶，很可能不是奴隶。但他们所从事的活动唯一的价值在于能达到某些外在于活动本身的目的。这种自身价值和功利价值的对比在亚里士多德下面这句出自《修辞学》的话里有明确表述："of one's possessions those which yield some profit are the most useful, but those which exist only to be enjoyed are *eleutheria*"（人的所有物中，能带来利益的最有用，而那些仅为愉悦的，是 *eleutheria*）。这是第一步。只有法律上是自由的、经济上无需为维持生计挣扎的人，才有可能拥有闲暇，去弹钢琴或上图书馆。这就是为什么钢琴和图书馆要比挖煤铲和各种劳动工具更 *liberal*，更能体现自由人身份的特征。

　　随后，这个词又有了重大发展，（我认为）这完全归功于亚

---

① *Axiochus*, 369。
② 《居鲁士的教育》, I, ii, 3。

里士多德,他的一个别出心裁的妙喻。(亚里士多德除了是位哲学家,也是个智者,讲究穿衣打扮;没有理由不把这个妙喻归功于他。)出处是《形而上学》[①]:"一个人的生命为自己而活,而不为其他人,我们称他是自由的。同理,哲学是所有研究中唯一自由的;因其只为自身而存在"("We call a man free whose life is lived for his own sake not for that of others. In the same way philosophy is of all studies the only free one; for it alone exists for its own sake")。

这就产生了一个惊人的改变。迄今为止,某一研究活动可以是自由的,因为它是自由人标志性的活动。亚里士多德却赋予了哲学研究一种新意义上的自由;即通过类比的方式。哲学是一种自由的研究,因为相对其它研究,它享有相当于自由人相对奴隶所享有的特权地位。这一妙喻之妙正在于它吸收了一个更简单的概念,即"自由"特性的一个重要部分是无关利益。自由的研究不寻求自身之外的东西,它的求知活动只是为了求知本身。这是骨子里带奴性的人永远理解不了的——不论你给他们多少闲暇,多少财富。他会问:"那么到底有什么用呢?"一旦发现这既不能吃也不能喝,做不了催欲剂,也没法成为提高收入和权势的工具,他就会宣布——他已经宣布了——这就是"扯淡"。

亚里士多德的理想与消遣主义天差地别,将之置于另两段话提供的背景中,就能更好理解这一差别。《形而上学》(1075 b.)告诉我们,宇宙结构类似家庭结构,"自由成员最不可能随意行

[①] 《形而上学》,982b,人人丛书译本,p. 55。

128 动。对他们而言，一切几乎都按特定计划（*tetaktai*）进行，而奴隶和牲畜对共同目标贡献甚少，大多数时候是随意而为。"尽管我们理应反感任何蓄奴社会的态度，但为看清亚里士多德的视角，值得暂时压制一下这种反感。透过书房窗户往外看，亚里士多德看到母鸡在刨土，猪在酣睡，狗抓着虱子；那一刻没被派到任务的奴隶们则或调情，或斗嘴，或嗑坚果，或玩骰子，或打盹儿。作为主人，他可以为了共同目标，即家庭的安康，来使用这些奴隶和家畜。但奴隶和家畜本身没有这样的目标，他们大脑中没有任何一致的目标。他们生活中凡不出自命令的，都是随机的——取决于当时的心情。而主人的生活就完全不同；种种宗教、政治、科学、文艺和社会的活动都具有系统性的顺序；消遣时间（有相关的轶闻）也是刻意安排，要经批准允许；主人的生活是自我一致的。以自由人规则来自律的亚里士多德，享有消极自由的亚里士多德的奴隶们（干活间歇的奴性自由），两者的差别又是和宇宙结构中的什么相对应呢？我想答案是毋庸置疑的。即更高的以太世界中的事物是规则的，不变的，一致的；而

129 下方空中的一切则是变化的，随机的，偶然的。① 世间，就和家里一样，地位更高的按固定计划行动；地位低下的则具"偶然"因素。自由生活对奴隶而言，就如同诸神（活的星辰）的生活之于地上的生物。这并非因为真正自由的人"为所欲为"，而是因为他尽人之所能模仿天神完美无瑕的规律性，和他们一样，自由的人不是做他想做的事，自由的人是他自己，他全然是人，正

---

① 《论宇宙》，392 a。

如神全然是神，他的全然是人在于他同神的相似。因为生命的冠冕——这里亚里士多德突破了典型的希腊式审慎谦虚——不在于"因人之必朽，而作必朽之思想"，生命的冠冕在于"尽可能地追求不朽"，竭尽全力按照心中最高的原则去生活。①

当然，人类并非总是处于亚里士多德式的高度。希腊人的 *eleutheria mathemata*，拉丁语中的 *liberalia studia* 或 *liberals artes* 很快就被如今每个老师学生都知道的课程（curricula）所取代；无人再需思考为什么这些课程要称为 liberal。你只需要列举："Arts which includes *liberals et ingenuae* knowledges, such as Geometry, Music, the knowledge of letters and poets and whatever is said about natural objects, human manners and politics"（技艺包括自由而纯真的知识，比如几何、音乐、语文、诗歌，还有一切关于自然物体、人类礼节和政治的知识），②西塞罗如是说。人们甚至还会听到这种说法：追求这些学科可以提升一个人的行为举止（对人文主义者的人生有所研究的人会觉得很奇怪）："学好人文艺术，有助于温柔举止，驱散暴戾"。③到了中世纪，Liberal Arts 终于确定为如今鼎鼎大名的七艺——文法、逻辑、修辞、音乐、算数、几何、天文。如果亚里士多德对自由的理解被坚定不移地承袭下来，那么算数很可能被排除在外。

---

① 《尼各马可伦理学》，1177 b。
② 《论雄辩家》，III, xxxii。
③ 奥维德，《黑海书简》，II, ix, 47。

不过，亚里士多德的自由理念在十八、十九世纪关于求知欲的概念中仍有影响力，求知欲是"慷慨"或"高贵"或"自由"的，因为它是为知识而知识。约翰逊谈及此种"理当赞赏的知识，其追求者除了无穷好奇心外没有其它动机"，① 他也称赞从科西嘉岛回来的鲍斯威尔，"睿智、高贵的好奇心将他引领至他的国人从未到达之地"。② 麦考利*说起作为传教士的耶稣会会士："去往商人的贪婪和自由的好奇心都没能驱动人去探索的那些国家。"③

"自由"的动机在这里同宗教和商业的动机都形成对照。对于那些想要同时拥抱基督教和亚里士多德体系的人，这就提出了一个问题。可以让这两种理想彼此退让的卓越到底是什么？就我所知，只有十九世纪的作者纽曼**直面了这一问题。在一篇立场坚定的文章中，纽曼清晰阐明了他的观点，必须从属的那一体系无论如何也具有其相对的自主权，以及只属于其自身的卓越之处。

> 只有自成一套，独立无后续……且不与任何目的相关的知识，才是自由知识。最为普通的追求只要独立且完整，便具有自由的特点；即使是最为高尚的追求也会失去这一特点，一旦该追求是为了达到本身以外的目的……就好比神

---

① 《苏格兰游记》, Ostig.
② 鲍斯威尔，《约翰逊博士传》, 1766 年 1 月 14 日。
＊ 麦考利（Thomas Macaulay, 1800—1859）：英国历史学家。
③ 《英国史》, VI.
＊＊ 纽曼（John Henry Newman, 1801—1890）：英国著名思想家，宗教领袖。

学，本应该培养沉思，但倘若被用于布道或者解答教理，即使其有用之处、神圣的特质和被人们称道的可能性不减反增（因为它努力迎合了人们的功利目的），神学也会失去我所阐释的这一特质，即自由；正如一张因泪水和禁食而憔悴的脸失去它的美丽……由此，超自然的东西不一定是自由的，英雄也不必然是绅士，原因很简单，我们不能将两个概念混为一谈。①

除了用在"教育"之前，*liberal* 已经失去了这层含义。使我们的文化观受到剧创的这一损失要感谢有人将 *liberal* 先变成一个政党的名字，然后又变成一个神学流派的名字。这种不负责任的贪得无厌，为了一个词的"销售力"而使用它的欲望，总是会造成语言上的破坏。如今要在英语里说出 *conservative*（保守派）一词尚未被政客们"垄断"时原本可以说的意思，已经很难了。*evangelical*（福音派）、*intellectual*（知识分子）、*rationalist*（理性主义者）、*temperance*（节制），这些词也都以同样的方式被毁了。有时，这种僭取太过分，也会失败；比如贵格会没能消灭 *friend*（朋友）一词。有时，那么多不同的人为了那么多不同的组织或集团，抢夺被觊觎的那个词，虽然这个词的原义被破坏，但是没有哪个组织能够完全占有它。*humanist*（人文主义者）是一个例子；它最终可能会和 *gentleman* 一样变为一个模糊的颂词。

我们无力阻止弑词。我们能做的也只有不去效仿了。

---

① 《大学的理念》，IV。

6 SENSE
[兼谈 SENTENCE, SENSIBILITY 与 SENSIBLE]

I. 导言

任何说英语的人都不会对 *sense* 这个词的两个意思陌生：(a) 一般的才智或"头脑"(gumption)，以及 (b) 通过视觉、听觉、味觉、嗅觉或触觉获得的感知，我称之为"知觉"(*aesthesis*)。仅在我们各人语言习得过程中，"头脑"无疑是 sense 一词最早被接触的含义。早在我们听说 *sense* 的"知觉"义前，我们都曾被要求"have sense"（有点脑子），或被质问为何"had not more sense"（不能多点脑子）。知觉含义属于我们词汇中出现较晚、较学究气、也较为抽象的层面。

然而，也并没有证据说明我们通过转喻或其他"头脑"义的延伸得到"知觉"义。在现代英语中这两个意思完全不是谁生了谁的关系。它们只能由该词进入英语前的历史来解释;当然,倒不是说大部分说英语的人知道或对这段历史感兴趣,而是在对这个词的日常使用中,他们已不知不觉地利用了历史所致的这一情形。

成千上万人在使用 sense 这个词,也只有极少一部分对语言感兴趣的会意识到他们有时用其指"机智",有时指"知觉"。突然从一个义项转换到另一个义项对大部分使用者来说更像是双关语的效果。

II. "SENTIRE"

sense 从 sensus 而来,这个名词对应动词 sentire,我们的故事就从这个动词开始。这个词义的中心在我看来类似于"体验,通过经验学习,经历,掌握第一手知识"。西塞罗说:"Catiline is going to learn, going to find out (*sentiet*), that the consuls in this town are wide awake"(喀提林会了解,会发现(*sentiet*)这个镇上的执政官都极其清醒)。① 这是说,他将通过(痛苦的)经历去了解。《斐德罗篇》(v, ii)中的自夸者向与他同行的旅行者保证,他会追捕那个抢劫了他们俩的人,并"让他知道"(*curabo sentiat*)他惹毛了什么样的人。英语应该是"I'll show him"(我要让他看到)。塔西佗说,随着物价上涨,群众逐渐明白(*sentire*)战争的祸害;② 我们会说"开始发现战争真正意味着

---

① 《喀提林》, II, xii, 27。
② 《历史》, I, 89。

什么"。它也可以用来表示另一种第一手经验；即像钦定版《圣经》中的 *know* 一样，它可表示"获得肉体知识，与某人交欢"。因此奥维德这样描述海神尼普顿："克瑞斯认识的（*sensit*）你是一匹马，美杜莎认识的（*sensit*）你是一只鸟，梅兰索认识的（*sensit*）你是一只海豚"。① 在一些语境下，英语中的 *see* 会是不错的对应翻译，但并不严格限制于视觉体验（试比较："He has seen active service"［他经历过服役］），因此我们可以这样翻译贺拉斯的话："With you I saw (*sensi*) the fight at Philippi and the *sauve-qui-peut* rout"（和你一起，我看见了［*sensi*］腓力比的战争和四散逃生的溃败）。② 他也会用 *sentire*——也许不像我们以为的那样是刻意的拟人手法——来描述一株藤蔓 "will not feel (*sentiet*) the withering south-wind"（感受［*sentiet*］不到逝去的南风）。③ 这里的 *feel*，我们也可以用 *get*（得到）、*catch*（捕捉到）、*suffer*（受到）来替换，或者还有更早期英语中的 *taste*（尝到）。但是维吉尔描述维纳斯看到（*sensit*）朱诺言不由衷，这里还是得用 *see* 来翻译。严格来说，这种"seeing"（看到）无疑包含迅速的半无意识的推论，但感觉上是直接的；和从第三方报告获知的对手的动机相比，这也肯定是第一手认知。

那么现在，两个最明显的第一手或通过经验得来的认知的例子便是（a）当下我们自己所意识到的心理状态，和（b）通过

---

① 《变形记》，VI, 118-120。
② 《颂歌》，II, vii, 10。
③ 同上，III, xxiii, 5。

视觉、听觉、触觉、嗅觉和味觉所接受到的。因此我们便不再对 sentire 的两种用法感到惊讶。我知道或感知到或（如法国人所说）实验我当下的思想和感情；这是 sentio 所做的。我也知道或感知到或测试这支笔的硬度，这张纸的光洁，这间房间的温度；这也是 sentio 能做的。因此打一开始这个动词就有歧义的倾向。罗马人过了多久才察觉到，或是否曾经察觉到，我们所说的这个"双重含义"，这个问题留给古典学学者。我们这些关注其后来发展的人肯定（鉴于其后来的发展）会说，这个词在古典拉丁语中就已经有分叉。因此我们将区分 sentire 的（A）含义和 sentire 的（B）含义。Sentire（A）大致（无攀附哲学之意）具有所谓的内省义；Sentire（B）具有知觉义。

III. "SENTIRE（A）"

尽管 sentire（A）本身就是分叉的产物，这义项内部还有一重分叉威胁着我们。我并不认为罗马人意识到了这第二重分叉。这是我们这些更善于分析的脑袋强加所得。作为译者，每一处我们都要决定 sentio（A）要译成"I feel"（我觉得），还是"I think"（我认为）。我们常常无法抉择，而一个罗马人可能根本不会理解我们的问题是什么。在《历史》（第一卷）第一章的结尾，塔西佗歌颂一个幸福的时代，人们可以自由 sentire（感受？还是思考？），并表达 quid sentias（其所思？还是其所感？）。塞内加对路西里斯说："我希望我的文字能奔跑，如同我们同坐同行时我的言谈会奔跑……如果可能的话，我宁愿展示而不是说出

quid sentiam（我所感受的？还是我所思考的？）……至少这一点我可以向你保证：我在 sentire（我在真实思考？还是我在感受？还是我真实的意思？）我所说的一切"。① 西塞罗这样评说某位哲学家："若他 sentis 如他所言，他是堕落的"。② 是说若他说话算话？还是他感受如他所言？还是他所思如他所言？

这和现代英语口语有一个表面上（但我认为也只是表面上）的对应："我感觉（feel）你的论证中的最后一步有些疑点。"但这里 feel 几乎肯定用作礼貌性反语，是一种有意的委婉表达。为了避免不客气地直说"我发现了一个不合逻辑的推论，现在要将其指出"，一个事实上或我们认为是理性的判断，被佯装成不过是不明确的感觉。而 sentire 一词中 think（思考）和 feel（感觉）的混合则几乎与委婉表达完全没有关系。

那么，sentire（A）中有一块核心语义是我们无法做二分的。但也有些用法恰好契合我们想做的二分之后的两种意思之一，这就有了 sentire（A1）(to feel) 和 sentire（A2）(to think)。

sentire（A1）可以用卡图卢斯这句著名的对句来阐明："我既爱亦恨。你问我如何既爱亦恨？我不知道；但我感受（sentio）如此，这是煎熬"（LXXXV）。同样的用法是塞内加"感受到（sentire）失去朋友的悲痛"。③ 然而，这种用法不是很常见。

但 sentire（A2）却很常见，语义也很清楚。这里这个动

---

① 《道德书简》，LXXV。
② 《论共和国》，III, xxi。
③ 《道德书简》，XCIX。

词不仅表示"认为"或"以为",也表示"形成看法",得出观点并正式表达出来。因此西塞罗说"我与那些看似观点温和(*lenissime sentire*)的人观点(*assensi*)一致";① 或奥卢斯·盖里乌斯所说的"如果法官们形成看法,会做出一个有利于我的决定(*senserint*)"。这层意思对之后的语言史有重大意义。

IV. "SENTIRE (B)"

这是这个词的知觉义:通过某一"senses"(感官)去感知。这点比较简单,不用耽搁我们太多时间。卢克莱修说:"我们感知(*sentimus*)事物的不同气味"(I, 298),或"你能感知(*sentire*)声音"(IV, 560)。我想象,这通常被认定是 *sentire* 最早的含义,但这种臆断并没有使这个词的发展历史更容易理解。

V. 名词

动词 *sentire* 有两个名词。一个是 *sentientia*(就像 *conscientia* 是 *conscire* 的名词一样),在古典拉丁语中变成 *sententia*。另外一个是 *sensus*。这两者有一个区别。*sententia* 只是 *sentire* 的 A 含义的名词形式;但 *sensus* 是 *sentire* 所有含义的名词形式。

---

① 《致友人书》,V, ii.

VI. "SENTENTIA"和"SENTENCE"

1. 由于 sentire（A2）意为"认为"或"以为"，一个人的观点（opinion），他所思想的东西，就是他的 *sententia*。这个用法对于大家来说并不陌生，因了古罗马剧作家特伦斯那句常被引用的 *quot homines, tot sententiae*，"有多少人就有多少观点"。中古英语的 sentence 保留了这个含义；"the common sentence of the people false is"（群众的共同意见是错误的）。① 经过重要细化之后，*sententia* 可用来指法官深思熟虑后的最终意见："作为法官，加图给出了他的 *sententia*"，西塞罗如是说。② 由此，英语中的 sentence 得以表示法官关于刑罚的决定，并最终指刑罚本身——"the sentence was death"（宣判死刑）。这个例子绝佳地体现了一个词的不同用法最终只是成了谐音。如果你说"Jeremy Taylor can boast the longest sentence of any English writer"（所有英语作家中就属杰里米·泰勒的句子最长），然后有人回答"Poor Wilde had a longer one"（可怜的王尔德还有更长的呢）*，这是个单纯的双关。

2. 一个人的观点或 *sententia*，他的想法，当然可以与他用以表达的语言区分开来。基于这个角度，*sententia* 就用来指与词汇

---

① 托马斯·乌斯克，《爱的誓约》，III, ix。
② 《论义务》，XVI, 66。
* 这里是取 sentence 有"刑期"之一的双关，王尔德被判入狱，所以这句可理解为"王尔德的刑期更长"。

相区分的意义,与形式相对的内容。西塞罗说:"斯多葛派有关顺应自然的生活态度,我认为,有以下含义(*sententia*)"。① 古法语和中古英语的 *sentence* 都能这样用。让·德蒙*说:"这是柏拉图的话在法语中的意思(sentence)"。② 乔叟夸口说要把特洛伊罗斯歌谣中"playnly every word"(每个词都清清楚楚地)给我们,而不仅仅是 *sentence*,大意或意思。③

3. 如果一个人表达的意思能与他使用的词汇相对,那么词意当然也能和词的读音相对。因此卢克莱修说,你能听到隔壁有人说话的声音,但却听不清楚 *sententia* 或意思(IV, 561)。

4. 由于 *sententia* 指"意思",演说或写作中具有完整意义的最小单位就是一个 *sententia*。因此昆体良说,如果吕西亚斯有一套"开始与结束的 *sententias*,他的句子"体系(*ratio*),他的风格之精髓就消失殆尽了(IX, iv)。

5. 当我们说,某句话"意义丰富",我们不仅仅是说它完全没有无意义的部分;我们是在说它意义深远,值得品味,"意味深长"。同样地,*sententia* 可以不仅指未加修饰的"意思",也指"深意",含义丰富,精髓,深度。说到那句古老的格言"认识你自己",西塞罗说这是致以神明的,因为它那么有 *sententia*——那么有深度,"承载了太多"。④ 这是中古英语 *sentence* 的一个重

---

① 《论义务》, III, iii, 13。
* 让·德蒙(Jean de Meung, 1240—1305):法国中世纪作家,《玫瑰传奇》续集作者。
② 《玫瑰传奇》, 19081。
③ 《特洛伊罗斯》, I, 393。
④ 《法律篇》, I, xxii, 58。

要用法。乔叟笔下的学者谈吐"short and quik and full of heigh sentence"（简明扼要，充满深意）；① 精简，充满活力，内涵丰富。完全没有冗余的措辞。

6. 前两种用法可能都支持了 *sententia* 的"格言、谚语、箴言、警句"之意。昆体良在他的用法中，正确地将 *sententia* 等同于希腊语中的 *gnome*（VIII, V）。充满 *sententia* 的风格就是格言式风格。英语中的 *sentence* 一直将这个义项保留作其最常用的义项之一，我们在莎士比亚长诗《鲁克丽丝受辱记》（l. 244）中读到："a sentence or an old man's saw"（一句格言或是老者的警句）。奥弗伯里的"Meere Scholer"（区区学者）是个"speaks sentences"（爱说格言）的人。在年代近一些的约翰逊这里，我们看到"A Greek writer of sentences"（一位写警句的希腊作家），一位格言作家。②

从 *sententia* 的格言义，到 *sententiosus*，我们得到了形容词 *sententious*。最初它并无贬义。拉蒂默在《主祷文之第二布道》中说："it is better to say it sententiously one time than to run over it an hundred times with humbling and mumbling"（格言式说一遍比嘟嘟囔囔地说上百遍好）。格言式地说就是要说得言之有物，思考你所说的。当弥尔顿说希腊悲剧作家"brief sententious precepts"（用简短精练的格言）教诲，他指的就是他们的格言式风格。③ 在范妮·伯尼*生活的时代，这个词就开始有现代意义了；在她的

---

① 《总序》，A. 306。
② 《漫步者》，79。
③ 《复乐园》，IV, 264。
* 范妮·伯尼（Fanny Burney, 1752—1840）：英国讽刺小说家、剧作家。

小说《塞西莉亚》（IV, I）中，一句话的真实性可以"palliate"（减轻）它的"sententious absurdity"（说教式荒诞）。这个发展趋势早有准备，因为自从十六世纪以来，这些多用格言警句说话的人已经被瞧不起了。我们先前看到奥弗伯里的"区区学者"；你也能把邓恩的小丑似的情妇算进去，她"natures lay Ideot"（天性蠢笨），在他把她教好之前，她说话充满"broken proverbs and torne sentences"（蹩脚的谚语和支离破碎的警句）。① 我猜测这个词也受了与 *pretentious*（矫揉造作的）一词读音相近的影响。一个词要对自己在读音上相近的词特别小心。*Obnoxious*（可憎的）原先的意思（易受伤害的）几乎被 *objection*（反对）和 *noxious*（有害的）的合力影响给破坏了，*deprecate*（贬低，原意"祈求免遭（灾难等）"）和 *depreciate*（贬值），*turgid*（浮夸的，原意膨胀）和 *turbid*（污浊的），都是一个道理。

VII．"SENSUS"和"SENSE"

这个名词最不细化的意思在我看来正好对应了第 II 节中动词被赋予的含义。*sensus* 是第一手经验，对自己心理和情感内容的直接意识。我们有对被 *erlebt*（经验）之物的 *sensus*。被流放的奥维德嫉妒被变为石头的尼俄伯，因为这样她就不再有悲伤的 *sensus*。② 西塞罗自己的 *sensus* 告诉他兄弟之爱可以多强烈。③

---

① 《哀歌》，VIII, 19。
② 《黑海书简》，I, ii, 32。
③ 《致友人书》，IV, ii, 10。

在英语里他可能说"I know from what I feel myself"（我从亲身感觉中知道）或"My own heart tells me"（我的心告诉我）。但更好是翻译成"I know because I've tried"（我知道因为我尝试过）（或"because I've been through it"［因为我经历过］），因为我们不该把 sensus 的含义框死在狭义的情感中。我们需要一个含义，能解释西塞罗的另一篇文章中这个词的用法。在《论共和国》中（I, xxxviii），一个争论者对另一个说"Use the evidence of your own sensus"（用你自己 sensus 的证据）。回答是"My sensus of what?"（我的什么 sensus？）。这里所需要的 sensus 其实是通过理性控制愤怒的 sensus。在这个语境下除了"experience"（经验）以外几乎无法用其它词来翻译 sensus；在其它语境下"awareness"（意识）或（有时）"consciousness"（感知）也可以。

这样不加以细分的意识当然就是 sense 的一个常见含义。培根说常人"无法感知或觉察最高的德性"；[①] 对比华兹华斯的"sense sublime of something far more deeply interfused"（更为深刻交织的崇高感）。同样，我们可以说具有或者缺少一种幽默"感"，体面"感"，危险"感"，低微"感"，几乎什么都能加上"感"（sense）。这层含义以一种几乎僵化了的状态存在于"sense of humour"（幽默感）中。我们不再记得这本来是我们对他人的幽默（癖性）的意识。

以上就是这个词的主要含义却也是无法区分的含义。我们现在得继续讨论它的 A 和 B 分叉——它的智力的和感官的含义。

[①]《论赞扬》。

VIII. "SENSUS" 和 "SENSE（A）"

1. 和 *sententia* 一样，它可以指观点。西塞罗说："我很喜欢他对政治的 sensus"——即我喜欢他的政见。① 莎士比亚说 "For in my sense 'tis happiness to die"（我认为死亡即是幸福），这里的 *sense* 可能也是这个意思。② 麦考利说 "the unanimous sense of the meeting"（会议一致达成的意见）或 "the sense of the best jurists"（最优秀的法学家的意见），一定就是这个意思。③

2. *sensus* 也用在拉丁文《圣经》中翻译希腊文的 *nous*。*Nous* 这个词不简单。当圣保罗说 "Every one must be fully confident in his own *nous*"（每个人都必须对自己的 *nous* 完全自信）④，而拉丁文圣经翻译成（"Every one must be full to overflowing (*abundet*) in his own *sensus*"（每个人都必须在自己的 *sensus* 中满溢），我们就不禁把 *nous* 和 "观点" 联系起来——*sensus* 就是和前面例子中的意思完全一样。但我觉得 *nous* 的意思类似 "观点"，只是因为它指头脑（mind）（就像我们直到今天还会说 "I told him my mind on the question"［我对他说了我对这个问题的看法］），我们下一个例子就能证明这一点。圣保

---

① 《致阿提卡斯》，XV, 7。
② 《奥赛罗》，V, ii, 288。
③ 《英国史》。两处皆出自第 10 章。
④ 《新约·罗马书》(14: 5)。

罗说到上帝无法接受的 nous；① 拉丁文《圣经》翻译成 reprobum sensum。nous 和 sensus 在这里指类似于头脑的"框架"或"状态"。两段经文对欧洲各国语言都有重要影响。由于前者，几个世纪后笛卡尔说的 chacun abonde si fort en son sens（每个人都充满他自己的 sense）就是好法语；② 由于后者，伯顿能说 "They are in a reprobate sense, they cannot think a good thought"（他们思想败坏，想不出一点好东西），③ 弥尔顿说 "Insensate left or to sense reprobate"（失去理性或思想败坏）。④ 在这三段引文中这个意思最终都是由拉丁文版《圣经》而来的。它从 1582 年的杜埃版进入英语，一处是："let every man abound in his own sense"（让每个人充满自己的想法）*，另一处是 "a reprobate sense"（邪僻的念头）。上文引用的英国这些新教作家，其中还有一位是优秀的希腊文学者，他们使用《圣经》词语会参考拉丁文版《圣经》或兰斯版《圣经》，这在很多人看来很奇怪。人们仍旧普遍持有一个错误观点，即钦定版《圣经》在英语《圣经》传统中有独一无二的重要性。

3. 像 sententia 一样，sensus，当然还有 sense，指一个词语的意思。奥维德说："这就是这个词的 sensus"。⑤ 这整本书都是

---

① 《新约·罗马书》(1：28)。
② 《谈谈方法》，VI。
③ 《忧郁的解剖》Pt III, Sect. 4, Mem. 2, Subs. Vi。
④ 《力士参孙》，1685。
⑤ 《岁时记》，V, 484。
* 此句《圣经》和合本译作："只是各人心里要意见坚定。"

关于词语的 *senses*（义项）。这里我们有一个用法是"gumption"（头脑）这个词义的来源，甚至都不需要注意中间的发展过程。"talk sense"（别说胡话）和"have sense"（有点脑子）是非常相似的责备的话。但第一个用的 sense 指"意思"："说点有意义的东西，别再说无意义的话了。""He has no sense"（他毫无理智）可能是从"His conversation has no sense"（他说的话毫无道理）的省略演变而来的（尽管实际的历史更复杂）。

4. 经由夸张，*sense*（意义）常宽泛地用来指重要或相关的意义，所以就像 *sententia* 一样，它也等同于"depth of meaning"（意义的深度）。上文中我给出的一个删减版的奥弗伯里的例子全文如下："A meere scholar speaks more familiarly than sense"（区区学者说话没有道理，反而口无遮拦）。我不认为这句话严格使用了这个含义，即他说的话常常毫无意义——而是他总是说些"gas"（空话），等于"什么都没说"。类似地，赫伯特论布道时说

> If all want sense,
> God takes a text, and preacheth patience,
> （如果通篇毫无意义，
> 上帝拿起一段文字，教人耐心）①

作者不是在想象一位满口胡言的牧师；"缺乏理智"指的是乏味，空洞，无知之类。这个用法显然能帮助我们进一步了解"头

---

① 《圣殿》，第431行。

脑"义。

5. 和 sententia 一样，sensus 也能指一句合乎文法的句子。昆体良说："It is best by far to end the sensus with a verb"（最好是用一个动词来结束这个句子）（IX, iv）。德莱顿说："Mr Waller first showed us to conclude the sense most commonly in distichs"（华勒先生首先告诉我们对句是最常见的完成句子的方法）。①

6. 缺乏意识（sensus），没有观点（sensus），说话词不尽意或词不达意（sensus）；所有这些都是缺乏才智之人的特征。Sensus 也可以指 "frame of mind"（头脑状态）。有四个方面的语义压力促使 sensus 这个词获得类似 "智慧" 或 "机智" 这样的意思。sensus 屈服于这些压力是进入后古典时期的拉丁文之后。我们在《学说汇纂》中读到，野兽和疯子都没有 sensus。我们也发现形容词 sensatus 曾表示 "明智的，聪明的"（古典拉丁文可能会用 cordatus）。这个发展可能也是因某个表述而产生的，下面我们就要对其进行探究。

IX. "COMMUNIS SENSUS" 和 "COMMON SENSE"

这个表述当时有很多不同的意思。

1. koinos 是希腊语中的 "common"（普通的），我们也已经看到 sensus 可以用来翻译希腊语的 nous。爱比克泰德*这样定

---

① 《敌对的淑女·序》，W. P. 科尔编，Vol. I, p. 7.
* 爱比克泰德（Epictetus, 55—135）：古希腊斯多葛学派哲学家。

义 *Koinos nous*: "There are some things which undistorted men perceive by the use of their common faculties. This state of affairs is called *Koinos nous*"（正常人用一般感官可以感知一些事物。这个状态叫 *Koinos nous*）(III, vi, 8)。这里我们几乎准确得到了"common sense"（常识）的常用义；正常人的基本心理装备。*Communis sensus* 自然而然就成了 *Koinos nous* 在拉丁文里的对应，但 *communis sensu* 作"才智"义的明确例子不好找。我觉得在柏拉图的《斐德罗篇》里肯定是有的。狐狸找到一个悲剧面具，嗅了嗅又推了推它之后说，"多好的一副面孔啊，里头却没有脑子！"斐德罗说，这一寓意适用于那些有地位名声，却没有 *sensus communis* 的人（I, vii）。

2. 与上述用法明确不同的，在我看来，是把 *communis sensus* 用来指称一种社会美德。*communis*（开放的，不封闭的，用来分享的）可以指友善的，和蔼的，富有同情心的。因此 *communis sensus* 是"善于交际之人"的品质，礼貌，好交际，甚至是同情。昆体良说送男孩去学校比请私人教师在家教他好；因为如果他远离集体（*congressus*），他怎么会学会我们称之为 *communis* 的 *sensus* 呢？（I, ii, 20）。在最低层面它指老练（*tact*）。贺拉斯说，在你明显不想说话时对你说话的人缺乏 *communis sensus*。① 翻成"缺乏常识"是错的。但这个错误如此难以避免，翻译后的改动相对如此微小，说明这两个语义至少有一些重合。这么看来，这个用法（指"社会性美德"）可能对后

---

① 《讽刺诗集》, I, iii, 66。

起的用法（指"常识"）有一点小贡献。

3. 与以上两种都很不同的是 communis sensus 或 "common mit" 作为中世纪的一个心理学术语；我推断这最初是希腊语 Koine aisthesis 的翻译。① 旧时的心理学家给人们五个"外在"和五个"内在"的 wits（或 senses）。五个外在 wits 就是我们今天所说的五个感官（senses）。有时他们就叫感官，而五个内在的就叫 wits（心智）；因此莎士比亚说"my five wits nor my five senses"（既非我的五个心智也非我的五个感官）。② 我不知道你被吓得"out of your wits"（失魂落魄）或"out of your senses"（麻木无感）时，是失去哪五个，或所有十个；可能只是失去内在的吧。

五个内在心智原本是记忆、判断、幻想、想象和一般心智（或常识）。到了伯顿时期就减少到三个了，③ 但常识仍然是其中之一，他的解释也正合我们的需要：它"对其余几个心智起到评判和调和的作用……我们凭心智分辨所有事物的不同；因凭我的眼睛我并不知道自己看见，凭我的耳朵我也不知道自己听见，而是凭常识来判定声音和色彩：它们［即眼睛和耳朵］不过是把物种（表象、感官数据）带进来以供批判（评判）的器官"。实际上这有点像统觉；它把仅仅是知觉的东西变成了有条理的经验。我们在 1590 年的《阿尔卡迪亚》(III, xviii, 9) 里看到这个用法，锡德尼解释道，两个重伤的斗士如何继续战斗——"Wrath and Courage barring the common sense from bringing any message

---

① 亚里士多德，《论记忆》，450a。
② 十四行诗，第 141 首。
③ 见《忧郁的解剖》Pt 1, Sec. 1, Mem.2, Subs. Vii.

of their case to the minde"（怒火与勇气让常识无法将任何有关他们处境的信息带给大脑）。

值得注意的是，一个暂时失去常识或心智的人是无法正常思考的。永远失去常识的人就是白痴。这里我们又有一个语义压力促使 common sense 发展出"gumption"（头脑）义。

4. 我们看到，sensus 指的就是一切被 erlebt（被经验的）；我们的经验、情感、思想、看法和观点。人类的 communis sensus 即所有人所"经历过的"（例如，痛苦和欢乐），或情感体悟（恐惧与希望），或所思所想（半块面包好过一块都没有），或对一些事物的看法（滑稽的、可嘉的事物），或所认可的（二加二等于四）。

在这里 communis 的词意比较模糊。

（a）它可以对全人类的 sensus 持否定态度，将之与专家的所想所知或精英分子的看法和感悟对立起来。这么理解的话，common 就是指"common or garden（普普通通的）"，平庸无奇的；换句话说，庸俗的。

因此，西塞罗说所有艺术中只有一种（演说术）是最好的，是最远离愚昧的 sensus；但在公众演说中你得遵循通俗易懂的说话方式和 communis sensus 的惯例。[①] 你可不是在对有学识有涵养的人说话；你只能用"引起所有人心中共鸣"的语言。莎士比亚《爱的徒劳》中"如神补偿"般的学识或研习就是了解 "things hid and barr'd from common sence"（对常识隐匿与禁

---

① 《论雄辩家》，I, iii, 12。

止的事物)(I, I, 55-57),即那些超越常人思想与理解的事物。当斯宾塞说爱人之痛像是"'gainst common sence, to them most sweete"(违反常识,对他们来说最甜蜜)^①时,他并不像我们用这些词时所说的,指爱人像傻子一样违背理智,独爱痛苦。他说的是,那些只有"一般"理解力的"愚钝粗暴的心"所厌恶的,对温柔的心而言却感觉甜蜜。

(b)但 common 也可以对全人类的 sensus 持肯定态度,与非理智的、堕落的、低于人类的思想或情感进行对比。这么理解的话,common 就和"庸俗的"没有什么联系了。它是 quod semper(永恒事物),quod ubique(普遍事物),正常事物,也即准则。

胡克说"the general and perpetual voice of man is as the sentence of God himself"(人类普遍永恒的声音就是上帝自己的教条)(I, viii, 3),尽管他碰巧没有使用 common sense,但他想的就是这个意思。西塞罗说一些原则以"by truth and the nature of things and the *sensus* of every man"(真理和事物之本质以及每个人的准则)^②作担保,他也是这个意思。塞内加的例子尤其有启发性。他首先提出哲学权威,说明智者是自立的。但他接着用一位喜剧诗人的一段话来证实这一点,^③说明这些 sensus(复数)是 communes,是"普遍信仰"。"common sense"或表决或人类的信条已威严到可以证实哪怕是斯多葛派的教诲。圣奥古斯丁说到有些人"divorced by some madness from the

---

① 《仙后》,IV, x, 2。
② 《论至善和至恶》,VI, 19。
③ 《道德书简》,9。

communis sensus of man"（因某种疯狂而与人类普遍信仰相隔绝）。① 若干个世纪后耶稣会的马里亚纳*写道，communis sensus "可以说是自然之声，我们凭其辨别善恶"。②

因此，common 一词的模棱两可导致一个人的 sense 可以因这个形容词而被贬；但同样，一个人的 sense 也可以因它的"commonness"（普通）而更好。但现在我们该回到它的 B 分支上去了。

X. "SENSUS" 和 "SENSE（B）"

1. sensus 是对任何事物的感官意识。西塞罗说 "if an organim admists the sensus of pleasure, it also admits that of pain"（如果一个生物认同愉悦之 sensus，它也认同痛苦之 sensus）。③ 所以在英语中有："then first with fear surpris'd and sense of pain"（然后先惊异于恐惧再感受到痛苦）。④

2. 感官认知的一个官能，五感（five senses）或外在心智之一。"Every organism has sensus [plural]"（每个生物都有 sensus [复数]），在我刚才引用之处西塞罗如是说。多恩说，在被享有前让爱人们各种欢心的东西，之后 "takes [charms] but one

---

① 《两个灵魂》，10。
* 马里亚纳（Juan de Mariana, 1536—1624），西班牙耶稣会神父、历史学家。
② 《论国王和王制》I, vi, 1598。
③ 《论神性》，III, 13。
④ 《失乐园》，VI, 394。

sense"（只能吸引一种感官）。① 在英语里有一种对 sense 的单数形式的普遍用法，用作集体名词，表示所有 senses（感官），中世纪心理学家所说的敏感的（不同于呆板或理性的）灵魂。这出现在多恩所指的 "dull sublunary lovers, love Whose soul is sense"（平凡的尘世情人，其灵魂即感官），② 或丁尼生* 的 "sense at war with soul"（与灵魂斗争的感官）——用古老且更准确的表达则是，与理性斗争的敏感灵魂。毫无疑问，哈姆雷特下面这句话里的 sense 也是这一集体名词的用法（III, iv, 71）："Sense, sure you have, Else you could not have motion"（感受，你一定有，不然你不会移动）。我们可能一瞬间会把这里的 sense 当作头脑或判断；但如果是这个意思的，和移动的联系就很生硬牵强了。另一方面，如果哈姆雷特指的是 "你必须要有感受，要有一个敏感的灵魂"，他便明显地是在简单利用来源于亚里士多德的格言 "the external senses are found in all creatures which have the power of locomotion"（所有具运动力的生物都有外部感官）。③

（鉴于这里我们提到了敏感的灵魂，值得一提的是，这个词在中古英语中有时作 "sensualitee"。这就是为什么乔叟笔下的教士说，sensualitee "sholde have lordshipe... over the body of man"（应该束缚住……肉身）。④ 当我们的双脚"沉睡"，

---

① 《永别了，爱》，18。
② 《别离辞·莫哀伤》，14。
* 丁尼生（Alfred Tennyson, 1809—1892）：英国维多利亚时期桂冠诗人。
③ 《感觉与可感物》，436a。
④ 《坎特伯雷故事集》，2262。

sensualitee，敏感的灵魂，就会在一定程度上失去对身体的束缚。不用说，这样使用时，这个词不具备伦理内涵。）

XI. "SENSE"和"SENS"的晚期用法

1. 首先要注意的是，我所说的"内省"义和"知觉"义都具有持续相当的活力。由于受到语境绝缘力的保护，它们并肩繁荣发展，丝毫没有相互干扰。这里有两句蒲柏的话：

> What thin partitions sense from thought divide.
> （感觉和思想的分别如此细微）①
> While pure Description held the place of sense.
> （单纯的描述代替了思索）②

在第一行中不管是蒲柏还是蒲柏的任何读者都从来没有想到赋予 sense 除了知觉以外的意思——通过五个外在心智的感知。同样，我们读到第二行的 sense 的时候，脑海里一定不会出现知觉的概念。这显然就是赫伯特的用法（"if all want sense"［如果通篇毫无意义］）。描述可以填充缺乏深度、缺乏对人生的恰当评论和缺乏知性内容所留下的空白。可以说，第二行中的 sense 几乎就是第一行里"思想"的同义词，和第一行的 sense 形成对比。两个含义中的任何一个若侵入不属于它的语境，都会让句子变得不知

---
① 《论人》，I, 226。
② 《与阿布斯诺博士书》，147。

所云。没有人会犯这个错。没有人需要经过语义训练才能避免这个错误。没有人注意到有什么错误需要避免。两个含义"分别传到我们手中",界限之分明就好像它们恰巧是同音同形的异义词。

2. 在本章之前的部分我们看到 *sense* 指思想、意识、意义、意义的深度、理解和（晚期拉丁语中的）智慧的意思。我们看到 *common sense* 指统觉,以及之后指的所有未堕落的或正常人都有的普遍信念。由于爱比克泰德名声很大（他是佩皮斯的最爱之一）,他的 *koinos nous* 可能也进了这个语义大锅。所有这些炖了一锅,最终产生了"头脑"的意思。因为没必要将 *sens* 与 *le bon sens* 或 *le sens commun* 区分开来,也没必要将 *sense* 和 "good sense"（理智）和 "common sense"（常识）区分开来。不论是 common sense 的哪个（或哪几个）概念最终决定了这一语义特酿的风味,如今都已无从分辨。因此笛卡尔以 *le bon sens ou la raison*（good sense 或理性）的定义开篇《谈谈方法》；但从第二段开始就变成了 *la raison ou le sens*（理性或 sense）。笛卡尔没有注意到这个变化。有或者没有 *bon*（good）, *sens*（sense）就是 *raison*（reason）的一个同义词。

3. 现在我们碰到一个意料之外的现象。上文中引用的塞内加、马里亚纳和胡克的段落都把人类的 *common sense* 作为具有威严色彩的事物。它是自然的声音,或甚至"是上帝自己的信条"。暂且把笛卡尔说自然赐予了所有人同等 *le (bon) sens* 的言论放一边；或者是洛克所说的 "He would be thought void of common sense who asked... why it is impossible for the same thing to be and not to be"（那些问为什么一个事物不能同时既是又不是的人……是没有常识的)。① 发生了什么？没什么逻辑矛盾。但氛围变了；温度降低了。这背后的原因我在这里无法详述；文艺复兴时期对人的尊严观念减弱，同时越来越倾向于将除了理性以外的道德前提归属于一些官能，以至于理性（或 sense）现在只关乎真理，不关乎善了。但 common 的模糊含义也起了作用。这使得对人类共有的 sense（或理性）的观念不是广义化就是狭义化。一方面，因为它有普遍意义，跨越所有界线，留存于每个时代，因此会受到尊重。另一方面，如果它就是如此 common（普通）——就像你长了两条腿、脸上有一个鼻子——它也毫无奇妙可言。低于它是愚蠢的；高于它又不足以成为自诩的理由。洛克的话体现了这一点；一个人不能因明白了两个矛盾体不可同时成立这一原则就自夸。

现在稀奇的是，以 sense 或 good sense 或 common sense 作为口号的时代也正是将其狭义化的时代。我们看到，对洛克来说，它只是愚蠢的反义词。当布瓦洛说斯库代里的作品建构 en dépit du bon sens（有违理性），②或者 il faut, mesme en chansons, du bon sens（即便是歌曲也需要理性），③ 他指的仅仅是 "reasonableness"（合理性）。艾迪生说："A general trader of good sense is pleasanter company than a good scholar"（通情达理的商人比起优秀的学者是更好的同伴）。④ 这里暗示的是平实朴素的特质。约翰逊博士

---

① 《人类理解论》，I, iii, 4。
② 《讽刺诗》，II, 80。
③ 《诗艺》，181。
④ 《旁观者》，2。

说:"If we suppose him vexed, it would be hard to deny him sense enough to conceal his uneasiness"(如果我们假定他恼怒了,再要让他讲道理,隐藏自己的不安就很难了)。① 需要的仅仅是最基本的审慎;不要做愚蠢的人。蒲柏说:

> But, as the slightest sketch, if justly traced,
> Is by ill colouring but the more disgraced,
> So by false learning is good sense defaced.
> (但是,正如最轻淡的素描,若轮廓勾勒无误,
> 会因着色不良而蒙羞,
> 理智也是这般因假学识而至污损。)②

理性是"轻淡的素描"。它有可能被假学识损坏,但在变成机智或智慧前,还要费不少功夫。

155　如此始终如一地强调 sense 的时代却从不慷慨地赞美它,这乍一看有点奇怪。但现在人们明白了。这个词屈尊取胜了。英国古典文学的态度就是"我们要求的不多。我们没有要求诗人博学,或神职人员神圣,或廷臣英武,或政治家创造人间天堂。我们的先人做过尝试,看看结果吧。我们只需要理性。很多试图超越它的人都走不了多远。他们成了狂热分子。我们更谦逊。我们只要普通的理智,但我们会牢牢坚持这一点。"如果我们的

---

① 《马修·普瑞尔传》。
② 《论批评》,I, 23。

目标真的就是简单的 *sense*，大多数人就已经够忙活了——因为 *le sens commun*（寻常的理性）（不论是谁先说的）*n'est pas si commun*（从来都不寻常）——这就是不言而喻的意思。英国古典文学的要求（实际上很严苛）表面谦逊，却也因此显得更义不容辞。你对自己最珍视的美德称呼得越低调，对那些无法实践这一美德的人就越是羞辱；他们"连这个"都做不到。

这也许可以类比 *decent*（得体的）与 *decency*（可能现在已经过时了）指说话者所认为的，或确实如此的，无私、慷慨甚至崇高行为。这里有双重含义吗？（a）我们这个阶层与国家的标准如此之高，以至于在其他地方会被赞誉为光辉的品质在我们这里"仅仅"算得上 *decent*，或"一般的" *decency*。（b）这个行为完全强制，如果你无法做到，我们只能把你归入在餐厅里吐痰的那类人。

4. 我们该如何理解罗斯康芒公爵＊（他在劝诫我们不要用"不谦逊的词"）所说的"want of Decency is want of sense"（缺乏体面即缺乏 sense）？① 很多"不谦逊的词"有很多 *sense*（意思），大部分跟 *sense*（知觉）的对象有关。他脑海里也许有把 *sense* 当作判断的模糊想法。但我猜想在这里我们看到了这个词成为时髦词之后遭受的损失；罗斯康芒想强烈抨击污秽，称之为 "lack of *sense*"（缺乏理智），主要因为 *sense* 是褒奖的首选词， "缺乏" *sense* 也便成了最强烈的谴责。他的用法其实很讲策略。正如可以想象今天我们的某位"软弱的弟兄"会说某人或某书缺

＊ 罗斯康芒公爵（Earl of Roscommon, 1637—1685）：爱尔兰诗人。
① 《译诗随笔》，115。

乏"洞察"或"整体性",不是因为说的时候(或任何时候)他对自己用的词有多清晰的概念,而是因为,参加过许多酒会,读过许多评论之后,他发现这些词可以指大家都该有的什么东西。

XII. "SENSIBLE" 和 "SENSIBILITY"

动词 amare 衍生形容词 amabilis（可爱的，能被喜爱的），所以 sentire 当然就衍生 sensibilis。也许它最常见的意思是 "apprehensible by the senses"（能被感官所感知的）；因此塞内加说 "Those who give pleasure the highest place regard the good as something apprehensible by the senses (sensible); we, on the other hand, as something apprehensible by the intellect (intelligibile)"（那些把愉悦尊为至高的人认为善是可被感官所感知的 [sensibile]；而我们则认为善是可被智力所理解的 [intelligibile]）。① 这当然也进入了英语："Heat, Cold, Soft, Hard, Bitter, Sweet, and all those which we call sensible qualities"（热、冷、软、硬、苦、甜，以及所有我们称为可感知的属性）。② 这个 sensible 是从我们在第四节中所说的 sentire 的 B 义而来。但英语中的 sensible 有时也从 sentire（A）而来。那么它就指"能被情感体验的"——时常由一些像"非常"这样的词加强语气；莎士比亚笔下的鲁克丽丝抱怨说她丈夫的"热情"让她的悲伤"too

---

① 《道德书简》，124。
② 洛克，《人类理解论》，II, I, 3。

sensible"(太强烈可感),就是这个用法。①

但这类拉丁语形容词在语义上尤其脆弱。我们会认为 *penetrabilis* 指"可穿入的,可以被刺穿的"。它确实如此;奥维德可以说一个无法被飞镖刺穿的身体是 *nullo penetrabile telo*。② 但它也可以指"穿透的,有刺透力的";维吉尔所说的 *penetrabile frigus* 就是刺骨的寒冷。③ 类似地,我们也会觉得 *comfortabilis* 和它的派生词指的是"能被安慰的";但当祈祷书中说到"the most comfortable sacrament", *comfortable* 指的是"能加强的,给人力量的"。相反, *unexpressive* 在《利西达斯》(l. 176)中指的是无法表达的。同理, *sensibilis* 除了表示"能被感知的"(通过感官或其他方式),也可以表示"能感受的,能意识的"。因此拉克坦提乌斯*的《神圣原理》这样描述人的被造:"Then God made for Himself a sentient (sensibile) and intelligent image"(然后上帝为自己创造了一个有知觉的(*sensible*)并有智力的形象)(II, xi)。

《仲夏夜之梦》中,忒修斯听到皮拉摩斯和提斯柏诅咒墙之后说"The wall, methinks, being sensible, should curse again"(我觉得,这墙可以感知,会再次诅咒)(V, i, 181), *sensible* 就是这个意思;或者是胡克笔下的"Beasts are in sensible capacity as ripe even as men themselves"(野兽的感知力之成熟堪比人类)

---

① 《鲁克丽丝受辱记》,1678。
② 《变形记》,XII, 166。
③ 《农事诗》,I, 93。
* 拉克坦提乌斯(Lactantius,240—320):早期基督教作家。

(I, vi, 2)，野兽至少像我们一样能看，能嗅，能感受。

有时我们会怀疑 sensible 是否指的是"能感受"或"能被感受"。当《一报还一报》(III, I, 120)里的克劳迪奥说"this sensible, warm motion"(这 sensible 又温暖的动作)，他指的是在他体内能被感受到的机体运动，还是神经和大脑的运动，通过这些他能感受到其他东西呢？当弥尔顿笔下的财神玛门满怀期待地说，等习惯了地狱的环境，最终就能"remove the sensible of pain"(消除痛感)，① 消除的是在他和其他恶魔体内能感受痛苦的能力，还是能被感受到的痛苦？(事实上，二者无疑没什么区别；但从语言学角度，我觉得是有区别的。)

从"能感受"的意思出发，sensible 接着有了"实际感受"的意思，比如约翰逊博士所说的"I am not wholly insensible of the provocations"(我并不是对那些挑衅毫无知觉)。② 这个词的意义常常被过分强调，以至于它会指"完全地，或强烈地，或过分地意识到"。这在我刚引用的例子中可以看得到。当大利拉劝诫参孙"What remains past cure Bear not too sensibly"(无可救药之事莫再心心念念)，③ 她的意思一定是"你对它的意识尽可能不要那么敏锐，那么强烈"。但是需要避免的过度情感当然部分是由 too (太)这个词造成的。然而，在下面德莱顿的例子中，尽管也有 too，它修饰的不是 sensible 而是后面的词："The gloomy sire, too sensible of wrong to vent his rage in words"

---

① 《失乐园》，II, 278。
② 《漫步者》，200。
③ 弥尔顿，《斗士参孙》，912。

（郁郁寡欢的老爷，也深知不能用言语发泄怒气），^① 所以 sensible of 指的一定是"深刻地或激烈地反应"。所以在《汤姆·琼斯》(V, vi) 中也一样："His backwardness... and his silence... wrought violently on her sensible and tender heart"（他的迟疑……他的沉默……对她敏感柔弱的心带来很大触动）。现代人会用"sensitive"，而不是 sensible。

处于（不管是哪个意思的）sensible 状态当然就是 sensibility（与之对应的含义）。因此在科学或哲学文本中 sensibility 就是感知力；和昏迷或麻醉所造成的 insensibility 相对。它的流行和口语用法更有意思。

这种用法下的 sensibility 一直都表示一种非同寻常的敏感或反应；不管这被肯定（看作一种优雅）还是被否定（看作过度）。艾迪生肯定地将谦逊定义为灵魂中 "quick and delicate feeling"（敏锐且微妙的感受），"such an exquisite sensibility as warns her to shun the first appearance of anything which is hurtful"（这种敏锐的感知警戒她在第一时间避开任何有伤害迹象的事物）。② 尽管柏克坚持说 "a rectitude of judgment in the arts does in a great measure depend upon sensibility"（对艺术正确的判断的确很大程度上依靠感性），他也告诫我们 "a good judgment does not necessarily arise from a quick sensibility of pleasure"（好的判断不一定来源于对愉悦的敏捷感知）。③ 约翰逊博士说到

---

① 《西吉斯蒙达与圭斯卡尔多》，270。
② 《旁观者》，231。
③ 《论崇高与美的起源的哲学探究》，引言。

它的时候略带轻蔑，但在这么做的同时也体现出它开始被普遍欣赏："the ambition of superior sensibility and superior eloquence dispose the lovers of arts to receive rapture at one time and communicate it at another"（高等的感知和高等的口才令得艺术爱好者有时感受到狂喜，有时又把这种喜悦表达出来）。①

sensibility 所指的非同寻常的敏感不一定就指对美的敏感。它常常指的是对他人痛苦的敏感，因此它覆盖了怜悯或慈爱曾经所指的大部分含义。重要的区别在于，一种纯粹是脾性上的柔弱，经由实践和恩典，得以代替一种出于意志力的习惯，而成为一种仁慈者身上被敬仰的品质。斯特恩大呼："Dear Sensibility, *Sensorium* of the world"（亲爱的感性啊，你是世界的感觉器官），并引用了一个农民的例子，农民看见受伤的羊羔，他"温柔的心在淌血"。② 柯珀写"致——小姐"的诗句是为了反对格雷维尔夫人的《为冷漠祈祷》。上天命令我们所有"真正的快乐"都要"来源于同情"。柯珀祈祷在他有生之年能得到"sweet sensibility"（美好的感性）。我认为敏感的同情心仍旧是主旨。但在拉德克利夫夫人这里，*sensibility* 也许意味着一种更加普遍的 *morbidezza*（女性娇柔），尽管怜悯仍然是其重要的一部分。她的女主角有"非同寻常的敏感头脑，温柔的爱意，警醒的仁慈；但与之相伴的是可见的多情，过于敏感，令其无法长久安宁。随着她步入青年时期，这种感性使她心事重重，行为柔弱，为她的美加上了

---

① 《闲散者》，50。
② 《感伤之旅》，"波旁人"。

几分优雅,使她成为与她意气相投者喜爱的对象"("uncommon delicacy of mind, warm affections, and ready benevolence; but with these was observable a degree of susceptibility too exquisite to admit of lasting peace. As she advanced in youth this sensibility gave a pensive tone to her spirits and a softness to her manner, which added grace to beauty and rendered her a very interesting object to persons of a congenial disposition")。①

受人敬仰的品质无法被更好地描述。拉德克利夫夫人仍旧记得它可以被看作是一种过度(难道菲尔丁的主人公的美德不是"大好人的恶"吗?),提到它的时候语气假装责备——"过于敏感,令其无法长久安宁"。人们假装坦白他们实际上要吹嘘的事情时,用的就是这种语气("我知道这样很愚蠢,但我无法忍受看到谁受苦")。同时也要注意,*sensibility* 使这位年轻女士受的苦,也正因其"使她成为喜爱的对象"而得到充分补偿。但不是对所有人。只是对那些她想吸引的人,"意气相投者"。因为她当然不会比玛丽安·达什伍德更想吸引布兰登上校这样的人。*

XIII. "SENSIBLE (d.s.)"

sense(机智、理智)成为普遍要求的品质,则不可避免地会需要一个形容词来描述具有这个品质的人。从词源和逻辑角度来

---

① 《奥多芙的秘密》, I, i.
* 这句话引用的典故出自简·奥斯汀小说《理智与情感》,其中代表感性的妹妹玛丽安一开始并不喜欢稳重老成的布兰登上校,虽然最后二人相爱结婚。

看，*sensate* 最有理由当选。但语言拒绝了它。也许它听上去太专业、太学究了。而尽管 *sensible* 已有其它意思，它还是被赋予了这个新的意义。因此 *sensible* 就有了它的 *dangerous sense*（危险义项）："具有普通才智，愚蠢或愚昧的反义"。某种程度上来说，这是个奇怪的用法。因为一个人有 *sense* 而说他 *sensible*，乍一看就像因为一个人有记忆力而说他 "memorable"（实际意为 "难忘的"），或有悔意而说他 "regrettable"（实际意为 "可惜的"）。（有人告诉我，一只 "barkable dog"［能吠的狗］，在法律文本中会出现。）也许这就是为什么约翰逊博士虽然看似在对话中随意使用 sensible(d.s.)，却在《字典》中污称之 "只用于口语"。

162　在他之前 sensible(d.s.) 用了多久不好判断。有人认为他们在福斯塔夫对大法官说的话里就发现了："For the box of the ear that the prince gave you, he gave it like a rude prince, and you took it like a sensible lord"（王子给你一记耳光，他打你时像个粗鲁的王子，而你接受时像位 *sensible* 阁下）。① 但这里要把 *sensible* 理解为谨慎或智性一定很有难度。首先，把粗鲁和理智对立感觉很奇怪。另外，大法官（莎士比亚从霍林斯赫德的编年史里肯定了解到）对这记耳光的反应是把王子送进了监狱。大法官或是任何其他人都不觉得此举谨慎。② "sensible lord" 的其它两个意思在我看来都更适合这个语境。它可以指敏感的，脸皮薄的，过于易受感染的。福斯塔夫可能会认为区区一介大法官被王

---

① 《亨利四世》，IV, Pt 2, I, ii, 191。
② 同上，V, ii, 6-13。

室侮辱了也会明智地选择忍辱负重。他实际上说的可能是"你太小题大做了,过分坚守你的尊严"。这会给我们一点"粗鲁"的对立面的概念。不管王子做了什么粗暴的、"嬉闹的"事,法官怀恨,也还是太一本正经,太敏感。另一种解释是,sensible 可以指可感知的,可注意到的,明显的。这样看来"like a sensible lord"就指"很(过分)让人感觉到是一位阁下";即,"你阁下的地位过于明显","拿你的职权耀武扬威"。法官的行为在福斯塔夫看来太(也太公然)不可一世。莎士比亚的另一段文本更能证明"危险义项"在他那个时代的存在。当福特说毕斯托尔是"a good sensible fellow"(一个懂道理的好家伙),我认为他的意思是这人不是个蠢货。①

XIV. "SENSIBLE (d.s.)"的胜利

不论早期的历史如何,当我们到了十八世纪晚期,sensible 已经承载了太多意义。它可以指(1)感官可感知的,(2)有感知力的,不是无意识的,(3)像玛丽安·达什伍德一样,过于感性的,或(4)有(好的或一般的)sense,不是愚蠢的人。

前两者因为是科学和哲学的定义,可以相安无事地共存,也能和其它两个意思共存;能互相共存是因为用它们的那些作家准确地明白它们是什么意思,对读者也会说明白,能和其他两个意思共存是因为它们很少和这两个意思在同一个语境下互相干扰。

---

① 《温莎的风流娘儿们》,II, I, 148。

但第三个和第四个意思极有可能被同一个说话者在同一对话中使用。约翰逊博士在文学俱乐部里的时候，斯雷尔夫人在喝茶的时候，都会说起有 *sense* 的人，以及忍受或享有"*sweet sensibility*"（美好的感性）的人。但现在 *sensible* 是两个意思共用的形容词。这个语义情况几乎必然要以消除两个意义中的一个终结。

幸而对于语言来说，这种情况下可能出现的困惑不会长期被忽视（而 *nature* 和 *simple* 的不同义项之间的困惑则会长期被忽视）。事实揭示，那些能被 *sensible* 其中一个意思修饰的人，很少能同时符合其另一个意思。我们很难坚称汤姆·琼斯所认为的 "*sensible and tender*"（敏感柔情的）索菲亚展现出了 *good sense*（理智）。诚然，这个词的两个意思所划分的两种人几乎没有重合。与其它很多类似的语义矛盾不一样，我们感到这个矛盾是因为这三个词（*sense*，*sensible*，*sensibility*）都非常活跃。这种意识以半双关的形式把 *sense* 和 *sensibility* 对立起来，保留在了简·奥斯汀小说的题目中。

整件事的结局就是，无论如何，*sensible* 完全被"危险义项"占有了。曾经，玛丽安·达什伍德和她的姐姐都可以被这个词形容，尽管是取其不同的词义；但现在它只属于像姐姐埃莉诺这样理智型的人了。这是个不错的解决方案。我们需要 *sensible* (*d.s.*)，我们也用另一个词取代了表示"感性的"*sensible*。现在当我们想肯定感性之人时，就说他们 *sensitive*（敏感）或 *percipient*（敏锐），当我们否定他们时，他们就成了 *sentimental*（多愁善感）或 *gushing*（矫揉造作）。如此甚好。

7 SIMPLE

　　这个词的命运的奇异之处在于，它虽如此受欢迎（目前已开始衰落），却并没有发展出"危险义项"。的确，在许多人的使用中，这个词有一种氛围，而不是可以称作意义的东西。

　　我们还是先从拉丁文 *simplex* 开始。它的第一个元素与 *semel*（仅一次）有关，而第二个元素与 *plicare*（折叠）有关。我们可以想见，最初当某物如同一张纸，它即为 *simplex*。而将这张纸对折，它就变成了 *duplex*（双层的）。在盎格鲁－撒克逊语中，有一个类似的词：*anfeald*，即现在我们会说的 onefold（单层的）。"You've heard my *anfeald* thought"（你已听到我的明白所思），《贝奥武夫》中的某人如是说（1.256）；即我要说的单一、不复杂、无保留、无歧义的话。文中这位说话者，手执长矛，对陌生人说，你们最好——越快越好——说明自己的来历，不然一步也休想靠前。你不可能有比这更"单层的"想法了。这个词（*afaild*）又在盖文·道格拉斯笔下出现过，用来形容上帝。① 但是我们已经失去这个词了。而拉丁语中（很可能是）最初的折叠概念对我们要探讨的词意没有产生影响。

1. *simplex* 与 compound 或 composite 对立："The nature of the animating principle must either be *simplex*... or else compounded (concreta) of diverse natures"（生命原则的本质必须要么是单纯物 [simplex]，要么是各种不同本质的复合体 [concreta]），② 西塞罗如是说。英文亦如此。威廉·韦布*说："A foote of two sillables is either simple or mixt"（两个音节的韵脚不是单一的，就是混合的）。③ 洛克则告诉我们："one thing is to be observed concerning ideas... that some are simple and some complex"（关于想法，可以观察到一点⋯⋯即有些想法是简单的，有些则是复杂的）。④

2. 每个复合物原则上都可以分解成简单的成分，这些成分内部都是同质的，或者说我们这样期待。既然复合而成的就是复合物，那么这些分解成分的最终形式就是 *simples*（简单物）。因此，在古老的医学语言中，药物含有的药草成分也是 *simples*，而只由一种药草（或不管什么）做成的药物就叫 *simple*。所以，《忠实的牧羊女》（II, iii, 72）中的艾玛吕利斯讲到 "all simples good for medicine"（所有能入药的药草）。这个义项还有动词用

---

① 《埃涅阿斯纪序诗》。
② 《论神性》，III, xiv。
* 威廉·韦布（William Webbe, 1550—1591）：英国评论家、翻译家。
③ 《论英国诗歌》，1586。（编辑）E. 亚伯（1895），p. 69。
④ 《人类理解论》，II, ii, I。

法。去 *simple* 就是去寻找这样的简单成分。"I know most of the plants of my country"（我认识我国大部分的植物），布朗*说，"yet methinks I do not know so many as when I... had scarcely ever simpled further than Cheap-side"（然而我觉得我认识的也没那么多，因为我……找药草几乎从来没远过伦敦的奇普赛街道。）①

3. 一个事物，如果不含任何添加成分，完全独立运作，它就是 *simple*。就该义项而言，这个词几乎与"mere"（仅仅）同义。在莎士比亚的《皆大欢喜》中，我们读到有一种药方，"whose simple touch Is powerful to araise King Pepin"（只要一碰，就足够让丕平国王起死回生）(II, I, 78)。仅仅碰一下；其他都不需要。法语里也一样："En la justice... tout ce qui est au-delà de là mort simple, me semble pure cruaute"；只有死亡，不会因酷刑而更糟。②这种用法的例子在拉丁语和其他所有语言中无疑都很多，但不易识别。其它意思也常常可能介入。我想到的这种困难看一眼蒲柏的《论人》(I, 103f.)就清楚了——"可怜的印度人"那一段。"骄傲的科学"从来没有向他的灵魂传授过这样或那样的东西，但"simple nature"给了他对不朽的盼望。这里是说"仅仅"是天性，孤立的天性，还是说"简单的、不做作的天性（正如我们都知道的）"？

到目前为止，都还很清楚。但我们现在必须看分支了。这个

---

* 布朗（Thomas Browne, 1605—1682）：英国博学家。
① 《医生的宗教》，II, 8。
② 蒙田，II, xi。

语义主干抽发出三个意义分支，可以区分为逻辑的、伦理的和流行的。

I. 逻辑分支

simply 和拉丁文 simpliciter，接手了希腊文副词 haplôs 的功能。关于这是个什么功能，一位优秀的形式逻辑学家会用很少几个字准确给出定义，但是对于本身并非形式逻辑学家的读者可能帮助不大。我们最好还是从实例中慢慢去理解它的含义。① 这些例子都来自亚里士多德的《伦理学》。

"The best critic in each subject is the man educated in that subject; but the best critic *haplôs* is the [generally] educated man"（每门学科最好的评论者是学过这门学科的人。但是 *haplôs* 最好的评论家是受过通识教育的人）(1904b)。

"If one pursues B for the sake of A, he pursues A in itself, but B incidentally. To pursue anything 'in itself' means the same as to pursue it *haplôs*"（某人若为了 A 而追求 B，那么他是追求 A 自身，顺带也追求了 B。追求某物"自身"意味着 *haplôs* 追求它）(1151b)。

"Some define the virtues as absences of passion or states of tranquility. But this is wrong. For they say this *haplôs*, without the necessary addenda such as 'in the right way' or 'on the

---

① 我对这些句子的翻译比较自由，因为亚里士多德的风格非常电报式，脱离语境的片段如果直译，几乎不知所云。我希望也相信自己没有误传他的思想。

right occasion'"（有人将美德定义为没有激情或保持安宁。但这是错误的。因为他们这样说是 *haplôs*，没有带必要的附加条件，比如"以正确的方式"或"在正确的场合"）（1104b）。

"Things which are always good *haplôs* but not always good for a particular person"（*haplôs* 总是好的事物不一定对某个特定的人也总是好的）（1129b）。

"That habit of the soul which, *haplôs*, is virtue, when exercised towards our neighbour is 'justice'"（灵魂的习惯 *haplôs* 是美德，当指向邻居时，就是'公义'"）（1130a）。

"A similar problem arises about jettison, when men throw goods overboard in a storm to lighten ship. This act would not be voluntary *haplôs,* though any man in his senses would do it to save himself and his shipmantes. Such acts are, then, mixed. They are voluntary [in the circumstances] but perhaps involuntary *haplôs*"（类似的问题在弃货时也会产生，遇到风暴时人们得抛弃货物以减轻船的负荷。这个行为不会 *haplôs* 自愿的，尽管任何正常人都会为了救自己和同伴而这么做。这样的行为是混合的。是自愿的［当时情况下］，但也许 *haplôs* 是非自愿的）（1110a）。

阿奎那在讨论同一问题时得出了不同的结论，但恰恰是用 *simpliciter* 翻译 *haplôs* 的好例子。这样的行为"voluntary *simpliciter*, but involuntary *secundum quid*"（*simpliciter* 是自愿的，但另一方面是非自愿的）。①

---

① 《神学大全》，I, 2ae, Q. VI, Art. 6。

出于纯粹的逻辑目的，在英文中最好还是用拉丁文 *simpliciter*。而我们的目的是想了解 *simpliciter* 和 *haplôs* 的含义，我想应该已经够清楚了。*haplôs* 是好的或真实的（或不管什么），那么就是"自身"如此，本质如此，无条件的，不与特殊情况相关联；可以不加限定地称之为好或真（或不管什么）。*haplôs* 的对立面则需有保留地表达："某种程度上"，"某种意义上"，"对于某些人"，"在某些条件下"，"就某一点而言"，"在必要限定条件下"，"相对而言"，"在这些情况下"。

以前的作家们使用 *simply* 就完全是这个意思。比如胡克："under man no creature is capable of felicity and bliss... because their chiefest perfection consisteth in that which is best for them, but not in that which is simply best, as ours doth"（人类之下，没有任何生物能感受幸福和极乐……因为其它生物最主要的完美在于对它们最好的东西，而不是本身最好的东西，后者是人类的完美所在）(I, xi, 3)。因为我们的好是上帝，他是 *simpliciter* 最好的。骨头对狗来说是个好东西，但骨头不是本身为好。（虽然在一个活着的动物体内，骨头对其仍然是好东西，可能有一天对某位古生物学家也是个好东西，但它永远不是本身为好。）

伯顿说："Other retentions and evacuations there are, not simply necessary but at some times"（其他人员的保留和撤离不是单纯必要，而只是某些时候必要）(I, ii, 2, 4)。

以下泰勒*文字中标为斜体的部分也许告诉我们，在他的时

---

* 泰勒（Jeremy Taylor, 1613—1667）：英国基督教作家。

代 simply 的逻辑用法已经不那么熟悉了。泰勒使用这个词时似乎觉得需要扩大词义:"Elias, that he might bring the people from idolatry, caused a sacrifice to Baal to be made... which of *itself* was simply *and absolutely* evil"(伊莱亚斯因为想把人们带离偶像崇拜,就给巴力神献祭……这本身就简直是、绝对是邪恶)。①约翰逊博士这句话里加上"considered"可能也是一样的原因:"If you admit any degree of punishment, there is an end of your argument from infinite goodness simply considered"(如果你承认任何程度的惩罚,那么从单纯考虑无限的善这一角度,你的论点就到头了)(鲍斯威尔,《约翰逊博士传》,1784 年 6 月 12 日)。

说某件事(如慈善)是 simply 好的,而不仅仅是对某人有益(如胰岛素对糖尿病患者),或者某件事(如嫉妒)是 simply 坏的,而不仅仅是在某些条件下坏(赶 8 点 15 的火车,8 点吃早餐很糟糕),其实是就这件事说得更多——是把它赞得更高,或贬得更低——相比承认限定条件的情况下。因此,逻辑用法降格之后,simply 和 absolutely(我们已看到泰勒用 absolutely 解释 simply)就成了单纯强化语气的副词。通过在一个形容词前加上这些副词,普通人很快觉得这只是在强调这个形容词,或者语气更强烈。因此,在我们自己的时代,我们会说,"simply delicious"(就是美味),"simply marvelous"(棒极了),"absolutely frightful"(绝对恐怖)。(我不确定听到过,但甚至

---

① 《良心之治》,I, v, Rule 8. Heber, vol. XII, p. 159。

也可以这么说:"absolutely relative"［绝对是相对的］)。很多人认为这种搭配的涌现别具现代风格,但其实这早在十六世纪便已开始。《仲夏夜之梦》里有人说:"He hath simply the best wit of any handy craft man in Athens"(雅典手艺人中间,他就是最聪明的一个)(IV, ii, 9)。《第十二夜》里的安德鲁爵士声称"have the back-trick simply as strong as any man in Illyria"(拥有简直和任何伊利里亚人一样强大的谋略)(I, iii, 124)。因此,我们可以——在眼下这样的研究中,我们必须——因循亚历山大大帝高贵的尸体,化作泥堵住酒桶之口*,看看从西方思想大师们那里继承来的工具,是如何被芸芸众生出于质朴的热情或愚拙的虚荣临时随意使用的。

II. 伦理分支

这里的 *simplicity* 是 duplicity(欺骗)的反面。一个人是 *simplex*,就表示"只有一个他",即他表现出来的品格与他实际的品格是同一个,并无二样;当然尤其指此人言行一致,所言即所想。塔西佗^①作品中的某人说:"You and I are speaking today *simplicissime*"(你我今天是在 *simplicissime* 交流)——即坦率地、真诚地交谈,说出我们真实的所思所感。经过难

---

* 这是对哈姆雷特的一句台词的变形引用:"Why may not imagination trace the noble dust of Alexander, till he find it stopping the bung-hole?"(要是我们用想象推断下去,谁知道亚历山大那高贵的尸体,会不会就是塞在酒桶口上的泥?)。

① 《历史》, I, xv。

以估量的深化之后，这个意思可以内化为描述一种内在的单一性或 simplicity，可以使人对自己真诚，直视眼前所见，自己知道什么，想要什么，都不自欺。希腊文译本是 "If your eye is *haplous*"（若你的眼睛 haplous）——haplous 当然就是副词 *haplôs* 的形容词形式；① 通俗拉丁文译本这句是 "*si oculus tuus fuerit simplex*"（钦定版是用 "single"）。*

真诚者不狡猾，而自身不狡猾的人往往也不能敏感察觉出他人身上的狡猾。(有人说过，除了自己，我们谁也遇不到。) simplex 这个词的降格就是从这里开始的。不狡猾、不猜疑——这和轻信、易受骗不就一步之遥吗？因此，阿普列乌斯**这样解释普赛克为何会相信嫉妒她的姐姐们所说的荒诞故事："she was seized by the terror of such alarming words, for poor little (*misella*) Psyche was simplex and of a tender wit, *animi tenella*"（她被这些耸人听闻的话吓坏了，因为可怜的小普赛克是个 simplex，心智温柔）。② 伊丽莎白时代的人也许会将此处的 simplex 翻译成 seelie（愚蠢的）。尽管阿普列乌斯还没有到使用 "愚蠢" 的现代义的程度，但他言下之意普赛克肯定不算聪明人。天真的普赛克？幼稚的普赛克？无论如何都是一个无法照顾自己的普赛克，谁都能欺负她。

简单的人没有阴谋诡计又容易轻信别人，当然对他人没有危

---

* 此句《圣经》和合本译为："若你的眼睛了亮。"
① 《马太福音》, vi, 22。
** 阿普列乌斯（Apuleius, 125--170）：古罗马作家，代表作《变形记》。
② 《变形记》, V, xviii。

险。他们是无害的，或者说——注意这些词隐含的宽大和轻视意味——"无伤大雅"。《马太福音》(10：16) 要求使徒们像鸽子一样 *akeraioi*。按我目前的理解，*akeraioi* 意思是不狡猾，通俗拉丁文译本用 *simplices* 翻译很贴切。丁代尔译本、克兰麦译本和日内瓦译本都译为 "innocent"（纯真），钦定版是 "harmless"（无害），可能对他们而言，这些都是 simple 的同义词。《玫瑰传奇》(l. 1198) 中的 fraunchise（真诚）被描述为 "simple come uns colons"（英译版 "simple as dowve on tree" [像树上的鸽子一样单纯], l. 1219），这里"无害"的概念可能是最突出的。

但是同样在《玫瑰传奇》这首诗中，我们发现这个词进一步下沉。友人建议情人忽视女友的不忠；哪怕对方明目张胆，也要装作自己瞎了或者 *plus simples que n'est uns bugles* (l.9700)——假装自己就是一头大水牛。*simples* 已经超出"轻信"或"天真"的义项；它就是实实在在的愚蠢。类似的例子还有克劳狄斯批评哈姆雷特 "an understanding simple and unschooled"（头脑简单，又没教养）(I, ii, 97)；几个世纪后，《诺桑觉寺》中莫兰太太说: "You are fretting over General Tilney and that is very simple of you"（你在为蒂尔尼将军烦恼，真是犯傻）[①]。被暗示的缺陷常常存在于学识、技能和敏锐方面——也被感觉是有魅力的缺陷，提出来是要博取同情，比如《亨利八世》中: "I'm a simple woman much too weak To oppose your cunning"（我是个无知妇人，应付不来你的精明）(II, iv, 106)。所以《奥赛罗》

---

① 《诺桑觉寺》，第 15 章。

（I, iii, 247）里苔丝狄梦娜对公爵说："let me find a charter in your voice to assist my simpleness"（愿您俯听我的陈情，帮助我的无知）①。

　　这个词的含义急转直下，直到给了我们 simpleton（傻瓜）这个词。至少在爱尔兰地区，simple 这个词还可以指"智力缺陷"。格里姆斯通的《围攻奥斯坦德》(1604) 描述一个人 "lame of his body and half simple"（跛足且半傻）——近乎白痴。《罗密欧与朱丽叶》中恼火的神父说罗密欧 "what simpleness is this?"（这是什么傻劲?），simpleness 可能指白痴行为，我觉得儿歌中的 "Simple Simon" 就是指傻子。极度"天真"——simple 可以是这个意思——也有同样的用法，所以泰勒的《可敬的领受圣餐者》中一个章节标题为 "Whether Innocents, Fools, and Madmen, may be adimitted"（是否可以接受天真者、傻子和疯子）②。因为 innocent, simple, silly, ingenuous, 以及希腊词 euethes 都是揭示了同一个问题——原本形容美德的词语逐渐变成了贬义词。给一个美好品质取名，这个名字很快就会成为一个缺点的代名词。pious（虔诚的）和 respectable（可敬的）相对属于现代牺牲品，而 sanctimonious（假装圣洁的）也曾是个褒义词（圣洁的）。

　　至于 simple，泰勒曾描述过这个过程："Simplicity is grown into contempt... unwary fools and defenceless people were

---

① 《奥赛罗》, I, iii, 247。
② 《杰利米·泰勒著作集》, III, 3。Heber, Vol.xv, p.508。

called simple"（Simplicity 成了表达轻视……粗心的傻子和没有警惕心的人被称作 simple）。① 莎士比亚的句子"And simple truth miscall'd simplicity"（简单的真理被误称为天真）② 可谓一针见血，此处的 simple 我觉得不是"mere"（仅仅）的意思，而是"不狡猾的，一心一意的"。

III. 流行分支

之前，我们已经谈到 simple 或 simplex 作"mere"（仅仅）之意，没有什么添加。当贺拉斯批评晚餐布置的"波斯化"奢侈——相当于我们的萨克雷批评"法国化"——他说"Don't bother to add anything to the *simplici myrto*, the mere or plain myrtle"（除了简单的香桃木，别再添加什么了）③，可能我要讨论的这个含义此时正在生发。

"plain"这个本身非常值得研究的词是 simplex 这一义项最好的对应翻译；"elaborate"（精致）和"ornate"（华美）是反义词。因此，弥尔顿把贺拉斯的 *simplex munditiis*④ 译为"plain in thy neatness"（你简朴的整洁），是非常准确的。（到底为什么诺克斯大人会认为弥尔顿译的版本是"效仿钦定版"呢？）

simple 作 plain 意的例子还有很多。艾迪生评价《失乐园》

---

① 《布道十四篇》，XXIII。
② 《十四行诗》，LXVI。
③ 颂歌，I, xxxviii。
④ 同上，I, vi。

开篇几句"as plain, simple, and unadorned as any in the whole poem"（如全诗整体风格一样，朴实、简单、不事雕琢）①，再如《格列佛游记》"style is very plain and simple"（风格平实、简约）②。

这一义项还可以一分为二：

1. *simple* 或普通的也是复杂的反面。一道复杂工序很难学，一个复杂的论证也很难理解。因此，*simple* 就有了"*easy*"（简单）的意思。是 *simple* 者（缺乏技能者）也能掌握的，这样的想法可能推动了这一词义的发展。

约翰·诺里斯*在《谈理想世界之理论》一书中说，"God never does that by difficult ways which may be done by ways that are simple and easy"（对于那些可以简单处理的事情，上帝绝不会把它复杂化）。F. H. 布拉德雷**在《逻辑原理》(*Logic*, 1922)一书的前言中说，"If I saw further I should be simpler"（我若能看得更远，也便能更简洁了）。

2. "不精巧的"往往被认为是谦虚的或低调不显摆的。*Simple* 由此而获得的一个义项很难定义，幸而一个现代俗语帮了我大忙：*simple* 就是 posh（高档时髦）的反面。俭朴、家常的就是 *simple*，例如"Lenten fare"（斋饭）就是 *simple* 饮食。在

---

① 旁观者，303。
② 《格列佛游记·出版者致读者》。
* 约翰·诺里斯（John Norris, 1657—1712）：英国神学家、哲学家、诗人。
** F. H. 布拉德雷（F.H.Bradley, 1864—1924）：英国哲学家、逻辑学家，新黑格尔主义代表人物。

《高文爵士与绿衣骑士》中，我们读到"the crabbed Lenten That fraystes the flesch with the fysche and fode more simple"（草草准备的斋饭用鱼和更简单的食物考验我们的肉体）(1.502)。维吉尔谈到一个从不因异域餐食损害健康的人 *non epulae nocuere repostae*，德莱顿将这句话译为"simple his beverage, homely was his food"（其人饮食简朴）。

在这一现今仍流行的用法中，我们常能找到很好说明语境隔绝力的例子。当被告知只能吃"a very *simple* meal"（一顿特别简单的饭），我们会猜是土豆泥肉饼或是土豆肉丁。这两道菜比起野鸡或鹿腰腿肉更简单，当然不是指它们更不复杂，或含有更少的异质成分。要把它们做好也不是什么更简单（更容易）的操作。当我们手头拮据，开始节衣缩食，我们的生活变得更简单，是指更朴实，更少"高档时髦"。但与此同时，我们的生活也变得"不那么简单"（更复杂）了。缝在一起的破布料，用细绳辅助的吊裤带，以及找不到平坦之处的袖子——破衬里到处鼓成一团团的——这些都让仪容整洁变得极其复杂。

但是，*simple* 作为"posh"（上流、高档的）、精巧或铺张显摆的反义词，又再次分叉。既可以贬义，也可以褒义。

作贬义用时，*simple* 可以指 poor（劣质）、"not up to much"（不怎么样的）、次等的、花哨不值钱的、不值一提的。同样是在《高文爵士与绿衣骑士》中，我们读到"Now forsake ye this silke, sayde the burde thenne, For hit is simple in hitself?"（"你抛弃这丝带"，夫人问："是因为它不起眼吗？"）(1.1846)。看上去很不起眼。这当然是故作谦虚。且不说这丝带有魔力，它可一点不 simple。但夫人用的是真正谦虚的语言。在马洛礼的《亚瑟王之死》中，我们了解到有情妇的骑士会倒霉，"shal be overcome with a simpler knight than they be hemself"（被比自己更 simple 的骑士战胜）(VI, x)——体能或技能比自己差的骑士。同一本书里（II, v）："your quarrel is ful simple"也许是说你们的争执很愚蠢；或者更有可能是无聊的意思。最后，simple 还可以是出身卑微的意思，非贵族出身；比如司各特小说《韦弗利》(ch. XXXII) 中的老渔夫说："gentle or simple shall not darken my door"（上流还是下等，都不准踏我的门）。

作褒义时，simple 有几层含义。当《玫瑰传奇》(l.3563) 中的"羞耻""si fu umeliant e simple"，英文版译作"humble of hir porte and made it simple"（l.3863）；这里的 simple 基本就是"humble"（谦逊）的同义词。在《旧约·撒迦利亚书》(9：9)，钦定版用"lowly"，科弗代尔版用"lowly and simple"，*同义反复。还是在《玫瑰传奇》中，我们被告知"美丽"是"simple comme une esposee"（l. 1000），"simple as byrde in bour"（如婚房中的新娘一般 simple）①，这里的 simple 类似"modest"（谦虚），或"bashful"（害羞）。同样，乔叟笔下的女修道院院长"of her smiling was ful simple and coy"（她的笑容非常 simple 和腼腆）(A. 119)，娴静，不唐突。coy 这个词源自 quietus（安静），含义上相差也不远。这两个形容词描述的人物都绝不会"吵闹"。

---

* 《圣经》和合本译为："谦谦和和。"

① 英文版，l, 1014。

Ⅳ. 语义沉积

simple 词义的逻辑分支对于其他词义影响不大。但几乎所有其他词义都紧密相连，且以一种不同寻常的方式"interinanimate"（互相赋予活力）（多恩可能会这么说），以至于几乎不可能分辨哪一个才是意指的含义，或者如果有很多意指的含义，哪一个是最主要的。

但丁写道："From the hand of Him who loves her before she is, like a young girl who prattles, with laughter and tears, forth comes *l'anima semplicetta*"（从在她未是之前就已爱她的祂之手，造出单纯的灵魂，像个闲聊的少女，有笑有泪）。① 我们注意到，但丁用了表亲切的词缀。当阿普列乌斯用 *misella*（可怜的）和 *tenella*（温柔的）来形容"simple Psyche"（单纯的普赛克），背后也是一样的情感在推动。这个新造的 *anima*（灵魂）或 *psyche*（心灵）令人同情、卸下防备，观者心生柔情，也不乏怜悯。但是，如果我们跳脱出这个词的情感内涵，我并不清楚能给它下一个什么样明确的定义。这个灵魂 *simple* 是因为她不复杂么？还是因为她单纯？或者容易受骗？或者笨手笨脚？谦逊？愚蠢？还是以上全部都是？但丁本人能回答吗？

正如我们所见，*simple* 一词既可以代指缺陷（缺乏智力，甚至缺乏理性，缺乏技巧，缺乏高贵），也可以代指美德（真诚、

---

① 《炼狱》, XVI, 85。

谦逊）。然而，其代指的所有缺陷都不足以令人憎恨。一个比较好的理由是，这些缺陷不会伤及我们的自恋。当我们说别人简单时，我们感到优越。即便他们惹恼了我们，这恼怒也掺杂着些许怜爱，还常有愉悦和纵容。白痴（simple 可代指的对象之一）确实可能会让一个现代人感到不安或厌恶；但我们的祖先似乎没有这种感觉。古人喜欢"傻子"，还把他们当宠物来养。simple 者毕竟也是无害的；在他们面前，我们感到既安全，又有优越感。但奇怪的是，这个词在代指美德时也会起到同样的效果。谦逊会解除我们的武装。我们也很少会承认一个人因其忠厚诚实就在德性上高于我们，除非我们感觉至少自己在敏锐和洞察世事方面同样高于对方，作为我们自尊的补偿。（切斯特顿*的"布朗神父"系列故事的幽默就在于不断戳破这个泡沫。）因此，simple 的很多义项可以同时指代缺陷和美德，而且两者都可以被自上而下地俯视，或者说话者如果用 simple 形容自己（更多是女性），那就是抚慰性质的——请求我们宽容，不要那么严厉，也稍稍奉承我们一番。是的，即使看起来像是自我贬低，这个词也暗示着其代指的事实近乎美德；至少非常令人同情，讨人喜欢。"I'm afraid you'll find we live very simply"（恐怕你会觉得我们过得实在简单），听起来仿佛是在呼吁不该把脏兮兮的盘子和半冷不热的食物看作懒惰的结果，而要视之为朴素、不张扬、谦虚、simple，值得赞扬的 simplicité des anciens mœurs（古朴的简约）。

---

* 切斯特顿（G. K. Chesterton, 1874—1936）：英国杰出散文家、文学评论家，著名基督教护教作家。

179　　这就是为什么我将这个词的最后阶段称为语义沉积。这个词真正留存的不是某一个特定的义项,而是一个笼统的恳求,让人卸下防备的示意。

"They prefer the simplicity of faith before that knowledge which, curiously sifting and disputing too boldly... chilleth... all warmth of zeal"(他们更喜欢获取知识前的简单信仰,有知识就会好奇地筛选信息,过于大胆地争论……知识会浇熄信仰的热忱)。① 这里的简单信仰指的是"纯粹"无添加的信仰?还是无技巧的?简单的?谦卑的?

"Never anything can be amiss when simpleness and duty tender it"(有简单和责任在,什么事都不会出差错)。② 这里的简单是指真诚?没有技能?与文雅相对的朴实?还是呆傻?

"His place of birth a solemn Angel tells to simple shepherds"(一位庄严的天使将他的出生地告诉了单纯的牧童们)。③

"A general simplicity in our dress, our discourse, and our behaviour"(我们的服装、话语和举止都很简单)。④ 真诚(不做作)?普通(不"高雅")?简单(不难)?谦虚(不张扬)?

最后一个例子来自 A. C. 本森*的《大学窗口》(pp. 2-3):"Simple, silent, deferential people such as station-masters, butlers,

---

① 《理查德·胡克著作集》, v, lxxvii, 12。
② 《仲夏夜之梦》, V, I, 82。
③ 《失乐园》, XII, 364。
④ 斯梯尔,《闲话者》, Vol. I。
* A. C. 本森(A. C. Benson, 1862—1925):英国散文家、诗人。

gardeners"（像车站长、男管家、园丁一样简单、安静、恭顺的人）。"Quiet lives of study and meditation led here by wise and simple men"（智慧又简单的人在这里过着学习、沉思的宁静生活）(pp. 8-9)。"The University is a place where a poor man, if he be virtuous, may live a life of dignity and simplicity"（大学是这样一个地方，穷人若有美德，也可以过有尊严而简单的生活）(p. 9)。"How seldom does a perfectly simple, human relationship exist between a boy and his father"（一个男孩和他父亲之间能有一个简单而人性化的关系是多么难得）(p.10)。"To have leisure and a degree of simple stateliness assured"（确保拥有闲暇和一定程度的简单的体面）(p.12)。"I have grown to feel that the ambitions which we preach and the successes for which we prepare are very often nothing but a missing of the simple road... I have grown to believe that the one thing worth aiming at is simplicity of heart and life"（我慢慢感觉，我们所宣扬的远大抱负，以及我们为之辛勤准备的成功，可能往往只是错过了简单之路……我逐渐相信，内心和生活的简单才是唯一值得追求的）(p.14)。

父子之间常常缺乏的 *simplicity* 可能是真诚，但我觉得如果本森心里想的是真诚（*sincerity*），他应该会用这个词。男管家或大学老师们是什么意义上的 *simple*，这很难讲。上面有两个例句中的 *simple* 几乎完全是抚慰性质的用法，我感觉。你可能不愿承认我们有"尊严"或"庄严"，但你肯定不会不愿承认"尊严和简单"或是"简单的庄严"。*simple* 这个词反复出现对整篇文章的基调无疑是必要的。

虽然我自己不喜欢这种条件下的 *simple*——它软弱、花哨、傲娇、躲闪，是近乎狡猾鬼祟的一个词——但我不会说它现在没有意义。它代表一个（情感上）特殊的领域；就像 *supernatural*（超自然）一词。我们不能说它在语言中毫无用处。

8 CONSCIENCE 与 CONSCIOUS

I. 绪言

希腊文 *oida* 和拉丁文 *scio* 意思都是"我知道"。这个希腊动词可以和前缀 *sun* 或 *xun* 组合（*sunoida*），而这个拉丁动词跟 *cum* 组合（在组合中变成 *con-*），就有了我们的 *conscio*。单独的 *sun* 和 *cum* 意思都是"with"（和）。当它们变成前缀，它们有时会保留这一含义，于是 *sunoida* 和 *conscio* 可以指"我和……一起知道，我和（某人）有同样的认知"。但是，有时候它们会有一层模糊的加强含义，于是这些合成动词就仅仅是"我清楚知道"的意思，最后可能就和"我知道"相差无几了。每个动词都有一系列相关词。*sunoida* 的名词是 *suneidesis*，还有（它的近义词）中性分词 *to suneidos*，阳性分词 *suneidôs*；*conscio* 的名词是 *conscientia*，还有形容词 *conscius*。随即便可想见，这些前缀的双重内涵也许会影响所有的词，所以 *suneidesis* 和 *conscientia* 既可以是共同知晓这一状态（或行为），也可以仅仅是指了解，意识，领悟——甚至类似大脑或思想。

因此，我们要讨论的这个词按词义有两个分支；一个分支启动前缀的全部含义（"共同"），另一个则前缀含义无效——或者我们视之无效。方便起见，我们就把它们称为"共同"分支和弱化分支。

弱化分支在英语中最丰富、最有用的发展相对也是现代的，但是它的一些更早且废弃的义项需要最先关注。因此，我会从简要回顾弱化分支开始；然后再转向"共同"分支；结尾部分则回到弱化分支的后期情形。

II. 弱化分支

我们在第欧根尼·拉尔修的作品（VII, 85）中读到："Chrysippus says that the first property of every animal is its structure and the *suneidesis* of this"（克里斯普斯说，每个动物的第一属性都是它的结构以及对此结构的 *suneidesis*）。这里的 *suneidesis* 只可能是"awareness"（意识）的意思。《希腊词典》(*The Greek Lexicon*)引用普鲁塔克*的"*to suneidos of the affairs*"（对事物 *suneidos*），应该就是指对它们的认知（knowledge）。七十士译本**的《圣经》里有"curse not the

---

* 普鲁塔克（Plutarch, 42 — 120）：古罗马传记文学家，著有传世之作《希腊罗马名人传》。

** 七十士译本：新约时代的旧约希腊文圣经译本，由 72 位学者合力完成。

king in your *suneidesis*"（莫在 *suneidesis* 中咒诅你的王）①，而钦定版《圣经》里对应的则是"curse not the king, no not in thy thought"（莫在心中咒诅你的王）。

拉丁文里类似的用法不计其数，不过一般都是后古典时期的用法。马克罗比乌斯*提到一个叫凡狄乌斯的人，"*unice conscius* of all sacred matters"——对圣事无所不知，或渊博过人。②《创世记》（43：22）的七十士译本仅仅是"我们不知道"（*ouk oidamen*），拉丁文版里却是"it is not in our *conscientia*"（不在我们的 *conscientia* 中）。当德尔图良**说信念植于我们的"innate *conscientia*"（内在 *conscientia*）③，或当拉克坦提乌斯说"clear to our *conscientia*"（对我们的 *conscientia* 清晰可见的）④东西，这里需要的是类似"大脑"或"理解"的义项。

法语词 *la conscience* 显而易见是从弱化分支衍生而来；法国人也许可以用这个词直接去翻译德尔图良或拉克坦提乌斯的 *conscientia*。在现代英语中，*consciousness* 被专门用来指这个意思，于是 *conscience* 就可以自由发展出几乎只跟"共同"有关的意思；是"去近义化"的典型例子。但这是相对近代的发展。当高文爵士看见他的女主人偷偷进入他的卧室，他想"in

---

① 《传道书》，x，20。
* 马克罗比乌斯（Macrobius），约活动于公元 4 世纪前后的古罗马作家。
② 《农神节》（*Saturnalia*）I, viii, 17。
** 德尔图良（Tertullia, 150—230）：早期基督教著名神学家和哲学家。
③ 《灵魂的证词》（*De Testimonio Animae*），V。
④ 《神圣原理》，VII, xxvii, 3。

his conscience"搞清楚这预示着什么，conscience 这里只可能是"心里"或者"思想"的意思。①莎士比亚的句子"Canst thou the conscience lack to think I shall lack friends?"（你难道笨到会觉得我缺朋友？）②，看起来 conscience 是"脑子"或"常识"的意思。而这个意思，尽管最后被"共同"分支的诸多意思打败，也许对自己的征服者也曾有过微妙的影响。

后期中古英语中的一个用法则很难解释。乔叟描绘狄朵为那个"sely"（朴实的）女人，充满无辜、同情、真诚和 conscience。③他笔下的女修道院院长看见困于捕鼠夹的老鼠也会落泪，因为她的"conscience and tender herte（conscience 和温柔的心）"④，那一整段开篇的一句就是"for to speken of her conscience（那么说到她的concience）"（l. 142）。在高尔*笔下，庞培对被俘的亚美尼亚国王"tok pite with conscience"（生出怜悯）（VII, 3230）。所有这些句子中，似乎都有"tenderness"（脆弱，甚至过度敏感）的意思。这也许跟"共同"分支的影响有点关系。也可能存在从"意识"到"极端意识"的进展，于是乎再到"敏锐"，麻木的对立面。

---

① 《高文爵士和绿衣骑士》，1197。
② 《雅典的泰门》，II, ii, 184。
③ 《贞女传奇》(*L. G. W.*) 1254—1255。
④ 《坎特伯雷故事集》，A. 150。
* 约翰·高尔（Gower, 1330—1408）：英国中世纪诗人。

III. 外部见证

现在我要转向那个"共同"分支，那些 sun- 和 con- 保留完整意义的用法。

与某某人分享自己知道的任何事情，可以说"向某某人 sunoida（或者 conscio）这件事"。为了避免过多饶舌的麻烦，我接下来就称这一状态为"consciring"。不过当然了，当每个人都在 consciring 同一个认知（比如太阳从东方升起），这就完全不值一提。值得一提的 consciring 只是当两个或几个人，分享大多数人所不知道的东西；事实上，这就是秘密。那个向我 conscire 任何东西的人对我而言是一位 conscius（或 suneidos）。他的 consciring 行为即他的 conscientia（或 suneidesis），他分享的所知。

俄狄浦斯追问预言家忒雷西阿斯，城池正遭受的诅咒源自哪里，忒雷西阿斯企图回避，于是俄狄浦斯说："What? *suneidos* (though you are in the secret) you won't tell？"（什么？*suneidos* ［你明明知晓秘密］你却不肯说？）① 在《安提戈涅》中，士兵被问及波吕尼科斯的安葬，他说愿意发誓他既没有自己参与，也不 *tô xuneidenai*（知情，参与秘密），他不知道是否有人做了这事（1. 266）。塔西佗说萨路斯提乌斯曾经 *interficiendi Agrippae conscius*，知情，知道阿格里帕被杀的秘密；② 还有，当罗马皇

---

① 《俄狄浦斯王》，330。
② 《编年史》，III, 30。

帝提庇留用星相学占卜，他"used the *conscientia* of a single freedman"（他只用了一位自由民的 *conscientia*），他只信任那一个人，没有让任何其他人看到他的记录。① 在比喻中，一个非生命体，或抽象概念，也可以 *conscius*，可以有 *conscientia*。在奥维德笔下，巨人阿贾克斯跟尤利西斯争功抢赏，谁在特洛伊战争中功劳最大，他说自己的事迹全是大庭广众之下所为，而他的对手则制造了 "feats he performed without witness, feats of which only Night is *conscia*"（没有目击者的丰功伟绩，只有黑夜是其 *conscia*）——唯有"黑夜"知情。②

霍布斯在一个很有意思的段落里赋予英语词 *conscious* 以 *conscius* 的古典词义，这在他自己的时代很可能是不地道的英语表达："When two or more men know of one and the same fact [i.e. deed] they are said to be conscious of it one to another"（当两个或以上的人知道同一个事实［即事件］，可以说他们相互间知悉此事）。③

由于秘密经常甚或一直被怀疑是见不得人的，*conscius* 和 *conscientia* 的一般暗示也是贬义的。我的 *conscius*，那个 *conscius mihi* 之人，他分享我的秘密，可以为我做过的某些事情作证，他也往往就是合谋者；因此，这个人也是潜在的不利于我的目击者，潜在的敲诈勒索者，或者至少可以拿我做的事来嘲笑

---

① 《编年史》，VI, 21。
② 《变形记》，XIII, 15。
③ 《利维坦》，I, vii, 31。

我，让我蒙羞。

conscious（知情）的这个义项从英国复辟时期（1600-1688）直到十九世纪初广为流行，这背后的原因我认为是模仿拉丁文古典著作的冲动，而不是英语本身的倾向。于是，在德纳姆*笔下，那头被围猎的雄鹿飞奔过"the conscious groves, the scenes of his past triumphs and his loves"（知情的小树林，那里见证过他曾经的胜利和爱情）。① 此处的用法当然颇为牵强；提醒读者这些小树林曾目睹雄鹿年轻时的交战和交欢，从中能感受到的不过是依稀可辨的调皮交杂着悲悯。弥尔顿下面这句就好多了："So all ere day-spring under conscious night Secret they finished"（拂晓到来前，知情的黑夜下，他们完成了秘密）。② 他们所完成的——建造第一座火炮——是真正的秘密，而且在弥尔顿眼中，令人憎恶；拟人化的"黑夜"知悉他们的罪行。最有趣也最常被误解的例子在简·奥斯汀笔下。《诺桑觉寺》（ch. xxx）中，亨利·蒂尔尼被介绍给默兰德太太，介绍者是后者的"conscious daughter"（知情的女儿）。此处的 *conscious* 完全取其古典义项，即关于亨利和两人之间的关系，女儿知道很多她母亲不知道的事情，她知道秘密，她和亨利心照不宣。这就是"*being conscious*"；但是你也可以"*look conscious*"，看起来像个合谋者或共犯。詹宁斯太太肯定布莱顿上校的信跟威廉斯小姐

---

* 德纳姆（John Denham, 1615—1669）：英格兰-爱尔兰诗人，廷臣。
① 《库珀之山》（*Cooper's Hill*），277。
② 《失乐园》，VI, 521。

有关,"because he looked so conscious when I mentioned her"(因为我提到她时,他看上去一副密谋的模样)。① 他看上去仿佛心里有秘密。我让学生解释这些段落,他们很多人都满足于这样一个理论,既无论如何,*conscious* 的意思就是"有意识的,不自然的"。但是,如果不进一步解释,这从语义历史来看是不可能的。当一个人 *conscious*,有了秘密,他就会倾向于看起来"不自然"。因此,这句话里的 *conscious* 可以是"不自然"的意思,这是指说话者提到的那人的内心和脸部表情事实上呈现为我们所谓的"不自然"。但是,这不是这个词的意思。

IV. 内部见证

人可以被定义为反射性动物。一个人难免会(出于特定目的)把自己想成或说成是两个人,甚至感觉自己是两个人,其中一个能作用于或观察另一个。因此,他会自怜、自恋,他会崇拜自己,恨恶自己,鄙视、批评、安慰、省察自己,掌控自己或被自己掌控。最重要的是,他可以和自己形成我上文称为 consciring 的关系。他参与自己的行动,是他自己的 *conscius* 或合谋者。当然,这一影子般的内在同谋拥有一个外在同谋的所有特征;他也是一个目击证人,一个潜在的敲诈勒索者,一个施加耻辱和恐惧的人。

从语言上来看,能体现这一经历的是下面这个最简单的表

---

① 《理智与情感》, ch. XIV.

达"I conscire (this or that) to myself"（我向自己 conscire［这事或那事］）。所以，阿里斯托芬笔下有"*xunoida*, I conscire, many dreadful deeds to myself"（我向自己 conscire 许多可怕的事）①——我知道自己的很多错事。或者圣保罗的话："I conscire (*sunoida*) nothing to myself"（我不向自己 conscire 任何事）②。钦定版《圣经》译作"I know nothing by myself"（我自己一无所知），当时就译的不好，现在更是完全模糊了原意。正确的翻译是"I know nothing against myself"（我不觉得自己有错）。在拉丁文里也一样。贺拉斯说，一个幸福人生的"黄铜堡垒"应该是 nil conscire sibi，③ 即问心无愧，心里毫无负担。我们注意到，从阿里斯托芬到圣保罗和贺拉斯，被 conscired 的事情都是恶的。在人的内心，一如在人与人之间，consciring 都被假定为关于邪恶，除非明确说明是与之相反。

这样对（或和）自己 consciring 的状态在希腊文里是 *suneidesis*（或者更少见的是 *sunesis*），在拉丁文里当然就是 *conscientia*。"你是怎么了？"墨涅拉俄斯问弑父后心神不宁的俄狄浦斯。"*Sunesis*"，他答道，"for I have done a dreadful deed and conscire it"（因我做了一件可怕的事，且 conscire 它）。④《圣经》七十士译本里的《箴言》里有这么一句"Wickedness condemned by an internal witness is a cowardly thing and

---

① 《地母节妇女》，477。
② 《哥林多前书》，iv：4。
③ 《书信集》，I, i, 61。
④ 欧里庇得斯，《厄瑞斯特斯》，395-396。

expects the worst, being hard pressed by suneidesis"（被内心见证谴责的邪恶是懦弱的，预期最坏的结局，被 suneidesis 所迫）（xviii. II）。与之接近的是米南德*的一句话，即便是最强硬的男人，如果意识到罪恶，sunesis 也会让他变成懦夫。① 几个世纪之后，莎士比亚的《理查三世》里有对同样内容的表达，谋杀犯说良心"让人成为懦夫"（I, iv, 132），理查则将之概括为"懦夫良心"（v, iii, 180）。如果你的道德健康毫无问题，也就是说，你没有对自己 conscire 任何邪恶，你就是 eusuneidetos，有好的 suneidesis。② 所以在拉丁文里，当你对自己 conscire 好事，或至少不是坏事，你便有一个"好的"conscientia。"All wish to hide their sins, but a good conscientia loves the light"（谁都想隐藏自己的罪，但是一个好的 conscientia 热爱光明），塞内加这么说。③

对自己 conscire 的人当然就是一个 conscius sibi，与自己同谋，知道自己的秘密；在希腊文里是 suneidos heautô。尤维纳尔的一段话里描述古罗马的丰饶女神玻娜的庆典仪式（男性不能参加），从这场典礼上 testiculi sibi conscius unde fugit mus（VI, 339）——一只（雄）老鼠匆忙离开，心里清楚自己生殖力的秘密，这段引用还挺配得上迪士尼。更古老的英语里也有完全一样的表达。培根说，"If he be an impudent flatterer, look, wherein

---

* 米南德（Menander, 342—291BC）：古希腊喜剧作家。
① 《残篇》，632。
② 马可·奥勒留，VI, 30。
③ 《书信集》，97。

a man is most conscious to himself that he is most defective...
that will the flatterer entitle him to"(他若是一位厚颜谄媚者，
看呐，人在哪里最良心不安，那也是他最欠缺之处……这让他成
为名副其实的谄媚者)。① 班扬也说: "I am conscious to myself
of many failings"(我自己知道我的很多失败)。一位现代读者，
粗心忽略 to himself 和 to myself, 就会以为这里的 conscious 就
是"有意识"的意思。他会错过那层真正的含义。

如我前文所言，consciring, 无论对自己还是别人，一般
都是关于邪恶，是同谋。然而，也可以是褒义，比如索福克勒
斯写道: "being valiant, he is conscious (of it) to himself"(他
很英勇，他自己心里知道)(hautô sunoide)。② 当 conscious 或
conscience 是关于优点，而不是缺点，那么忽视这两个词的确
切含义可能后果严重。弥尔顿笔下的夏娃面对亚当的追求有点
退缩，迫使她如此的是 "her virtue and the conscience of her
worth, That would be wooed, and not unsought be won"(她的
美德和她心知自己的价值，怕被迷惑，未经追求便被征服)。③ 如
果我们把 conscience 只理解为其现代含义"意识"，认为弥尔顿
只是在说夏娃知道自己很让人渴望，那就是漏掉了这一页上的
精华。这里是锡德尼赋予一位英雄国王的品质(只是转移到女
性身上)，即 "secreat assurance of his owne worthiness which

---

① 《论赞美》。
② 《残篇》, 669。
③ 《失乐园》, VIII, 502-503。

(although it bee never so well cloathed in modestie) yet always lives in the worthiest mindes"（暗自确信自己的价值，[尽管总被谦虚掩盖]永存于最可贵之心）。① 这是一种暗自确信。你必须把 consciring 的意思放进来。夏娃的美是夏娃和她自己之间的秘密，"值得神圣的沉默"，哪怕是对自己，两个夏娃都知道的东西，但是彼此都不提及，因此，她对此的 conscientia 就像是同谋，只不过没有罪恶感。

V. 小结

这一内心的见证，自己的 conscientia，与自己的默契，已是一个足够慑人的概念。昆体良（v, xi）引用谚语 conscientia mille testes，人内心知罪抵得上一千证人。但是我们也必须关注在目前所引的例子中，conscientia 不指向什么。它见证一个事实，比如，我们杀了人。它并不告诉我们，谋杀是错的；我们是以其它方式知道谋杀不对。在这一点上，它和证人完全一致，证人就是为一个事实举证；而这一事实是有罪还是无辜，已经由立法者规定过，并将由法官来宣判。因此，根据我们所考察的用法，如果我们说 "My conscientia tells me this is wrong"（我的 conscientia 告诉我这是错的），这话不通；它只告诉我，我做了这件事——我们所 conscire 的当然都发生在过去。再者，conscientia 就我们所看到的，不会给出禁令或许可。后者可以来

---

① 《阿卡迪亚》，V, Feuillerat 编，p. 155。

自法律或律师，但不是来自证人席。就我们所观察的这个词所处的语义阶段而言，说"遵循"或"不遵循"你自己的 conscience 是不通的。我不可能采取任何当下的行动，来"遵循"未来我对已经实施的那个行为的知悉。也尚未出现将 conscience 作为灵魂的一个独立功能的概念。唯一相关的功能是通过记忆而知悉。 suneidesis 或 conscientia 更像是"一种事态"；知道你自己过去的行为，而其他人或大多数其他人不知道这些行为。①

VI. 内在立法者

conscience 经历了一个石破天惊的词义发展，从证人席移到律师席，甚至到了立法者的宝座上，接下来该看看这个变化过程了。皮尔斯先生②引用过米南德的一段话，已经预示了这一过程：

---

① 在塔西佗的一段话里，conscientia 的意思仍有争议空间。"当拉斯蒂克斯称颂特雷西亚，当塞涅西亚称颂赫尔维乌斯，他们付出了生命的代价，而政府不满作者的怒火延伸到了书籍；三位专员被指派当众焚烧这些天才的纪念碑式的作品。我们的统治者们似乎认为，这样一把火可以烧灭罗马人民的声音，烧灭元老院的自由，以及人类的 conscientia"（《阿格里科拉传》II）。这里我们忍不住要说这个词是"良心"的意思，赋予它这一完整的后起词义。艾纳·雷夫斯特德说塔西佗是"创造这一值得骄傲的概念的第一人"（《罗马文学肖像》，P. M. 弗雷泽翻译，第 153 页，牛津，1958），似乎就是认可了这样的理解。但是 conscientia 含有"良心"的意思——可能雷夫斯特德也是这个意思——当然只是因为它就是古罗马基督教作家拉克坦提乌斯提出的那种 conscientia；即 communis sensus，人类的普遍"感觉"或"价值观"？也可能含义更窄。可能就是指人类知悉这些书所包含的真理。当然，如我前文所言，知悉一般只是少数人的行为。让所有人 conscire 将是一种苦涩又壮丽的矛盾修辞法；图密善治下已经把人类都变成了某个地下组织。

② C. A. 皮尔斯，《〈新约〉中的良心》（1955）。

192 "to all mortals *suneidesis* is *theos*"（对所有凡人来说，*suneidesis* 就是 *theos*）——也许可以翻译为"*suneidesis* 就是一位神"或"就是神圣的"，但不能理解为"就是神"。更重要的影响来自《新约》。

《新约》中的一些用法很显然符合我们已经研究过的模式；*suneidesis* 意思是 consciring，*sunoida* 意思就是 "I conscire"。《哥林多前书》（4：4）就是这样，上文曾引用过，"I conscire nothing (that is, nothing bad) to myself"（我不觉得自己有错）；"from a pure heart and good *suneidesis*"（出自一颗纯洁的心和善良的 *suneidesis*）①。但其它部分难找一些。《哥林多前书》（8：7）里的 "with *suneidesis* of the idol"（偶像的 *suneidesis*），可能是误用。《彼得前书》（2：19）*suneidesis* 的所有格是类似的用法，"It is meritorious if a man who is unjustly punished patiently bears his sufferings through *suneidesis* of God"（人经神的 *suneidesis* 耐心忍受冤屈的苦楚，是可嘉奖的）。这是什么意思，或者钦定版《圣经》怎么会译成"为叫良心对得住神"，我不确定。

下面我要引的一些段落，可能是对这一重大语义转变推动最大的。《哥林多前书》（8：10），圣保罗说，如果一位"软弱的弟兄"，一个有原则的人，看见你吃献祭偶像的肉——这件事本身在圣保罗看来是没有问题的——这位软弱弟兄的 *suneidesis* 就会大胆起来，或被"鼓动"去做同样的事。（这样做不好，因为他有原则，就可能事后因此而忧虑。）圣保罗真实的意图是什

---

① 《提摩太前书》，1：5。

么，这个问题留给神学家；我们既忙于追究词的历史，就该关注圣保罗的后代也许会，或者可能会，或者几乎无可避免地会怎样去理解他的意思。我相信，他们（还有我们大多数人）都会接受 *suneidesis* 在这里不是 *consciring* 的意思，而是"对是非对错的判断"。那位软弱弟兄的价值观，或善与恶的标准，最初将吃献祭的肉视为一种罪；在你的影响下，受你榜样的鼓励，他改变自己的价值观或标准，修改自己的道德判断。《罗马书》（8：5），我们被教导要顺从当局"不但是因为刑罚"，也是"因为 *suneidesis*"（钦定版 "for conscience sake"［因为良心］）。那么也许事实上圣保罗的意思只是"顺服不仅是为了安全，也因为日后你不想跟自己说我没有顺服"；假定我们都知道我们应该遵守律法，没能履行这一职责的 *conscience* 或 *consciring* 将会良心不安。但是这一节很容易，事实上是更容易，让人们觉得这里的 *suneidesis* 是指真实的道德判断（人应该遵循律法）。类似的，在《哥林多后书》（4：2）中，"commending ourselves to all men's *suneidesis*"（把我们自己荐于各人的 *suneidesis*），也许事实上只是说"让众人都知道我们值得尊敬"，*suneidesis* 属于弱化分支；但是也很容易被理解为"行为举止符合众人的道德判断"。

是这个词用在《新约》里时已经有了新的含义，还是出于不同原因正在兴起的新词义导致了对这些段落的误读，然后又因为这一误读加强了这个新兴词义，无论如何，这一词义变化肯定是启动了，这个新义项也沿用至今。追溯这个词在早期基督教历史中的使用超出我的学识范围，眼下也不需要。

就新义项而言，*conscience* 是内在的立法者：人对善恶的判断。它以祈使语气说话，命令或禁止。但是，一如常见的情况，新义项并没有取代旧义项。旧义项继续存在，新义项是添加上去的，所以 conscience 现在就有了不止一个意思。

　　神学家和学者意识到了这一点，也做过必要的区分。阿奎那声称遵循"语言的一般用法"，说 conscientia 是指把我们的知识用于我们的行动，这一使用分三种方式。第一，我们判断自己做了这样那样的事。第二，我们判断某事应该或不应该做。第三，我们判断自己过去的行为是好或坏。第一种是 conscire 的古典含义。第二种其实包括了第三种（syntersis 或 synderesis），与第一种很不一样；根据我们采纳的体系，应被命名为实践理性，道德感，反省，"绝对命令"，或超我。我们可以说第二种意义上的 conscientia "束缚"或"迫使"，当然也可以被遵循或不遵循。① 我们自己的基督教学者伯顿本质上追随阿奎那，但他没有用 conscience 这个词去涵盖 synteresis（经院哲学术语"良知"）。在他那里有：第一，良知，即区分善与恶的知识；第二，dictamen rationis，即理性的准则或禁令，"劝诫"人做什么，不做什么；第三，conscience，对所做之事作辩护或谴责。② 杰里米·泰勒注意到 conscientia 的古代含义——贺拉斯的 conscire sibi（问心有愧），泰勒指出这样说没错，但是这"不完整，不够；因为这只说 conscience 是作见证，不作引导"。在 conscience 的名义之下，我们必须也包括"that which is called

---

① 《神学大全》，Iᵃ, LXIX, 第 13 条。
② 《忧郁的解剖》，Pt. I, Sec. I, Mem. 2, Subs. 10。

synteresis, or the general repository of moral principles"（所谓的良知，或道德准则的一般储存库）。①

如果大众语言也能辨析这些区别，或许就能避免很多混乱，甚至免去不少流血。但普通语言不是这样的。它对 synteresis 这个词毫无兴趣，尽管它可以大谈特谈 synteresis 指向的东西。于是，它就用 conscience 一个词，有时候指我们心里知道自己做了什么事，有时候指告诉我们该做什么不该做什么的内在的立法者，有时候指敦促我们立即遵循立法者的内在的唠叨者或提示者，有时候还会指其它东西。所有这些义项相互作用、渗透，而且毫无疑问人们往往自己也不清楚自己到底是什么意思，更别说向他人说明了。我们也会找到一些使用 synderesis 的普通文本，这没错。德吉维尔*在他的《人生的朝圣之旅》中将其定义为理性的最高部分，通过 synderesis 人可以学习如何支配自己的 conscience。② 这不难读懂，但是对于一个从未看到过这个词的读者帮助也不会很大。在 15 世纪作品《众神会》（932-938 行）中我们也没能学到更多，可能诗人本人最多也就知道 synderesis 和 conscience 是两个相关联的词。这两处都不能带来什么结果。synderesis 这个词没有未来，也没出现在约翰逊博士 1775 年的《英语词典》中。托德对约翰逊词典的补编（1818）收了它，但是给的定义是错的，也只有一条例句。

于是，conscience 就这样有了迷宫般的——或者说一热锅

---

① 《良心之治》, I, i, I, para. 24.《杰里米·泰勒著作集》, Heber 编, Vol. XI, p. 382。
* 德吉维尔（Guillaume de Deguileville, 1295—1358）：法国作家和熙笃会成员。
② 利德盖特版本，4963-4968。

的——词义，就是我们接下来要探究的对象。

VII."CONSCIRING"词义的幸存

这一词义毫发未损，繁荣至今。我们仍然可以有"guilty conscience"（负罪感），这是 consciring（自知）罪恶；因为有罪的肯定不是内在的立法者。因此，我们读到"coumbred conscience"（受阻的良知）；① "clearness of conscience"（清白的良心）；② 一颗"grieved conscience"（伤痛的良心）。③ "祷告文"敦促我们"examine our consciences"（查验我们的良知），建议所有不能"quiet his own conscience"（良知安静）的人做忏悔。Conscience 仍然是见证人，尽管当泰勒说它"doth excuse or accuse a man before God"（确乎在神前饶恕或指控人）时，④ 已经加入了要面对的法官。当克兰默*说感觉到"our conscience at peace with God"（我们的良知无愧于神），⑤ 可能已经掺入了一点小小的并非自然的混淆。为什么无愧的是我们的 conscience（无论作为见证人还是立法者）而不是我们自己？在这里，正如一直以来，我们必须记住，这些词所指向的经验本身带有强烈的情感压力；在这样

---

① 托马斯·莫尔，《安慰的对话》，I, xviii。
② 威廉·罗珀，《莫尔传》。
③ 斯宾塞，《仙后》，I, x, 23。
④ 前引书. p. 376.
* 克兰默（Thomas Cranmer, 1489—1556）：英国宗教改革领袖，坎特伯雷大主教。
⑤ 《特祷周布道书》，Pt 3。

的情感环绕下，有罪的灵魂和见证人的不同的语义权利被混淆了。

VIII. 立法者

我们已经看到对米南德而言，*suneidesis* 就是 *theos*。当人们在基督教框架内思考 synteresis（无论在名称上是否与 *conscience* 区分），会更倾向于将其看作一种独立的、特殊的、尤具神圣性的理性功能。因为此时内在的立法者必须被看作神本人，或者是由神特别派驻于灵魂的副官。还有谁能申张这样的立法权呢？"Conscience (*suneidesis*) is God"（良知即上帝），二世纪神学家塔蒂安如是说。"它是永恒光亮之白，是上帝威严之镜、良善之像"，圣伯纳德如是说；"灵魂的纠错者和教诲者"，三世纪神学家奥利金如是说；上帝"rules in us by his substitute, our conscience"（以我们的良知，他本人的替代者，来管辖我们），泰勒如是说，以上这些例句都是引自他的作品。① 所以在弥尔顿笔下，上帝说"I will place within them a guide My umpire conscience"（我会在他们心中放置我裁判的良知作为向导）。② "我胸中感觉不到这位神祇"，无良的安东尼奥讥讽地说，但却是让我们看到不讥讽的人们如何看待这件事。③ 更耐人寻味的是爱德华·阿格利昂比*的话——因为他不

---

① 前引书，pp. 369, 370, 376。
② 《失乐园》，III, 194-195。
③ 莎士比亚，《暴风雨》，II, i, 278。
* 爱德华·阿格利昂比（Edward Aglionby, 1520—1587）：英国翻译家、诗人。

198 是站在"地极之上",而是站在伊丽莎白时代的下议院地板上说这话的——"the conscience of man is eternal, invisible, and not in the power of the greatest monarchy in the world in any limits to be straitened, in any bounds to be constrained"(人的良知永恒、无形,全世界最伟大的君主也没有能力减缩其限度,约束其边界)。① 巴特勒的主张虽然表达没有那么雄浑,但权衡适度,意味深长:"Conscience does not only offer itself to show us the way we should walk in, but it likewise carries its own authority with it that it is our natural guide; the guide assigned to us by the Author of our nature"(良知并非为我们指明当走的路,但它自有其权威,是我们天然的向导;实乃人之天性的创造者遣派于人的向导)。②

此类表达我想在《新约》中是找不到的。它们并非出自《新约》,也不会引人回到《新约》。conscience 超越"全世界最伟大的君主的能力",因为它是上帝代理人,这些主张日后会被各种各样的"有良知的反对者"重复;包括那些主张(我觉得是正确的)为了拥有遵循自己良知的自由而坚持上帝不存在的人。

将 conscience 作为 synteresis 的名称有一个新奇的结果,即作为形容词的"good"(善)现在用来修饰 conscience 时就可能有一个很新的意义。在古代——如今也仍是最普通的用法——"good conscience"(善的良知*),是自知为善,或更常见的是自知无恶。《祈祷书》的编纂者声称此书"doth not contain any

---

① 参见 S. T. Bindoff 著《都铎朝的英国》,第七章。
② 《关于人性的布道》,III, 6。
* "good conscience"其实译作"良知"即可,这里主要指"问心无愧"。

thing which a godly man may not with a good conscience use"（没有任何内容是一个虔诚者用了不会问心无愧的），就是这个意思，即没有任何内容会让他用了之后自知是有罪的。但是当霍尔（1649）说"A good conscience will tell you... you are bound to make restitution"（好良心会告诉你……你必须物归原主）^①如果你的 synteresis 或内在的立法者是善的或健康的——如果它正常运作——它会这么告诉你，就是完全不同的含义。乔治·麦克唐纳[*]对这种歧义有特别精准的把握："she was sorely troubled with what is, by huge discourtesy, called a bad conscience – being in reality a conscience doing its duty so well that it makes the whole house uncomfortable"（让她愤愤不平的是，那被极端无礼地称为"坏良心"的东西，事实上就是良知在尽忠职守，保全家太平）。^②

IX. CONSCIENCES 的多样性

此处我必须暂时采用我明知是错误的简化法。

人们越是大胆地声称 conscience 是一位神圣的立法者，是"神之威严的无瑕之镜"，或直接或间接地如此声明，他们必然越是头痛地意识到，这位立法者会给不同的人不同的律法；这面镜子会映出不同的脸。所以，我们有复数的 consciences，不是指

---

① 《良知问题》，I, ii, 24。
* 乔治·麦克唐纳（George MacDonald, 1824—1905）：英国小说家、诗人，基督教寓言作家，原为牧师，尤以写童话著称。
② 《吉比先生》，第 37 章。

不同的人显然会有不同的自我认知，而是指他们所认可的不同的内在律法。因此，维特基夫特（Whitgift）会说清教徒们要求的对教会的改变会"冒犯很多良知"①——很多人的 *synteresis* 会阻止他们接受这样的改变。巴特勒抱怨长老会成员强迫所有人都成为"圣人"，尽管这"有违他们的良知"。②《祈祷书》的前言提到 "such alterations... as should be thought requisite for the ease of tender consciences"（这些改变……应被看作安抚温柔良心的必要条件），因为有些人的 synteresis 如此"温柔"，如此敏感，有些事对内心的立法者没这么严格的人来说可以毫无顾忌地去做，但他们就不会做。因此，很不方便的结果就是，几乎所有人都可以对国家的律法提出豁免权，理由是他自己独特的 synteresis（这难道不是更高的律法吗？）禁止他去遵循，于是"nothing is more usual than to pretend conscience to all the actions of man which are public"（对人类的一切公共行为假装良知，没有比这更常见的了）。③"假装"的意思不是"模仿"，而是"推荐"，或"诉诸"。泰勒的观点是，这样的人遵循自己的 synteresis 是对的，哪怕 synteresis 本身错了；因为它是人合法的主宰，而且遇到这种情况"国王收到错误的信息，但臣下必须顺服国王"。④

因此，就产生了良知"强迫"或"自由"的概念。于是，在《胡迪布拉斯》(I, I, 765)里有"Liberty of consciences"（良知

---

① 载 J. B. 布莱克，《伊丽莎白之治》(1936)，第 161 页。
② 《胡迪布拉斯》, I, iii, 1141-1142。
③ 泰勒 前引书，p. 410。
④ 同上，p. 411。

的自由）。于是，鲁滨逊在即将离开荒岛前，发现自己是一位新教徒、一位异教徒和一位罗马天主教徒的绝对首领，但他加了一句"I allowed liberty of conscience throughout my dominions"（在我的统治下，允许良知的自由）。大家都记得弥尔顿十四行诗里的"New Forces of Conscience"（良知的新力量）。语言不会一直说清楚，这里的自由是拥有某个特定 synteresis 的自由，还是通过劝说努力让其他人的 synteresis 与你自己的更接近的自由，还是在外部行动中遵循你自己的 synteresis 的自由，抑或三者皆是。

不过，正如我上文警告读者的，这是一个过度的简化。

X. "立法者"义项的不稳定性

过度简化是在于试图把内在立法者从他言说的知性语境中分离出来。无论内在还是外在的立法者，都不会在真空中制定律法；他脑中总有真实或假定的事实，关于事实的想法会影响他裁断应该如何。因此，外在的立法者一旦不再相信巫术，就不会再颁布关于巫术的新法令，也不会规定强制疫苗注射，除非他相信这确实能预防天花。内在立法者也一样。如果你相信基督教的上帝，synteresis 会加给你很多面对上帝的责任，而如果你不相信，它就不会这么做。如果你相信变体论（transubstantiation）*，它会让你冒着上泰伯恩断头台的危险而参加弥撒，如果你相信弥撒

---

* 变体论（transubstantiation）：指天主教的一个传统观点，在做弥撒时，饼和酒从本质上变为耶稣的肉和血。这在新教看来是偶像崇拜。

是偶像崇拜，它会让你冒着上史密斯菲尔德火刑场的危险而不参加弥撒。要找到一种 synteresis 的纯粹区别，即不来自于关于事实的不同信念的区别，确实极其困难。也许相信任何情况下杀人都是错的，或者非雅利安人没有任何权力反对 *Herrenvolk*（统治民族），或者公正是人民的意志，可以算作"纯粹"。但是大多数情况下，synteresis 的立法指令是以每个人的信念或"坚信"的指示为条件的。二者的结合组成如今也许可以称之为"意识形态"的东西。

哲学家和神学家毫无疑问会做一个区分，指令能做出的合理的崇高主张，指示并不能同样合理地做出。"因为你有 A 的想法，所以就做 B 的行动"也许可以被理解为"神的"声音。但是 A 是对的，这样一个观点——也许涉及对教会史、古希腊学术和希伯来学术、文本批评、权威的本质、国际法，或者对卡尔·马克思的解释等各种问题的回答——显然是另一回事。然而，一般语言不会做这样的区分。在一般语言中，你认定弥撒是神圣还是偶像崇拜的理由，以及你接下来参加还是不参加弥撒的责任，同样都是 *conscience*。除了这一混淆，我们还有（我这样认为）上文第二部分提到的来自中世纪英语用法的模糊影响——作为"头脑"或"思想"的 *conscience*。于是乎，我们发现这个词从 synteresis 的完整义项滑进深刻信念的义项，又从那里再滑进仅仅是观点的义项（关于相对微不足道的事物），然而总是带着源于 consciring（自知）概念的言外之意。这就是为什么我提到一热锅的词义；谁都有可能来加一把不知道是什么的作料。

XI. 混乱的用法

我们都会同意正是为 *conscience* 的缘故，托马斯·莫尔拒绝接受最高权威宣誓（The Oath of Supremacy）*。在大法官的敦促下，全英国所有的主教、大学、学者都接受了这一法令，莫尔回答他不明白 "why that thing in my conscience should make any change"（为什么这件事要给我的良知带来任何改变），因为在英国之外，回到过去，他可以找到更高的权威来支持己方；"Therefore I am not bound, my lord, to conform my conscience to the council of one realm against the general council of Christendom"（因此，法官大人，我没有义务让我的良知追随某个国家的议会，却违背基督教世界的普遍议会）。① 这里无论是大法官的声明，还是莫尔的回答，对 synteresis 给出的 "你不能宣誓谬误" 都没有任何影响。这里的问题是，莫尔被要求宣誓的内容是不是谬误。如果莫尔只是一个无名小卒，没有被呼召宣誓，而仅仅是自己有对国王亨利至高权力的看法，这一看法的形成几乎和 synteresis 意义上的 *conscience* 无关。当莫尔说英国官方的这个决定不会改变他的 *conscience*，他的意思是 "不会改变我对自己责任的看法"，还是 "不会改变我的观点"（当然责任基于观

---

* 最高权威宣誓：英国 1688 年《权力法案》中的规定，要求国家高级官员、神职人员以及臣民宣誓拒绝任何外国人或罗马教皇在教会和宗教上的权威和管辖权。所有神职人员在授阶仪式中必须发此誓。大约二百年后被废除。

① 罗珀，《莫尔传》。

点）？也许两者都有，但是语言本身不会显明这一点。

在这一段中，指示（亨利不是英国教会的头）和指令（你不能宣誓）在逻辑和情感上都紧密相联，双重含义几乎无可避免。在同一本书的前面部分，莫尔说他不太可能向政府"打手"（里奇先生）袒露"the secrets of my conscience touching the King's Supremacy"（有关国王至高权力的我良知的秘密），这就走得更远了。我觉得这里 conscience 的意思主要是"我的个人观点"，也许带有一点 consciring 的意味——"只有我自己知道的观点"。罗珀还有一段带我们走得更远。大法官问菲茨詹姆斯大人对莫尔的指控是否"充分"，他得到一个很谨慎的回答："If the act of the parliament be not unlawful, then is the indictment in my conscience not insufficient"（议会法案若并非非法，则此指控在我 conscience 中亦非不充分）。菲茨詹姆斯是给了一个法官的回答；conscience 的意思肯定是"观点"。

但我也不会说它仅仅是"观点"的意思。这个词并没有完全与"synteresis"或"consciring"的词义失去连结。如果我们再加两个例子，也许这一点会更清楚。佩皮斯*写道："The Duke did, to my Lord's dishonor, often say that he did in his conscience know the contrary to what he then said"（公爵确实常说他在自己 conscience 中知道自己刚说的话是假的，这

---

* 佩皮斯（Samuel Pepys，1633—1703）：英国作家、政治家。以其记录同时代风貌的日记著称。

是公爵陛下的耻辱)(在关于打牌的一次争执中)。① 莎士比亚的《亨利五世》中，戴着面具的国王说"By my troth, I will speak my conscience of the King"(我发誓，我要说我对国王的 conscience)(IV, I, 119)。在这两段里，和菲茨詹姆斯的回答一样，*conscience* 确实就是指"我所认为的"(或者，佩皮斯，"我所知道的")。但是，为了获得确切的含义，我觉得我们应该把它译作"我真正所想的"，或"我诚实的观点"，或(佩皮斯例)"他确实清楚知道"。所以这一用法仍然掺杂着 conscience 的其它词义。在以上三个例子中，我们都可以推断某些开脱或说谎的动机。尽管如此，如果你说出你真实所想或所知，你就是在(a)说出中世纪意义上的 *conscience*，公开你真实的内心；(b)遵循你的 *conscience*（synteresis)，其法则之一为"说真话"；(c)揭露你自知为你的秘密观点或知识。在佩皮斯的段落里，也许还藏着一个想法，即公爵在撒谎之后，对这一事实也会有很不愉快的自知(*mala conscientia*)。

当泰勒说"some men suspect their brother of a crime and are persuaded, as they say, in conscience that he did it"(有些人怀疑他们的弟兄犯了罪，也如他们所言，在 conscience 里被说服他确实犯了罪)，② 这个词似乎已经完全失去了道德含义。但即便在这里，可能还会有一些头脑不清的认定，坚持这一怀疑是真诚的，是出自诚实；*conscience* 从"synteresis"的词义中获得

---

① 《佩皮斯日记》，1660—1661年2月7日。
② 前引书，p. 410。

高尚的联想，通过这些词义联想来让怀疑更体面，这一可怕的企图显而易见，尽管是半无意识的。

XII. 作为恐惧的 CONSCIENCE

即便在古代，我们也已看到，一个"bad conscience"（不安的良知），即自知自己的恶行，总与害怕联系在一起；害怕可能被人发现和惩罚，或者被众神惩罚，被众神发现是肯定的。基督教有关某些惩罚和（极有可能的）天谴的教义很自然地将 *conscience* 与害怕更紧密地连结在一起。从自知"我有罪"到"我可能下地狱"，这一过渡瞬间发生，且无可改变，所以感觉根本不存在过渡。这一过程一旦完成，*conscience* 一词本身就可能成了"对地狱的害怕"的意思。

弥尔顿笔下的亚当说"O conscience, into what abyss of fears And horrors hast thou driven me!"（哦良知，你把我推下了怎样的害怕和恐怖的深渊！），① 这里的 *conscience* 仍然是让人下深渊的推手，而不是深渊本身。到了第四部（ll. 23f）*conscience* 在撒旦心中"觉醒"，不是对罪过的记忆，而是"绝望"，对曾经幸福的"记忆"，当下的悲惨，以及未来更大的悲惨，这里 *conscience* 的词义则是抵达了更远的一个阶段。是关于"惩罚"而不是关于罪的 *conscience*。同样，泰勒的句子"conscience is present with a message from God and the

---

① 《失乐园》，X, 842-843。

men feel inward causes of fear"（良知与上帝的信息同在，人们从内心感受到害怕的理由）。① 在班扬的《圣战》中，正是 Conscience 先生把以马内利派来的最后一位信使解释为"死亡信使"。类似地，约翰逊博士说"he that feels himself alarmed by his conscience"（感觉被自己的良知所震惊的人），② 严格来说，*conscience* 是做见证，因而是震惊的场合而非源头，这一事实消失了。

但有些用法走得更远。拉蒂默*说"when with the eye of his conscience... he beheld the horror of death and hell"（凭借良知之眼……他看到死亡和地狱的恐怖）。③ 惩罚已经完全替代了罪，成为 *conscience* 的对象或内容。泰勒的句子再次具有提示性。他说，"查验"synteresis 的立法，则 *conscience* "binds to duty"（服从责任），但是查验"行为"（我们自己过去的行为），则"it binds to punishment or consigns to comfort"（它服从惩罚或归于安慰）。④ 他不由自主地用了动词 bind 的两个很不一样的词义，第一个（迫使的）意思显然符合内在立法者，但是第二个（谴罚的）意思则不符合，或者是不一样的；这是一个执行行为，如果在任何意义上是一个命令，那也是对刽子手，而不是对罪犯下的命令。事实上，取这个意义的 *bind* 几乎都不是英

---

① 泰勒，前引书，p. 371。
② 《漫步者》，110。
* 拉蒂默（Hugh Latimer, 1487—1555）：宗教改革时期的英国主教。
③ 爱德华六世前的第七次布道。
④ 泰勒，前引书，p. 390。

语。我怀疑泰勒是想在 conscience 的众多义项中给"对惩罚的害怕"腾一个地方,他不承认从历史上来讲,这一义项没有资格占一席之地,甚至可能被看作词义降格。走得最远的是亨利·莫尔*——我怎么也没想到会是他——他在一个定义中使用了这个词义:"And first, of natural conscience, it is plain that it is a fear and confusion of mind arising from the presage of some mischief that may befall a man beside the ordinary course of Nature or the usual occurrences of affairs because he hath done thus or thus"(首先,关于自然良知,很明显它是一种害怕或心智的混乱,出于人做了这样那样的事而预感到某些违反自然规律或不同寻常的不幸会落到自己身上)。当然,他定义的只是"自然的" conscience,异教徒的 conscience。但哪怕是自然良知,他也忽略了 synteresis 的因素,善与恶的判断。他的 conscience 只包括对"不幸"行为的谨慎规避(《无神论的解药》, I, 10)。

我几乎可以肯定这能帮我们更好地理解哈姆雷特那段著名独白(III, I, 83)里的 conscience,我觉得它的意思就是"对地狱的害怕"。我知道对此可以大做文章,把它理解为"反思,思考"——中世纪英语义项的例子,属于弱化分支。这甚至可以由两行之后的"pale cast of thought"(思考留下的灰色)做证据。但是当我们记起《理查三世》里已经引用过的那句话("conscience... 让人变成懦夫","哦懦夫的 conscience");还有独白结尾处的呼应,最终将 conscience 真正等同于对惩罚的害

---

* 亨利·莫尔(Henry More, 1614—1687):英国剑桥柏拉图派哲学家。

怕；以及害怕"会做什么样的梦"，"我们所不知道的痛苦"，正是这些思考让哈姆雷特决心的本色变得苍白；我认为，我们必须对这一段做出不同的解释。在拉蒂默和亨利·莫尔那里，我们看到对罪的自知和对未来痛苦的害怕被混杂或等同起来了。哈姆雷特则又更进了一步。他完全没有提及需要自知的罪；他害怕未来的痛苦，然后把这种害怕称为 conscience。当然我们得记住，每个人都有将被自知的罪，这是理所当然的。一旦提到对死后世界的害怕，人就会明白罪是怎么回事。

XIII. "SYNTERESIS"义项的分支

夏禄①说"我要告到最高法庭"。古斯塔夫的盗猎行为可以告上也可以不告上最高法庭；同样，一个人可以也可以不把自己这样那样的行为告上 conscience 的内在法庭；因为大多数人觉得，至少有一些选择——比如鸡蛋煮了吃还是煎了吃——属于"无关道德"，不在 conscience 的审判范围之内。当我们把一个行为带上审判席，我们就把它变成了 conscience 的事，正如夏禄要把盗猎变成最高法庭的事。因此伯顿这样描述宗教抑郁症患者，"I see them make matters of conscience of such toys and trifles"（我看他们是把良知的事变成了小玩意和琐事）。② "Some think it a great matter of conscience to depart from a piece of the least

---

① 《温莎的风流娘儿们》，I, i, 1。
② 《忧郁的解剖》，Pt 3, sec. 4, memb. I, subs. 3。

of their ceremonies"（有些人觉得脱离了最微不足道的一点仪式规定，就是了不得的良心大事），《祈祷书》（"仪式"章）这么说。在这些例子中，是顾虑给良知的法庭增加了毫无必要的负担。但是，道德松懈也会造成一样的结果，因为这种松懈总想钻空子，因此也在细微处下功夫；"当人们不爱上帝，只渴望自己的灵魂得救，在得失上斤斤计较，献给上帝的绝不多于必须的，那么他们会让良知的事多到再多的书也写不完"（"when men have no love to God, and desire but just to save their souls, and weigh grains and scruples, and give to God no more than they must needs, they shall multiply cases of conscience to a number which no books will contain"）。①

当表达内容完全一样时，"事件""案例"这些词也常常会被省略，于是伯顿可以这样写"we make a conscience of every toy"（每个小玩意都扯上良知）；②或者班扬的《坏人先生》里我们读到"a family where the governors... made conscience of the worship and service of God"（这家的主人们……把敬拜侍奉上帝变成良知）（认为在家里祷告是他们的责任）。所以泰勒说："He is a good man, and makes conscience of his ways"（他是个好人，凡事凭借良知）③——把一切应带的都带上内在的审判席。

还有一些更难的用法。"My conscience will serve me to run

---

① 泰勒，前引书，p. 366。
② 《忧郁的解剖》，Pt 3, sec. 4, memb. I, subs. 4。
③ 泰勒，前引书，p. 372。

away from this Jew my master"（我的良知会让我从这个犹太人，我的主人，身边逃开），夏洛克的仆人高波这么说。① 我觉得这里的 conscience 不是指 synteresis 的功能，而是它的内容，不是立法者而是立法者给出的律法。在高波内在的律法书上没有哪一条不许他逃跑（或者总有办法规避）。事实上，他接下来的独白揭示出这句话根本不是真的，但我们关注的是词意。哈姆雷特的"It's not perfect conscience To quit with this arm？"（放下这武器难道不是完美的良知？）(v, ii, 67)，可能也是类似同样的词义变化过程。正如我们说"这是法律"，意思是"这是法律允许（或禁止）的"，哈姆雷特可能是把任何健康的 synteresis 会认可的东西描述成"完美的良知"。沿着同样的路径，我们也许可以抵达伊阿古对全威尼斯女性的概括："their best conscience Is not to leave't undone, but keep't unknown"（她们最好的良知不是不做，而是做了不被知道）。② 他的意思可能是说，她们的 synteresis 中唯一的（因此也是最好的）准则就是"你不要被发现"。

然而，所有这样的语义桥梁都只是凭猜测，我引用的作者们对于自己的用词表达的语义历史很可能完全没有概念。

威尔逊*的《论高利贷》一书中，放高利贷者的话引出不止一个问题。他这样说："It may bee, there is some shifte to save a man's conscience wyth all"（也许总有什么办法治/救人的良

---

① 《威尼斯商人》，II, ii, 1。
② 《奥赛罗》，III, iii, 204。
* 威尔逊（Thomas Wilson, 1524—1581）：英国政治家、作家。

知)。① 如果 save 的意思是"salve"(宽慰)、② "heal"(治愈)、或"soothe"(安慰),conscience 在这里将主要是 consciring 的意思;放高利贷者希望能让内在的见证安静下来,让自己感觉舒服。但他也可能是在说"拯救"他的 synteresis——犹如"拯救"信誉或"颜面"——意思是让它能够在不丢脸、不失去各种高姿态的情况下发布一些更宽松的法律。

XIV. 回到弱化分支

我们已经谈了英语里的 conscious 甚至到十九世纪都一直保留"together"(共同)的含义,因此也是拉丁文 conscius 的近义词。但与此同时一个弱化的词义也在兴起。consciousness 有一段类似的历史,因为尽管它形成要比 conscience 晚,它的出现不是为了表达一个新含义,最初它只是一个没什么用的近义词。

这两个词的最初("共同")词义和它们现在的词义之间的渐次变化非常微妙。两个极端很明显。当它们独立使用"the patient is conscious"(病人有意识),"the injection removed all consciousness"(这一针注射下去,意识就都没有了),就完全是

---

① 《论高利贷》,R. H. 托尼(编)(1925),第 234 页。
② 很奇怪,save, salve, 甚至 solve 可以相互替换。弥尔顿将古希腊的科学原则 sozein ta phainomena(以你能做出的假设来保存、"留下"、妥善处理所有被观察的现象)翻译为"to save appearances"(保存表象)(《失乐园》,VIII, 82;参见"保存现象",《离婚的教条与原则》,I, i,《散文作品集》,伯恩版,第 3 卷,第 186 页)。但是伯顿用的是"to salve all appearances"(《忧郁的解剖》,Pt 3, sec. 4, memb. I, subs. 3), 甚至"to solve all appearances"(Pt 2, sec. 2, memb. 3)。

现代的——危险的——义项。如果跟 to 使用，则向"危险义项"的飘移尚未发生（就这样使用的作者和语境而言）；十八世纪的《新英语词典》引用一位十七世纪的作者"their consciousness to themselves of their ignorance"（他们自知自己的无知），更明显的是贝克莱的例子"God is conscious to our innermost thoughts"（上帝知晓我们内心深处的想法）(《人类知识原理》)。这两处明显都有 consciring 的意思。而在这两个极端用法之间则是一些模棱两可的例子。

霍布斯这样谈论大规模、不规律的集会："he that cannot render a particular and good account of his being amongst them is to be judeged conscious of an unlawfull and tumultuous designe"（参与的人如果没法给出特殊的有说服力的解释，就会被认为是参与了非法动乱的预谋）。① 这里肯定是"共同"词义；如果 conscious of 仅仅是"aware of"（意识到）的意思，那么就不会有同谋的含义；政府间谍不可能只是"有意识"。当洛克说"To be happy or miserable without being conscious of it seems... impossible"（幸福或悲伤的同时自己意识不到，这似乎……不可能）②，这里几乎就是"危险义项"（"有意识"）了。几乎，但不是完全。洛克的意思可能不止"感觉不到的悲伤不是悲伤"。至于他还可能是什么意思，看看克拉克*的定义就很清

---

① 《利维坦》，Pt.2，XXII，*ad fin*。
② 《人类理解论》，II, i, 11。
* 塞缪尔·克拉克（Samuel Clarke, 1675—1729）：英国神学家、哲学家。

楚了:"Consciousness in the most strict and exact sense of the word signifies... the Reflex act by which I know that I think and that my thoughts... are my own and not another's"（意识就这个词最严格、准确的含义而言,指的是……一种反射行为,经由此反射行为我知道我在思考,我的想法……是我自己的,而不是其他人的）。① 这里的 *consciousness* 非常接近中世纪的一般义项,与知觉相区别,② 其不在场的状态与今日大多数人说的"unconsciousness"（无意识状态）并不一致。还是含有些微的"共同"词义——我自己 consciring（知悉）我的想法是我的。但是,请注意克拉克必须明确这是"最严格、准确的含义";可想而知,一个更松散、弱化的义项已经出现了。如果说洛克在我刚引的句子里没有使用这个新义项,那么在紧接着的一段里我觉得他就用了,他说灵魂"must necessarily be conscious of its own perceptions"（肯定必须意识到自己的感知）。

对于蒲柏下面这句话里 conscious 的意思我倍感困惑:

The forests wondered at th'unusual grain
And secret transport touch'd the conscious swain
（树林赞叹这不寻常的作物
那秘密的激情触动了 conscious 牧童）。③

---

① 《第二辩护》(1707)。
② 即便今日有时候也可以做这一区别,即 *consciousness* 与 *sentience* 的区别;但只是在学术著作中。
③ 《温莎森林》,90。

如果 conscious 这里是"危险义项",我们会奇怪为什么需要告诉读者,这位感觉到激情的牧童既没有昏厥,睡着,也没有被上麻醉药。如果是"consciring"的意思,他知晓的这个奥秘又是什么呢?真是这样的话,他的激情又为什么这么"秘密"?上下文告诉我们,"触动"他的是眼前的"金色丰收景象",也是"君主们"许可的。又或者,正如后面几行可能暗示的,这位牧童有秘密是因为在一切景象中,他看到了——君主们没有看到——正在扬起"她欢乐脖颈"的"美丽的自由女神"?当柯珀说"borne the ruffling wind, scarce conscious that it blew"(在凌乱的风中,几乎意识不到风在吹),① 我们更可以肯定,这里是弱化分支,尽管还不是绝对弱化。

尽管这些义项明显属于弱化分支,但就我所知,并没有证据显示它们源自这一弱化分支大行其道的语言;换言之,它们不是受了法语的影响。它们是英语自己努力的结果,我们的语言要为自己提供必须的思想工具。

---

① 《任务》, I, 156。

9 WORLD

I. WORLD A 和 WORLD B

在我们的语言所留下的最早记录中，world 一词有两个义项，不妨称为 World A 和 World B。

（A.）阿尔弗雷德大帝*翻译的波爱修斯的著作中，我们读到：孩子死了，父母"mourn for it all their *woruld*"（痛悼终生）。① 这里的意思很清楚，就是"all their life"（终其一生）。可若要囊括 A- 义项的全部词义内涵，最好说 *World A* 意思是 age（岁月）或 *durée*（古法语"时间"）。我们在阿尔弗里克的布道集《圣约翰升天记》里看到 ②："through endless *worulda*（*woruld* 的

---

* 阿尔弗雷德大帝（Alfred, 849—899）：盎格鲁－撒克逊英格兰时期威塞克斯王国国王，鼓励教育，翻译了大批古典名著。
① 《波爱修斯〈哲学的慰藉〉》，塞奇菲尔德（编）(1899)，p. 24, 14 行。
② Sweet,《盎格鲁－撒克逊散文和诗读本》(*An Anglo-Saxon Reader in Prose and Verse*) (1922), p. 72, 322 行。

复数)",即永生永世。阿尔弗里克作品中还出现了① "will stand to worulda",即亘古长存。A- 义项在盎格鲁－撒克逊时期之后又留存很久。十三世纪作品《心灵的庇护》*中也有这样的表达:"praise thee from worlde into worlde"(世世代代颂扬您),② 世世代代,拉丁文作 in saecula saeculorum。《祈祷书》中有一个不寻常的古用法保留了 A- 义项,做礼拜的人可能不知所云。"world without end" 意为 "世代无穷",永永远远。儿时我曾以为《尼西亚信经》**中 "before all worlds" 意为 "在所有星球之前",但其本意实为 "世代之先",在时间之外,拉丁文作 ab aeterno。

(B.) B- 义项现代读者最易领会。在盎格鲁－撒克逊时期,将波爱修斯的头韵诗翻译成古英语的诗人这样写道:"in those days there were no great houses in the weorulde"(彼时世间尚无巨屋)③。此处,我们可以将 weorulde 理解为 "earth"(尘世)。尘世和宇宙,这两种不同的词义 World B 都有,而具体指哪种,通常可依上下文语境判断。因此,高尔写道:

> Tofore the creacion
> Of eny worldes stacion,

---

① 塞奇菲尔德(编),前引书,p. 48, 30 行。
* 《心灵的庇护》(*Sawles Warde*):是大约成书于 1220 年的一系列中古英语文本之一,一般统称为 Kathrine Group(《凯瑟琳集》)。
② 《心灵的庇护》,R. M. 威尔森(编)(1938), p. 36, 344 行 (Royal MS)。
** 《尼西亚信经》:基督教会三大信经之一,确定了三位一体论。
③ Metr. 8, 第 8 行,《波爱修斯〈哲学的慰藉〉》,p. 160。

Of hevene, of erthe, or eke of the helle（VII, 203）

——"天地方圆被造之前，无论天堂、尘世、抑或地狱"。*World B* 可大致定义为包含一切领域之和；若绝对而言，就是指宇宙；若就"与人类相关"而言，便是尘世。

World A 与时间有关，*World B* 与空间相关，二者含义截然不同，若要找出是基于何种本义分别发展而来，并非易事。但这个单词的形式本身提供了一些蛛丝马迹。*worold* 一如其古诺斯语中的对应词 *veroldr*，似乎由两部分组成。第一部分是 *wer*（人），与拉丁语 *vir*、爱尔兰语 *fir* 有亲缘关系，封存于 *wer-wolf*（狼人）一词中。第二部分 ald，类似 age 或 period。但是"manage"到底是什么意思？我认为若非要翻译出来，就把一个意思不那么确切的词转述得过于确切了。人类的世世代代？人类历史？人的共同际遇，他们的生活？无论如何，总之就是将我们团团围裹的"这一切"。或许"人生"（human life）是最贴切的解释。

如果我们不再看孤立的词，而是把词放到具体的句子中，就会发现"人生"与 *World B*（众域之域）并非如我们之前以为的那样差异显著。在《贝奥武夫》中，"parting from *worulde*"（离开 *worulde*）（3068 行）意为"死亡"；享受、分享或拥有 *worulde*（1061-1062 行）意为"活着"；"they woke into *woruld*"（60 行）意为"他们出生了"。无论我们将 *woruld* 翻译为"人生"、"尘世"，或"宇宙"，我们都能同样顺畅地理解这三个不同的句子。这很好解释：活着，存在于一切区域之和，二者意思相同；似乎我们一出生便进入了这两种状态，也许死去就是同时脱离这两种状态。诗人完全没有把 A- 义项和 B- 义项看作非此即彼的两种选择；就好比，当我们说"1930 年，他离开学校"，我们并非总是很清楚这话的意思主要是说"他不再是学校一员"，还是"他搬走了房间里的个人物品，坐出租车走了"。我们一开始以为是遇见了一道必须填埋的语义沟渠，随后才发现我们自己正是沟渠的挖掘者，这样的情况并不少见。

　　古诺斯语中也有类似情况可考。除了 verold（world 的古诺斯语写法），古挪威人还有一个词 heimr。这个词有时仅表示一片有限区域或"大地"。Jotunheimar 是巨人之地。但它后来当然也指一切领域之和。在《散文埃达》*（49）中，死亡女神对巴尔德尔说**，若 i heiminum（世间）万物为他哭泣，他便可死而复生。此处无论是看故事要旨，还是看 heiminum 的形式（前有定冠词），都可断定我们必须翻译成"世间万物"（B- 义项）。在《散文埃达》这部萨迦巨著中，作者斯诺里以 heimskring'a 一词开篇（后被作为书题），即"世界之盘"。这样，我们就有了可清晰区分词义的"语言装备"。但凡古挪威人愿意，他们本可用 veroldr 指 World A，heimr 指 World B，而事实上这两个词几乎成了同义词。在《沃尔松格萨迦》***（Volsungasaga, XIX）中，有一句话"as long as the veroldr stands"（or 'lasts'）；还有一句

---

* 《散文埃达》：《埃达》是古代冰岛（十三世纪）两部著名文学作品集的合称。其一为《散文埃达》（又名《新埃达》），作者是冰岛诗人斯诺里·斯图鲁（1178/9—1241）；另一为《诗体埃达》（又名《旧埃达》），作者佚名。
** 巴尔德尔：北欧神话中的光明智慧之神。
*** 《沃尔松格萨迦》：北欧的神话散文史诗（十三世纪末）。

是"while the *heimr* stands"(or 'lasts')。两句话意思一样（只要世界存在），除非是特别艰涩的抽象，两者意思必然相同；因为就是在说同一件事。我们都知道，诸神的黄昏*在毁灭宇宙的同时，也结束了"人生"。同一场灾难将同时摧毁剧院，终结演出。

II. "WORLD A" 取 "处境" 或 "时期" 之意

一个人的 *woruld*, 正如我们之前所讨论的，可以指他的 life（生命／生活）。而复数形式的 *worulda* 可以指时代。同时记住这两层意思，就能很好地理解我即将展开探讨的内容。

一个人的 "life" 可从三方面来理解。第一，最简单的，即表示这个人活着；比如，"this will cost you your life"（你这样会丢掉性命）。第二，作为反观式道德评价的对象，"What sort of life has he led?"（他过着什么样的生活？）很显然就是指"他表现如何？"；第三，"what sort of life has he had?"（他有着怎样的人生？）意思则是"他的人生境遇、时运如何？"。我们现在要讨论的是第三种意思。

同样，一个时代（或纪元、时期）也可以有两种理解方式。可以是仅凭起始点就能确定的时间轨迹，比如"从他就职起，到特兰西瓦尼亚运动爆发，这期间发生了什么没有详细记录"。但更为常见的是，一些带有自身特征的时期本身就能让人想到时间

---

* 诸神的黄昏：指北欧神话中的末日之战。

轨迹；可以按性质或形势来区分不同时期，比如石器时代、中世纪、启蒙时代等。

life 不与 led 搭配，而与 had 搭配，意思几乎等同于"命运"或"前途"。从性质上来看，age 和 epoch 综合起来就是我眼下讨论的 world 义项。不妨将其定义为"（持续某一段时间的）状态或事态"，或"（包含某种事态的）一个时期"。二者的差异在于侧重点不同。最受强调的部分有时是性质，有时是时间。

以下的例子侧重于性质。我们都听过，当叛逆天使被扔进地狱，"their worold was changed"（他们的世界改变了）；他们的"case was altered"（情况改变了）。① 在《贝奥武夫》中，有一个人十分走运，"for him all woruld turns out agreeably"（周遭迹遇一帆风顺）(1738-1739)，事态都如他所愿。在阿尔弗雷德大帝的译本中，哲学女神② 问波爱修斯，"was all your woruld ever to your pleasure?"——"事情"都像你希望的那样吗？几个世纪后，托马斯·莫尔③ 在描绘了假想的完全腐败后，总结道："but that worlde is not I thank god in Englande yet"（感谢上帝，这一状况尚未在英国出现）。高尔笔下的那位情人曾说"mi world stod on another whiel"（我的处境已今非昔比）。④

同最后一个例句，如果 world 取"处境"之意，且与人称代词搭配，其词意与"future"（前途）、"interests"（利益）几

---

① 《创世记》(*Genesis*), 318 行。
② 《波爱修斯〈哲学的慰藉〉》，塞奇菲尔德（编），p.58, 28 行。
③ 《托马斯·莫尔先生的辩护》，A.I. 塔夫特（编）(1930)，早期英语协会版，p.78。
④ 《情人的忏悔》，I, 178。

乎无甚差异。因此,高尔在另一处①说,如今每位教士都决定"kepe his world",即保住他的"位子"。他还两次②提到某人迎来了"his goode world"(他的大好世面),即得到他想要的。类似的例子还有乔叟笔下巴斯夫人的感怀之言"that I have had my world as in my tyme",③意思类似于"想当年我也风光过"。

在乔治·卡文迪什*所著的《沃尔西传》中,红衣主教沃尔西恳请金斯顿先生**"to have me most humbly recommended unto his Royall majestie, beseeching him in my behalf to call to his most gracious remembraunce all matters proceeding bytween him and me from the beginning of the world unto this day"(向尊贵的陛下美言几句,替鄙人恳求陛下顾念一应往事,由始至今,君臣一场)。④此处,"the world"可能是"this world"的误用;但无论是哪一种,此处 world 所指即沃尔西主教和国王之间的关联,如今正以悲剧收场之"事态"。

马维尔***《致羞涩的情人》首行"Had we but world enough, and time"可能会引起某些疑虑。因为诗人接着提到了

---

① 《情人的忏悔·序诗》,383-384。
② 《情人的忏悔》,I,1257; VII, 2521。
③ 《坎特伯雷故事集》,D. 473。
  * 卡文迪什(George Cavendish, 1497—1562):《沃尔西传》的作者,沃尔西(Thomas Wolsey, 1471—1530)为英王亨利八世的首席国务大臣,杰出的政治家、大法官、枢机主教。
  ** 金斯顿先生(Mr Kingston, 1476—1540):沃尔西同时代负责看管伦敦塔的卫官。
④ 《沃尔斯枢机主教传》,R. S. Sylvester(编)(1959),早期英语协会版,p. 179, 8 行。
  *** 马维尔(Andre Marvell, 1621—1678):英国著名玄学派诗人。

"恒河"、"洪泊湾",我们起初可能认为他的意思是 World B,他是在说"如果众域之域足够大"。但是,如果仔细想一下,作者并非在抱怨两条河流之间的距离不够远,或者能和爱人一起散步的地方太少。他抱怨的是他们缺少机会去做这些事。我会这样解读这首诗的第一行:"如果我们的处境和时间不那么受限。"这是最模糊的 World 作"条件"解了。

我们可以再次从高尔的作品中挑选 World 更侧重时间维度的例子。新巴比伦国王尼布甲尼撒二世梦中巨像的金色头颅象征着:

> A worthi world, a noble, a riche
> To which non after schal be liche①
> (一个可敬的时代,崇高,富有
> 此后再无可比拟者)

——也就是,"黄金时代"。高尔还曾说过②,将 "these old worldes with the newe"(将这些旧时代与新时代)对比,即把先前的时代、先前的"形势"与自己所处的时代、形势作比较。莎士比亚的《皆大欢喜》③中,被流放的西尼尔公爵和他的仆从在阿尔丁森林 "fleet the time carelessly, as they did in the golden world"(无忧无虑地飞度时光,一如在从前的黄金时

---

① 《情人的忏悔·序诗》,633。
② 《情人的忏悔》,VII, 2702。
③ 《皆大欢喜》,I, i, 126-127。

代), *bell'età de l'oro**。同样，"古老时代"（antique world）的美德在剧中忠诚的仆人亚当身上再次彰显。① 杰克·凯德**的追随者约翰·霍兰德说："It was never merry world in England since gentlemen came up"（自从有了绅士，英格兰欢乐不再），② 其同伴也感同身受，慨叹"O miserable age"（哦悲惨世代）。"Your father"（你的父亲），约翰逊博士说道："is a judge in a remote part of the island, and all his notions are taken from the old world"（是英格兰一个僻壤之处的法官，他所有的观点都来自旧世界）。③ 司各特提到"an auld-world party who made themselves happy in the auld fashion"（一个以古老方式取乐的旧世界党派）④。

《波尔多的休恩》⑤ 中伯纳斯公爵描述军队用到了 *world*，我不知道如何归类此处的词义："the noise and bruit that they made seemed to be a new world"（他们制造的喧哗和谣言看起来就像个新 *world*）。World 在这里几乎不可能指一个新的 *heimr*（领域）或者宇宙。更可能"和这世上的一切都不像"，因此是一种全新

---

* *bell' età de l' oro*：意大利语中的"黄金时代"。
① 《皆大欢喜》，II, iii, 57。
** 杰克·凯德（Jack Cade, 1430—1450）：1450 年亨利六世执政期间著名反政府起义的领袖。
② 《亨利六世》，Pt 2, IV, ii, 10-11。
③ 鲍斯威尔，1763 年 7 月 14 日。
④ 《日记》，1826 年 1 月 20 日。
⑤ 《波尔多的休恩》(*The Boke of Duke Huon of Burdeux*)，S. L. Lee 编，早期英语协会版，vol. II (1883)，p. 498。

的"事态"。但我们须谨记,夸张的口头表达容易导致最模糊的语义状态。

III. "WORLD A"取"共同命运"或"世事"之意

阿尔弗雷德大帝慨叹:"Alas, in how bottomless a pit the mind lies suffering when the mutabilities of this *worulde* beset it!"(唉,当人心为 *worulde* 的种种变故所困,便跌入无底深渊,受尽折磨!)[1] 其所指定然不是 *World B* 的变故,比如气候变化、泥石流等。这些都只是慨叹者所思想之变故的某一种例子,甚至是罕例。他也不是用 "this *woruld*" 来表达 "这个(即现今)阶段或境况"。相反,他抱怨的变故体现在一个事实上,即无论"这个"时期还是任何时期都不是永恒的。我们将 "this *woruld*" 理解成"人生"或"生命"会更准确。贝奥武夫所言 "They woke into *woruld*" 意为"他们降生了",由此我们已经知道 *woruld* 可以这样翻译。但是细思之下,阿尔弗雷德大帝用的不完全是这个意思。在贝奥武夫的例子中,*woruld* 作"人生"讲,仅仅指活着;是一种生物学上的事实,与之紧密相连的是人在 *World B*,万域之域中的存在。阿尔弗雷德的 "this *woruld*" 侧重性质方面——生而为人是什么样的,即当你活着的时候会经历的各种事情。*woruld* 在这一层面上的特点是,它会持续改变人的 *worulda*,他们的境况。另一种解释是,正如 *World B* 指包含

---

[1] 《波爱修斯〈哲学的慰藉〉》,塞奇菲尔德(编),p.9,11 行。

一切区域的"区域",我们现在探讨的 World A 也是指包含一切境况之"境况";整体的人类境况,也就是共同命运,世事运转之道。"世事"或者"生命"往往就可以对应翻译。

于是乎(还是选自阿尔弗雷德),"You thought fate ordered this woruld"①——"你认为命运安排世事",这里也是同样的意思。乔叟写骑士的故事中,伊吉斯说"knew this worldes transmutacioun",②即知道世事的盛衰沉浮。由此他总结"this world"——他也完全可以说"这一生"或"人生"——"nys but a thurghfare ful of wo"(不过是一场充满苦难之途)。③

我们在《农夫皮尔斯》里读到的这句"the mene and the riche worching and wondering as the world asketh"(如世事所需,无论高低贵贱者皆劳作奔忙),④或者《高文爵士与绿衣骑士》⑤中的"wynter wyndes agay as the world askes"(如世事使然,冬日再度风滚而至),"world"作"命运、世事"之意都更为模糊。如果你要坚持,也可以把 world 翻译为类似"自然"或者"必要性"。但是,这样理解的话等于在说事物因其必要而变得必要,或自然规定了自然过程,那我们禁不住怀疑这样的表达有何清晰可言。就算这是清晰的表达,我认为我们也是给诗人们强加了他们脑海中原本没有的抽象概念。"As the world asks"

---

① 《波爱修斯〈哲学的慰藉〉》,塞奇菲尔德(编),p. 11,第 6 行。
② 《坎特伯雷故事集》,A. 2839。
③ 同上,A. 2847。
④ 《农夫皮尔斯》B."序诗",18 行。
⑤ 《高文爵士与绿衣骑士》,530。

的意思就是"非如此不可"。类似地,当乔叟笔下的修道士拒绝按清规戒律生活的建议,他这样问"How shal the world be served?",① 我认为我们不应该经由某种抽象把 world 翻译成"社会"。他的意思不过就是"生活何以为继?"《皆大欢喜》中也有同样的用法:

> 'It is ten o'clock;
> Thus we may see', quoth he, 'how the world wags.'
>
> (II, vii, 22)

("现在是十点钟;
我们由此可以看出",他说道,"世事如何变迁")。

几个世纪以后,约翰逊博士在给鲍斯威尔的信中回忆了他们在赫布里底群岛的短途旅行,他这样道:"Such an effort annually would give the world a little diversification"(每年这样旅行一次,人生会更多姿)。② 如果他说的是"would be a diversification"(会有变化),或甚至"would make a change"(会带来改变),他所表达的意思也是一样的。

我们也可能认为某个义项,如果你称之为义项,一旦太过模糊,也就没什么用场了。但事实并非如此。一个词即使失去了所有精确的含义,它可能还是会有某个句法功能;比如"it's

---

① 《坎特伯雷故事集》,A. 187。
② 鲍斯韦尔,《约翰逊博士传》,1776 年 11 月 16 日。

raining"（下雨了）中的 it。

IV.《圣经》翻译中的"WORLD"

在我看来，我迄今提及的词义演变完全是本土的；接下来我们必须去关注"World"因在《圣经》翻译中的使用而获得的词义。译者们还在翻译武加大本《圣经》时就有了这些新增词义，直到十六世纪新学者们绕开拉丁文，直接翻译希伯来语的《旧约》和希腊语的《新约》，几乎没有发生改变。

在《圣经》翻译中，World 被严重过度使用。在《新约》中，它翻译了不止四个拉丁词（这些拉丁词本身指代四个希腊词）。在《旧约》当中，它被用来指代五个希伯来词。但是眼下对我们来说真正重要的只有《新约》，就不考虑希伯来语了。我们仅需注意其中两个希伯来词（*cheld* 和 *olam*）包含时间概念，也因此与英语中 World A 很接近。但是我们不能这么一句话打发掉那些希腊词；因为尽管它们是先被译为拉丁文，再间接地影响英语，但如果我们不知道它们的本义，也就不能完全理解那些翻译。

首先，*world* 可能指拉丁文的 *terra*，而 *terra* 指代的是希腊语的 *ge*，大地。比如，《启示录》第 13 章第 3 节（"all the world wondered"［全地的人都稀奇］）。

其次，它也可能指代拉丁文中的 *orbis* 或 *orbis terrae*。这代表希腊语的 *he oikoumene*，是 *he oikoumene ge* 的缩写，即"有人居住之地"。因此，《马太福音》第 24 章第 14 节会有（"preached in all the world"（传遍天下），《路加福音》第 2 章

第 1 节会有 "that all the world should be taxed"（普天下的人都报名上册）。

各位注意到，只有我引用的圣马太的话中，这个词才完全用其字面义。在其他几处，大地指的是地上的居民、人类；正如我们说，这个小孩是整条街的烦恼，"街"指的是街上的居民。谚语常带夸张。《启示录》可能是想说每个人都感到好奇，但福音书作者一定不会认为全人类都在被奥古斯都"报名上册"——登记人口。他也知道罗马帝国之外还有别的人口。

这种用法不难理解，几乎所有语言中都能找到。

第三，world 指代拉丁文中的 saeculum，如 "the care of this world"（这世上的思虑）(《马太福音》, 8：22), "the children of this world"（今世之子）(《路加福音》, 16：8), "wise in this world"（在这世界有智慧）(《哥林多前书》, 3：8), "not only in this world but in that which is to come"（不但是今世，还有来世）(《以弗所书》1：21)。

saeculum 的核心意似乎有点类似"世代"。维纳斯让所有的动物繁衍它们的 saecula。① 按照西塞罗的说法，柏拉图的大年* 包括 "I hardly dare to say how many saecula of men"（我几乎不敢说多少代人）。② 橡树的树龄长过许多 saecula 的人。③ 和

---

① 卢克莱修,《物性论》, I, 20。
* 柏拉图的"大年"：在天文学中是指一个天体在空间中缓慢且连续的变化。例如，地球自转轴的方向逐渐漂移，追踪它摇摆的顶部，以大约 26,000 年的周期扫掠出一个圆锥（在占星学称为大年或柏拉图年）。
② 西塞罗,《论共和国》, VI, 22。
③ 维吉尔,《农事诗》, II, 295。

world 一样，它可以指一个时代或阶段；"the age (*saeculum*) of Romulus coincided with the time (*aetas*) when Greece was full of poets（罗慕路斯*的时代（*saeculum*）正巧也是希腊诗人辈出之时 [*aetas*]）"。① 奥古斯都将开创 *aurea saecula*，"黄金时代"。② 此处，我们看到的是一个时代的性质。塔西佗试图让同时代的罗马人感到羞愧时说了一句话，更让我们体会到这一点。他说在那些高贵的野蛮人，即日耳曼人中，"共同的观念不称为 *saeculum*"。③（显然，罗马城里有人为道德沦丧找借口，称"此乃 *saeculum*"，这就是我们现在的生活模式、方式；不妨比较一下我们眼下可与之对应的一句话："我们又不是维多利亚时代的人。"）

saeculum 经常用来翻译希腊文 *aion*，这个词可以表示"生命"；比如，"to be robbed of one's dear *aion*"（被夺去宝贵的生命）就是被杀死。它也可以指，"人所过的生活"，人的命数或命运；即便是幸运儿如珀琉斯和卡德摩斯**，他们的 *aion* 也不会全然无病无灾。④ 在埃斯库罗斯的一篇文章中，这个词似乎指一代人。⑤ 从这一词义又蹊跷地衍生出了两个不同的分支。

---

* 罗慕路斯：罗马神话中罗马城的创建者，与雷穆斯是双生子。
① 西塞罗，《论共和国》，II, 10。
② 《埃涅阿斯纪》，VI, 792。
③ 《日耳曼尼亚志》，XIX。
** 帕琉斯（Peleus）：希腊神话中色萨利地方密尔弥冬人的国王，阿喀琉斯的父亲。
卡德摩斯（Cadmus）：希腊神话中的英雄，忒拜的创建者。
④ 品达，《皮托凯歌》，III, 152。
⑤ 《七将攻忒拜》，745。

一方面，和 World 一样，aion 可以指"无限时间"或者"世世代代"。正如亚里士多德所说，"the totality that includes all the time there is... is called aion"（含括永在之一切时间的总和⋯⋯称为 aion）。① 他将 aion 与 aei（一直）相联系。柏拉图使用 aion 时间更早，逻辑上却更进一步。对他来说 aion 是最严格意义上的"永恒"；不是不确定有多久，甚至也不是无限之久，而是无时间限制之久。他说，造物主造出了 aion 的"移动模型"，这一模型就是我们所谓的"时间"。② 时间之所以是 aion 的模型，是因为时间试图通过不断替换短暂的"当下时刻"，来作为对转瞬即逝的补偿，并且也象征或戏仿不变之现实的事实上的丰盈——就如以飞速的走马观花来模仿无所不在之态。也因此，在莎士比亚那里，时间就是"thou ceaseless lackey to eternity"（你这永不停歇的永恒之仆）。③

另一方面，aion 在具有犹太背景且仅把希腊语作为第二外语的人群中，发展出了"纪元"、"时期"的意思，词义发生了最大程度的改变。我们在许多文化中都看到这样的观点：历史进程曾经或在未来的某一天，或在任何一刻，可能被一些灾难性的改变打断，开启了完全或至少是极其崭新的状态，甚至是新的自然宇宙。这样的事件构成一个 aion 的结束，和另一个 aion 的开始。aions 与我们的历史学家所说的"时期"不同，因为前者的种类远为丰富，也因为（更重要）后来的 aion 不是从之前的 aion 中

---

① 《论天》，279 a。
② 《蒂迈欧篇》，37 d。
③ 《鲁克瑞丝遭强暴记》，967。

自然演变而来。连贯性已经打破。新 aion 相比新的一幕，更像是一出新剧。幸存者们会发现自己是在新的布景前扮演新的角色；旧戏里的一个明星也许发现自己在新戏里已成了超级明星。

这样看来，我前几页提到的"诸神黄昏"就标志了 aions 的一个变化。更有甚者是柏拉图想象的可怕时刻：宇宙开始倒退，所有自然进程向后行进。① 但是没有人会比犹太人更受 aiones 之概念的困扰；而犹太人在公元前两个世纪所受的困扰又胜过其它所有时代。那是启示录的时代，预示新 aion 到来的作品大肆流行的时代。基督教本身在某种意义上——必须由神学家来定义的意义——再次肯定了这一预言。不管最早的基督教教义是什么，一定是扬言旧的（且是坏的）aion 正在终结或已经结束，新的 aion 即将到来或已然开启。

不幸的是，aion 的这两层含义在希腊文《新约》里都有使用。因此，es ton aiona "进入这 aion"（《约翰一书》，2：17）意思就是"永远"、"永恒"，其形容词 aionios 意思就是"永恒的"或"经久不变的"（《马太福音》，25：46）。但与此并行的，我们还发现许多篇章中"this aion"（这个时代）或"this present aion"（这个现世）恰恰是永恒的对立，与即将到来的 aion 形成对比（《马太福音》，8：32；《加拉太书》，1：4）。但是 world 这个英语词从来没被用来翻译作永恒之意的 aion。

正因如此，我们可能认为 world-saeculum-aion 三词之间是刚刚好的关系，因为拉丁词 saeculum、希腊词 aion，还有英语词

---

① 《政治家》，269 d-270 e。

world 的某个义项，它们的词义范围惊人地一致。如果 world 只有这个义项，也只被用来翻译 saeculum，那么确实一切都刚刚好。

但事实上，world 还翻译了 mundus，而 mundus 翻译 kosmos。这些词在古希腊和古罗马文化中的用法与"时间"、"生命"或"世代"等概念都无关，而这些概念从本章开始，不是在这个语言就是另一个语言中，始终围绕着我们。它们的古典词义都是指宇宙，heimr，众域之域。但我们如果说"众模式之模式"或"众安排之安排"，可能会更接近古人的概念。

mundus 在拉丁文中既是形容词又是名词。形容词的意思类似于干净、整洁、整齐、得体大方。mundi 修饰人，指 elegantes（高雅）。① 贺拉斯迎接客人，会把家具弄 munda（齐整）。② 在基督教拉丁文中，cor mundum 是指（道德意义上的）纯洁心灵（《马太福音》，5：8）。mundus 是一个集体名词，可粗略翻译为"装饰"。蒲柏放在比琳达＊梳妆台上的有趣玩意儿就是她的 mundus。《学说汇纂》上说，Mundus muliebris（女神装备）包括润肤乳、面霜、镜子以及"使女性 mundior（光鲜亮丽）之物"。老普林尼③ 说过："that is why what the Greeks [using their word for adornment] call the kosmos, we call the mundus, because of its perfect and flawless eleganitia"（这就是为什么因其完美无瑕之 elegantia，希腊人称其 kosmos［他们语言中指"装饰"的词］，而我们称其 mundus）。（鄙

---

① 西塞罗，《论至善和至恶》，II, 8。
② 《书信集》，I, v, 3。
＊ 比琳达是蒲柏英雄滑稽诗《夺发记》中的主角，一位上流社会的时髦小姐。
③ 《博物志》，II, iv, 3。

人实在不知如何翻译 *elegantia*，但是在另一部分我会谈有关"自然"的态度，可以反映这个词背后的东西。）

老普林尼此处指出的 *mundus* 和 *kosmos* 在语义上的并列齐整得让人生疑。*mundus* 这个拉丁词仅靠它自己，是否还会经同样的路径演变出同样的意思，这一点颇可置疑。也许它是在希腊语影响下，被刻意诱导以便成为 *kosmos* 的近义词。但二者结果并无不同。一个词的发展历史，无论是想象的还是真实的，对这个词的力量和特点可能有着不相上下的决定作用；有时前者更甚之。此处的希腊词也一样。希腊人认为他们之所以把宇宙称为 *kosmos*，是因为宇宙是装饰，是布局，① 是对原本的丑陋、无序、混沌所作的修饰。如果希腊人实际上是通过其他方式抵达 *kosmos* 的这一含义——比如，星星像珠宝一样闪闪发光——这也不会影响他们对这个词的认识和感觉。

和 *he oikoumene* 一样，*kosmos* 和 *mundus* 都可用来指这个 world（B）的居民，"每个人"，*tout le monde*（众人）；当然，带有夸张成分。当法利赛人说"All the *kosmos*（拉丁文《圣经》里用 *mundus*）has gone after him"（世人都随从他去了）(《约翰福音》, 12：19)，他们的意思并非全人类都在街上跑。同样，二者都可以模糊指代一片广阔的区域；当福音书中说"I suppose the whole *kosmos*（拉丁文《圣经》里用 *mundus*）wouldn't hold the books that would be written"（我想，所写的书就是世界也容不下了）。这是一种修辞手法。福音书的作者并非真的在描绘

---

① 柏拉图，《高尔吉亚》, 508 a。

一个手稿撑满直达天堂的宇宙；就像我们说"全世界都给我，我也不会做让长老难过的事"，我们也不会想象整个银河系被用作贿赂，而我还是拒绝了。

V. "KOSMOS"与"AION"的混淆

aion 或 *saeculum* 与 *kosmos* 或 *mundus* 之间的不同无疑提供了一种工具，令连贯清晰的交谈有可能得以实现。这本可具有重大价值，我们本可以借此不再混淆以下两个概念：(1)自然宇宙，在基督教看来，自然宇宙必然是好的，因其创造者如是说；(2)现今的罪恶 *aion*（时代），在这一时代下，全宇宙长久以来都在艰苦劳作。正如基督徒们所称，将有更好的 *aion* 取而代之。但是强大的外力阻止了这一语义区分。

(1)宇宙，the *heimr*，毫无疑问必然是好的。没错。但每个人的最终目标是喜悦神，而不是喜悦这个 *heimr*。因此，*heimr* 所给予的，即便是最纯粹的福祉（日用的面包、健康、亲情或友情），人也不可以全身心地享用。如若不然，我们就是在把原本是作旅栈的地方当成自己的家了。除非我们践行超脱，否则 *heimr*（无论其本身有多好）对我们就变成一种危险。

(2)这一罪恶 *aion*，这一现今的 *veroldr*，质本为恶。恶是它的具体特征；恶是罪恶时代的特征，正如石器用具是石器时代的特征，启蒙运动是启蒙时代的特征。*heimr* 可以因为我们自己的不够坚定而碰巧变得危险，而 *aion* 对我们来说却总是也必然是危险的。仅靠"超脱"还不够；我们必须反抗、拒绝、彻底地将它弃绝。

（3）但这种区别不管在哲学上有多重要，在人们日常灵修生活中充其量不过是空头理论。毫无疑问，*heimr* 只不过是与更高目标对比时被贬为不够好的东西，尽管也是好东西；而 *aion* 则要遭到彻底的贬斥。但是无论屈服于二者中的哪一个，都是致命的。正如威廉·劳*所说："你若不是小麦，属灵的生命若不曾在你内里成长，那么你选了什么其它替代品，或者为什么选它，都毫无意义。"① 有人可能是喝毒液而死，有人可能是好酒喝太多而死，但一样都是死。于是乎，在一切关乎意志、情感、想象力的事情上，（好的）宇宙和（坏的）时代（*aion*）几乎就是紧挨着彼此。为了方便起见，大多数时候大多数人都应该把二者当作敌人，尽管原因不一定完全一样。

（4）我们在古诺斯语中已经看到 *heimr* 的毁灭和 *veroldr* 的终结是可互换的；原因显而易见，同样的灾难会摧毁这一个，同时终结另一个。因为类似的原因，在人们的认识中，*kosmos* 的终结和现今 *aion* 的终结亦合二为一。在《马太福音》（13：39）中，我们看到 "the end of the aion"（世界的末了）这一表达。追问这是指现存的罪恶政权的终止，还是我们所知的物质世界的废止，也许毫无用处。幕布和剧院将同时倒下。

这些就是倾向于造成混淆的压力，和语言本身无关。但是——

---

* 威廉·劳（William Law, 1686—1761）：英国神学家。
① 《对所有怀疑的呼吁》（1742），p.86。

（5）语言加剧了混淆。《新约》的作者并非都统一用 *kosmos* 表达一种意思，用 *aion* 表达另一种意思。他们并非有意识地在合作完成一部作品。他们在时间、地点都相距甚远的情况下工作，绝无可能碰头敲定统一的术语表达。他们中也没有人用自己的母语写作，而是用一种出于商业和管理目的在黎凡特*地区广泛使用的希腊文，这种被学者们称为 *koiné* 的希腊文已脱离本土环境，被国际化了。这不是经野蛮腐蚀后产生的洋泾浜语，也不是像计算机语言 BASIC 那样的人造语言。它更像今天两个接受过教育但没有共同母语的印度人交流时使用的那种英语；合乎语法规范，但不地道，缺少微妙和精确感，是不曾进过幼儿园、客厅和图书馆的英语。*koiné* 属于凑合能用就行的语言，在使用者眼中，抓住"任何一个古词"，不管多粗糙，只求在某一特定时刻对某个特定读者群达到实用目的。

结果就是，我们发现肯定是表达 *aion*（当下的罪恶"设置"）的意思，却用了 *kosmos*。比如，"The world (*kosmos*) cannot hate you, but it hates me because I give evidence that its behavior is evil"（世人不能恨你，却是恨我，因为我指证他们所做的事是恶的）(《约翰福音》, 7：7)；"the spirit of the world (*kosmos*)"（世上的灵）(《哥林多前书》, 2：12)；又如 "unspotted from the *kosmos*"（不沾染世俗）(《雅各书》, 1：27)。最后一篇中，拉丁译者特地用 *saeculum* 来翻译 *kosmos*，而不是按他惯常的做法，用 *mundus* 来翻译 *kosmos*。

---

* 黎凡特：地中海东部自土耳其至埃及地区诸国。

（6）最后一点，英国译者总是用 world 来翻译 kosmos 和 aion，除了表达"永恒"概念的 aion。

"God so loved the world"（神爱世人）(《约翰福音》，3：16）和"Love not the World"（不要爱世界）(《约翰一书》，2：15）这两句话出自同一位作者，同一部作品，这就极为鲜明地体现了这一语义状况。希腊人在这两句话里都用了 kosmos。在第一句中 kosmos 必然要么指宇宙、全世界，要么就是按之前提到的俗语理解为世界的居民，人类。在第二句中，它肯定不是指人类。但它可以指罪恶的 aion，我们绝不能与这一时代的"精神"停战，也可以指将朽的宇宙，我们不能将其当作自己真正的家园那样来热爱。又或者两种含义都有。

因此，英语 world 一词因其在《圣经》翻译中发挥多种功能而获得或保留了某些词义，其实是某些古旧意义，这一点也不奇怪。以下几个部分将讨论这些 world 的词义。

VI．"另一个世界"

"Neither in this aion nor in the aion to come"（今世来世总不得）(《马太福音》，12：32）*。我们假设这句话里 aion 是取其最严格意义上的词义，那么，此处就是一个纪元和另一个纪元

---

* "今世来世总不得"也是取自《圣经》和合本的翻译，汉语"今世"和"来世"容易让人产生佛教意义的联想，但基督教并无生命转世之说，这里就如作者所阐释的，应该是指当下世代和即将到来的世代，而不是指转世后的来生或者死后的世界。

之分。我们进一步假设，英语译者们清楚理解这一含义。显然，如果确实如此，他们本就可以用 world 来翻译 aion，因为时代、世代、事物状态这些含义 world 都有。① 又因为事实上他们就是用 world 来翻译了，那么做出译者们确实理解这段经文的结论也无可厚非。

另一方面，我敢打赌，几个世纪以来，读过或听过这段经文的人，能多少了解一点 aiones 是怎么回事的少之又少。"即将到来的世界"对他们来说不是指新的事态，而是某个地方或 heimr，即亡者之地。无论是天真地看作某个遥远的地方，或者更模糊地理解为"某个不同的存在层"，在语言学上都没有太大区别。不管是哪种，这个词的"未来"或"将至"的含义都只在于说话者还不曾到过那里；就像对一个考虑移民的人来说，美国有可能是"我未来的家"。它与今世是共时的。它一直都在这里。无数代人已经进入其中。

aiones 的概念，和其它末世概念一起，有时候会在某些特殊派别中出现。在特别的语境中，这一概念也会不时浮现于普通信众的脑海。神学家有时候会讨论它。但是，普通基督徒大众的情感和想象所熟悉的那个画面，恐惧和希望的正常对象，失丧者的慰藉，戏剧和诗歌的主题，都是我刚刚描述过的那个概念。我们无需纠结于译者们是怎么理解的。无论他们的意愿如何，这就是对他们的译文的一般理解。这也是影响了我们的语言的关键所在。

---

① 参见上文第 218 页。

这个大家所熟悉的含义一部分是对某个远为晦涩、陌生的含义之庸俗化（指大众化）。《新约》的整体基调暗示着新 aion 中的生命将是永恒的。但是，除了在寓言中，很少有暗示存在一个亡者之地，所有时代所有灵魂皆因其不可毁灭而进入那里。如果早期基督徒相信有这样的冥界，作为基督徒，他们也是不感兴趣的。人得以进入新 aion，不是因其本性不朽，而是因为复活的奇迹（《路加福音》，20∶35）。这样的复活会发生，人因而得以进入这样一种生命，这正是新 aion 的新奇之一。在大众化的信仰中，以上这个闪米特人的概念被无意识地替换成更为人熟知的版本——"死后"去往的"某个地方"，正如几乎全人类都曾相信、猜测、希望、害怕、拒绝、琢磨或争论过的那样。

助力这一概念替换过程的是 world 词义的模棱两可；加入合作的是另一个语言学因素。

《新约》常常会提到神的 basileia，意为统治或王位（《马可福音》，1∶15；4∶11 及多处）。没有人怀疑这一概念与新 aion 的概念紧密相连——究竟如何相连不是我能说清的。有时候我们会看到 "the basileia of heaven"（天国），而不是 "the basileia of God"（神国）（《马太福音》，3∶2；5∶10）。这两个词组的意思完全一样，heaven 是希伯来文对上帝表示尊重的委婉代称。但是对于满脑子"亡者之地"想象的人来说，"天国"听起来就不一样了。它更像是一个地方——在天上，曾经是奥林匹斯神的住所，或者北欧诸神的天宫，都是同一个地方。这还没完，basileia 进入拉丁文或英文之后，又披上了一层新的色彩。Regnum 和 Kingdom，有可能是来自前者，随着时间的推移，越来越具有领土的暗示。"*basileia* of God"意思本是"*aion*，事态，神权不容置疑的状态"。"kingdom of God"的意思越来越变成"神为王的领域或 *heimr*"。再把 God 换成 heaven，则领土的含义就把其它意思排挤一空。天堂是一个"国"，几乎就和韦塞克斯*是一个王国没有区别。在神的直接统治下，生活的概念沉降为"死后去天堂"的概念。最关键的是，我们在《新约》里读到彼得被赋予"天国的钥匙"（《马太福音》，16：19）。这样一来画面就完整了。天堂是亡者的乐土，四面高墙，还有一个大门和看门人。

这一切的结果是 world 获得了一个新的含义。亡者之地也是一个 world："the other world"（另一个世界）。司各特在失去至亲时，这样安慰自己："well，there is another world"（还有另一个世界的存在）。① 布鲁格拉姆主教这样说：

> As this world prizes action, life and talk;
> No prejudice to what next world may prove.
> （盖因现世奖掖行动、生活和言谈；
> 无损于死后世界可能会认同之物）。②

不过也无需再多举例，明天你就可能亲耳听到身边人这么用这个词呢。

---

* 韦塞克斯（Wessex）：公元五世纪末撒克逊人建立的盎格鲁－撒克逊王国，11 世纪初诺曼征服之后，成为一个地理概念，指今日英国的多塞特郡。
① 《日记》，1826 年 6 月 8 日。
② 罗伯特·勃朗宁，《布鲁格拉姆主教的致歉》（*Bishop Blougram's Apology*），770 行。

VII. "WORLD"和"WORLDLY"（贬义、减损或不洁）

  world 在很多地方用来翻译 *aion*，又因 *aion* 的意思是"当下的罪恶时代"，*world* 便得了一个贬义的义项。另一些地方 *kosmos* 被轻视为短暂的，*world* 又得了一个减损的义项，但不是完全贬义。第三，因为需要将已知的、暂存的宇宙和被信仰的永恒区分开来，后者无从评价，*world* 获得一个中性义项。前面两个义项，即完全贬义和仅仅减损之间，容易混淆。形容词 *worldly* 也有和名词一样的命运。

  我从完全贬义说起。

  这一义项最准确、有用的发展体现在英国国教徒所熟悉的连祷文中的"the world, the flesh, and the devil"（世界、肉体和魔鬼）。此处的 *world* 不再是当下 *aion* 全部罪恶的同义词。它指一组特定的罪恶，与其它罪恶相区别。这一限定的建立主要是中世纪之功。

  然而，《圣经》中有些段落可能已经包含了这一后起含义的萌芽；在这些地方 *aion* 不再被看作单纯的道德无序，反而是一种秩序——与基督教精神互为竞争的一种系统的时代精神。它也有它自己的某种"智慧"（《哥林多前书》，1∶20；3∶19）。就其自身体系而言，时代精神"之子"可能要比"光明之子"为人处世都更明智（《路加福音》，16∶8）。它有自己合时宜的 *merimna*（《马太福音》，13∶22）和 *lupè*（《哥林多后书》，7∶10）——它自己的焦虑和悲惨。正是这一体系化的、甚至是艰难的特点，凸显出 world 最准确的义项。单纯的偏航——无目的性的好色或懒惰——称不上 "worldly"（世俗的）。这个俗世也会教导凡人，比如克劳夫*在"新十诫"中这么说——

> Do not adultery commit;
>
> Advantage rarely comes of it (13-14)
>
> （莫通奸；
>
> 鲜好报）。

从灵性生活转向世俗生活并不是没了主人，而是接受一个新主人。而且新主也够严厉。但凡读过切斯特菲尔德的《家书》**，谁不会感慨要成为一名绅士代价简直堪比成圣；年轻的斯坦霍普可是一再被教导"路漫漫其修远"。

《坚忍城堡》(*The Castle of Perseverance*)***非常鲜明地刻画了连祷文中的三个主体，即"the Worlde, the Fende, the foul Flesche"（世界、魔鬼、肮脏的肉体）（29）。魔鬼的引诱是愤怒、嫉妒和诽谤；肉体的引诱是懒惰、淫欲和贪食；世界的引诱则是骄傲和贪婪（31 sq.）。世界的诱饵是华丽的衣衫、屈膝的

---

* 克劳夫（Arthur Hugh Clough, 1819—1861）：英国诗人，"新十诫"（The Latest Decalogue）是他对摩西十诫的戏仿。

** 切斯特菲尔德（Philip Stanhope, 1694—1773）：即与约翰逊博士同时代的贵族切斯特菲尔德伯爵，他的教子书信虽被约翰逊嘲讽，但流传甚广，斯坦霍普是伯爵的姓氏，故年轻的斯坦霍普是指他儿子。

*** 《坚忍城堡》：十五世纪的宗教道德剧，已知最早的英语剧本。

谄媚者，房屋地产（588）。英国国教的教义训诫把（未阐明的）"事工"归于魔鬼，"罪恶的欲望"归于肉体，"排场和虚荣"则归于"这一邪恶世界"。斯宾塞笔下的"财神"自诩"God of the world and worldlings"（世俗和俗人之神），他的王国包括财富之屋和"野心法庭"。① 乔叟的教士，那位虔诚的学生，"ne was so worldly for to have office"（他也不够世俗，谋不到俗职）。② 早在班扬的"Mr Wordly Wiseman"（世俗智者先生）出现之前，我们已经在《农夫皮尔斯》里读到过"worldliche wyse"（世事洞明）。③ 班扬笔下的"Madam Bubble"（泡沫夫人），"衣装华美，只是上了年纪"，她主动提出要让"Mr Stand-Fast"（坚守先生）不仅幸福，而且是"伟大并幸福"；她在书页边被注释为"这个虚荣的世界"。

这些我都算作纯粹的例子。但还有一些我会称之为不纯粹的例子；在这些段落中，我们无法确定，也许作者本人也一样不确定，*world* 到底是指这个邪恶的 *aion*——全部的 *arrivisme*（野心）和"启蒙的自我兴趣"——还是这个永远得不到真切满足的转瞬即逝的宇宙。这样的结果因 *world* 一词在《圣经》翻译中的多重负担而无可避免。

十三世纪的《道德颂》*里说，如果我们不小心翼翼，"this world will drown us"（这个世界会将我们淹没）（328）。他的意

---

① 《仙后》，II, vii, 8。
② 《坎特伯雷故事集》，A. 292。
③ 《农夫皮尔斯》，C. xi, 90。
* 《道德颂》（*Poema Morale*）：作于十二世纪末的道德诗，作者佚名。

思是我们都将变成势利眼、野心家、满脑子争名夺利,从而只
接受这个罪恶 aion 的标准,或者只是说如果我们失去超然心态,
则所有俗世之好,即便是最洁净无染的,也因其注定朽毁而终将
令我们心碎?当夸尔斯说

> O what a crocodilian world is this,
> Composed of treacheries and ensnaring wiles
>   (*Emblems*, I, iv, 6)
>
> (哦这真是个鳄鱼的世界,
> 遍布背叛和陷害的诡计)。

World 可以是两个意思中的任何一个,也可以两者皆是。下面这
句很有趣,也出自夸尔斯:

> Worldlings, whose whimp' ring folly holds the losses
> Of honour, pleasure, health, and wealth such crosses.
>   (*Emblems*, I, vi, Epigr. 6)
>
> (世俗之人失去荣誉、欢乐、健康、财富
> 便如丧考妣,愚不可及)。

健康和其它几项一样归为"世俗"之好,当然有完全能说通的道
理;这是一种临时之好,属于这个临时的 *kosmos*。但是荣誉和
财富也算作"世俗",就是在一个不同的且更狭义的层面来看了。
    在巴克斯特的一段文字里,我就觉得可以看到作者无意识地

从一种义项滑向另一种。他一开始问读者"Hath not the world from thee that which God hath from the heavenly believer?"（世界从你那里得到的难道不正是上帝从天国信仰者那里得到的吗？）world 这里只需要指——如果这个问题要像巴克斯特意欲的那样发人深省，就应该指——kosmos，这个临时的世界。自然的幸福，无论多么谦卑、纯洁，都有可能占据你的身心，以至于把更高的目标挤走。但是当巴克斯特进而从细微处刺探我们的良知，他就只是在讨论一种更狭义的"世俗"："thous beginnest to feel a sweetness in gain and to aspire to a fuller and higher estate... the rising of thy house or the obeisance of they inferiors"（你开始感到收获的甜美，向往更充沛、更高级的产业……你的房子拔地而起，或是你的下属毕恭毕敬）。① 结果多少有点不幸。一位懒惰轻浮、没出息的读者可能听到第一个问题时会说"那就是我"；而读了下文的诊断，他就可以大言不惭地说："谢天谢地。到底也不是在说我。我这辈子都没存过一分钱。"

所有这些例子，"纯粹的"和"不纯粹的"，都是明确的神学语境。但是 world 作为贬义词太有用了，即便读者抛弃了它的神学预设，他们也不会抛弃它本身。虔敬者或"选民"面对"这个世界"的态度，有时候同审美或知识精英面对"中产阶级"或"菲利士人"的态度毕竟是很类似的。精英们拿走了这个词，于是我们就发现它被用在亚基督教、非基督教或反基督教的文章里；总是使用它那个得益于基督教用法的含义，虽然受益程度各异。

---

① 《圣徒永恒的安息》(*Saints' Everlasting Rest*)，IV, iv.

在华兹华斯的十四行诗"The world is too much with us"（《世界与我们靠得太近》）中，world 的含义仍然非常靠近其起源，因为它主要指我们的经济生活（"赚钱和花钱"）。不过 world 的对立面，对诗人而言代表"不谙世故"者，既非神性冥想，也非慈善事工；而是对外界自然的享受。但是他也会认为这就是冥想。阿诺德有两首诗，其中的 world 几乎就是基督教的用法，即一个有组织的强大体系，有它自己的一套智慧。十四行诗《写在爱默生的散文里》，其中的人们带着"wistful incredulity"（惆怅的怀疑），"sorrowful and full of bitter knowledge"（悲哀，满怀愁苦的知识），远离超验主义。在《世界的凯旋》中，诗人面对世界，把自己武装起来。他害怕变成——圣保罗可能会这么说——"顺服于"这悲哀的智慧；他必须扼住那个 world 的咽喉，不然就会被它扼杀。这很接近《道德颂》里的警告，如果我们不警惕，这个 world 会将我们"淹没"。我想象中，阿诺德会坚持他所说的本质上跟中世纪诗人的意思是一样的，但我认为他错了。world 的对立面对那位古代作者而言，是基督教所理解的灵性生活；而阿诺德理想中的城市和甜美理智，无论多么"非神话化"，永远不可能与这种灵性生活重叠。

雪莱提供了一些有趣的例子。在《麦布女王》的注释中（V, 189），作者写去找妓女是摧毁了"精微的感受"，而"worldlings"（世俗之人）否认存在"精微的感受"。在同一处注解里，他把素食主义（因为它的"抽象真理、它的美、它的简单"）强加于"纯洁、热情的道德学家"，这些人"yet unvitiated by the contagion of the world"（尚未感染世俗之疾），令人震惊的是，这明显是在呼应《新约》(《雅各书》，1：27)，尽管可能是无意识的。最后是《致年轻灵魂》(*Epipsychidion*，155—156)里的"大路"(《马太福音》，7：13)，用法出人意料。踩着"这世上的康庄大道"的"可怜奴隶们"正是一夫一妻论者。

尽管有"martyr"这个宗教词汇（按其世俗义项），我认为下面这句叶芝的诗还是体现了进一步的发展：

> the noisy set
> Of bankers, schoolmasters, and clergymen
> The martyrs call the world.[①]
>
> （银行家、校长、圣职人员
> 这些闹哄哄的一群
> 殉道者称之为世界。）

区别在于语气。在之前三位诗人那里，*world* 仍然紧跟其严肃的神学含义。华兹华斯对它是严厉斥责；阿诺德是反抗（甚至有点于心不忍）；雪莱是愤怒。三人都高举着手，尽管姿态各异。而叶芝只是抬了抬眉毛。如果你四位都不喜欢（我本人没有不喜欢任何一位），你会说其余三位主要是自命清高，而叶芝就是势利了。人们对 *world*（贬义）的热情正在淡去。也许很快就只剩灰烬了。

时至今日，*unworldly* 也正在获得一种新的、没有用的含

---

① 《亚当的诅咒》，12—14。

义。我遇到过学生把 *unwordly* 当作 *unearthly*（非自然的，异常的）的同义词。他们会说《克丽丝特贝尔》*有一种"unwordly 氛围"。这是他们不熟悉这个词的基督教背景的再自然不过的结果，但我还是惊讶于发生得这么快。我本以为至少还得一个世纪的时间。

司各特在他的日记中说起一位朋友，他自己当时已破产；他说这位友人顺服于"under circumstances more painful than mine-for the loss of world's wealth was aggravated by the death of his youngest and darling son"（较我更为痛苦的处境——既已失去世上的财物，复又痛失他最爱的幼子）(1826年1月20日)。这句话一气呵成，为什么丧子要这样区别于失去"世上的"财物，我们感觉自己能理解。但这样的感觉往往只是说明我们熟悉某种说话的方式，而不是真正理解它。事实上这个表达是很难分析的。两种丧失同样都是暂时的，都属于这个 *kosmos*。司各特并没有把财物或儿子贬斥为 *worldly*，即只有这个邪恶的 *aion* 之子才会看重的东西。可以这样来看待财物，但司各特没有这样做。无意识中影响他的语言的思维过程可能是这样的：用不当手段过度追求的财物（还有名誉、地位、权力），是这个邪恶 *aion* 的特征。因此，生活全部的经济层面（参照华兹华斯的十四行诗）都与这个 *aion* 紧密相连，是 *worldly*。而一切 *worldly* 事物，最初是与灵性相对立，在十九世纪也同样与"亲情"相对立，甚至有过之而无不及。（雄心和 *arrivisme*［野心］与炉边的天伦之

---

* 《克丽丝特贝尔》：英国浪漫主义时期重要诗人柯勒律治（1772—1834）的诗作。

乐可能相互竞争。）经济财富因此是世俗的财物；不是被诅咒，而是与一些让人感觉"更高境界"的东西相比而被轻视。不过这样的分析也有可疑之处，我们是否可以把司各特的句子放在接下来的主题之下，也可以讨论。

VIII. "WORLD"和"WORLDLY"（中性）

world 还有一个单纯描述的用法，与上述的贬义词义肩并肩，且仍继续在发展。它的源头也是基督教，因为它总是暗示当下 kosmos 与永恒世界的对立；但这一对立的目的不是为了贬斥前者。说话者不是在做评价，而只是做区分。

我们可以说一个人抛掉了所有 woruldcara，所有"世俗的关怀"。① 这些关怀不一定非得是巴克斯特所说的"他的房子高耸，他的下属谄媚"。可以包括不仅单纯而且对一些人来说是必须的政治或农业活动。他们是"worldly"（世俗的），仅仅因为他们的目标是暂时的，属于当下 kosmos。类似的，你可以说 worudlicra aehta，"世俗产业"；② 不对其做任何论断，而只是说明并非指另一个不同种类的好东西，比如"抵达恩典和荣耀盼望的方式"。Worolde wynne（《贝奥武夫》，1080）也一样。他们不一定非得是不好的那种"世俗享乐"（这个邪恶 aion 的排场和虚荣）；他们仅仅是属于世俗，属于这天然的、稍纵即逝的生

---

① 埃尔弗里克，《奥斯瓦尔德》，55。
② 埃尔弗里克，《圣约翰的升天》，57-58。

命。一位情人可以称呼他的女友"min worldly joy"（我尘世的欢乐）。①这个形容词完全没有贬损她或他对她的爱。她之于他，就如土地、社会地位、健康、阳光和名声之于其他人——现世生活最大的幸福，他在天国之外最在乎的东西。

但是即便 world 含义中性时，它也会从贬义使用中感染某种奇怪的限制。在《皆大欢喜》（I, ii, 36-40）中，希丽尔抱怨命运几乎很少让美丽的女人"诚实"，而诚实的女人又总是"其貌不扬"。罗莎琳德回答，"Nay, now thou goest from Fortune's office to Nature's; Fortune reigns in gifts of the world, not in the lineaments of Nature"（错了，你是从命运拐到自然去了；命运司管尘世福报，哪管自然之貌）。"诚实"是来自命运的馈赠，这观点跟我们眼下的探究不相关，不妨搁置一边。我们关心的是，自然的好，比如美貌，竟跟"尘世福报"形成对照。美貌在某种意义上显然就是一个"尘世"福报；是暂时的，属于当下 kosmos。我认为可以作如下的解释。抛开希丽尔关于"诚实"的搞笑观点，命运在严肃语境中，主要是财富地位的分配。即便是现代用法中，我们说 making one's *fortune*（发财），就可一目了然；在但丁笔下，也许我们还记得，命运女神安排、引导 *li splendor mondani*,② 即尘世生活中的光耀（*mondo* 这里是指 *earth*，不是 *universe*）。但是 world（贬义）经历了中世纪的全面发展，不是指普遍意义上的恶，而是与社会和经济生活相关的

---

① "至高无上的情妇"，R.H. 罗宾斯，《十四和十五世纪民间诗歌》(1955), p.142。
② 《地狱篇》, VII, 77。

特殊之恶。因此在罗莎琳德心里，命运和"尘世"的领域会区别于自然优势。她用这个词并非贬义，但依赖于 world 贬义用法所带来的联想。破产后的司各特想起自己那位朋友的勇气，"较我更为痛苦的处境——既已失去世上的财物，复又痛失他最爱的幼子"，也是完全一样的用法。"世上"这里的意思是"经济"。这个用法尽管不是贬义，但是多少带一点轻视，于司各特犹胜罗莎琳德。在神学语境中，kosmos 即便不像邪恶的 aion 一样被诅咒，也必须待在自己的位置上，与一些远为重要的东西相比，排位甚低。司各特对 world 的使用保持了这种暗示；但是更重要的东西不再是永恒，而是自然亲情。很可能他原本可以感觉到——我没说他"想到"——他的用法要比这个词事实上的意思更接近宗教含义。因为对很多十九世纪的人来说，很多时刻，家，"亲情"，倾向于成为宗教，这样说几乎一点也不夸张。

有些人可能会觉得我这是对着一个简单的句子小题大做，没有我的解释大家都还更明白些。"司各特是什么意思，我们都一清二楚。"另一方面，对于"一清二楚"这种感觉我倒是有些怀疑了——这是我非常熟悉的一种感觉。我觉得这种感觉所证明的往往不是我们理解了，而是我们遇到了熟悉的表述，因此见怪不怪。我相信，当我们唯有通过模仿和实践学会了何时何地用这个词，我们才是理解了这个词的意思。如我们所知，"安全感"正是"凡人最大的敌人"。无论语义安全感，还是其它任何安全感，都是如此。

worldly 的中性义项今天几乎已是古义，只在英国国教婚礼誓词中有保留（"With all my worldly goods I thee endow"［这世

上我拥有的最好的一切，我献给你]），然后就是在李尔*列举的"油波波"**的"all the worldly goods"（世上所有的好东西），是对婚礼誓言的打趣戏仿。*Worldly* 的这个义项之所以变成古义，是因为从拉丁文 *saecularis*（衍生自 *saeculum*，意思同 *aion*）而来的 *secular*，在英语中大派用场。埃尔弗里克笔下的 *woruldcara* 现在就变成了"secular affairs"（俗务）。忏悔的兰斯洛特对忏悔的桂妮亚说"God defend (i.e. forbid) but that I should forsake the world as ye have done"（但愿我不会像你那样弃绝世界）。① 桂妮亚进了修道院：他说的"世界"意思是"世俗生活"。因此，布朗宁***笔下的修道院院长用的也是古义"So, boy, you're minded... to quit this very miserable world"（那么说，孩子，你是想……离弃这个悲惨的世界），② 他的意思是，出家做修士。

然而，大多数读者无需提醒都知道，*secular* 有两项词义。我们刚刚在讨论的那个意思是源于中世纪和基督教使用 *saeculum* 翻译 *aion*。另一项是书面语词义，源于 *saeculum* 的古典含义，即时代或世代。因此，延续了很多时代或世代的东西就是 *secular*。弥尔顿笔下的凤凰③是"secular"，不是因为凤凰跟教会

---

* 李尔（Edward Lear, 1812—1888）：英国诗人，以写"胡诌诗"（nonsense poems）著名。
** 油波波：李尔有一首诗名为 The Courtship of Yonghy-Bonghy-Bo（《油波波的求爱》），油波波是其中的主人公，他全部的家当包括两把椅子，半截蜡烛，一个掉了柄的水壶，这些就是他拥有的"世上所有的好东西"。
① 马洛礼，《亚瑟王之死》，XXI, ix。
*** 布朗宁（Robert Browning, 1812—1889）：英国诗人、剧作家。
② 《菲利波·利皮》，93。
③ 《参孙》，1707。

的连结不如其它鸟紧密，而是因为它的寿命比它们长得多——"几个时代的生命"。

Ⅸ．"WORLD B"和"EARTH"

World B，如我们所知，有两个义项。它可以指众域之域，不然就是那个小得多的领域，可以抵达、也更重要的地方，我们称之为"地球"。现下我们必须稍作定义。

不难发现，当我们从天文角度思考"地球"，很少会用 *world*。"the orbit of the world is between those of Mars and Venus"（世界的运行轨道位于火星和金星之间），这样说听起来很奇怪。当我们把"地球"称为 *world*，我们一般不是将她看作空间里的一个球体，而是作为自己的栖身之地，人类故事的场景，我们的旅行之地。所以会有"I wish to see the world"（我想去看看这个世界）①或"cost Ceres all that pain To seek her through the world"（西瑞斯万般痛苦 / 穿过整个世界寻找她），②还有"I still bear on the conquering Tartar ensigns through the world"（我仍然肩负着鞑靼征服者的军旗踏遍世界）。③这一限定今天仍然适用——但不是完全适用于复数形式 *worlds*。爱丁顿*

---

① 萧伯纳，《人与超人》，Ⅳ, i。
② 弥尔顿，《失乐园》，Ⅳ, 271。
③ 阿诺德，《邵莱布》，46。
* 爱丁顿（Arthur Eddington, 1882—1944）：英国天文学家、物理学家、数学家，以天文物理学方面的成就闻名于世。

思考"the habitability of other worlds"（其它世界的宜居性）。①
但关键是"宜居性"。如果这些星球被栖居，那么它们之于自己的栖居者，正如"世界"之于你我。称其 worlds 是基于类比。如果不存在栖居的可能性，我们也不会如此称呼其它星球；我还从来没听谁把太阳称作一个 world。

威尔斯*笔下的旅行者从月亮上返航时，先是看到"地球"越来越大。接着，几行之后，"it was no longer a planet in the sky but the world of man"（它不再是太空中的一颗行星，而是人类的世界）。② 从 earth 到 world 的转变恰恰代表了从天文到人类角度的转变。然而，即便是在天文语境里，"地球"也可以是世界，前提是有足够的情感理由。于是，爱丁顿可以说"the contemplation of the galaxy impresses us with the insignificance of our own little world"（对银河系的思索让我们深感自己那个小小世界的微不足道）。③ 把地球称作 world，他是在强调一个鲜明的对比，即地球对于我们而言如此巨大，但以恒星的标准它又是那么渺小。给它一个更大的名字，却最终让它更小了。

另一方面，world "众域之域"的意思用得越来越少；倾向于被 universe 取代。部分原因毫无疑问就是 world 的模棱两可带来不便。但是，名称的改变总是与我们对事物观念的改变相关。

---

① 《物理世界的本质》，p. 169。
* 威尔斯（H. G. Wells, 1866—1946）：英国科幻小说家、政治家，代表作《时间机器》。
② 《月亮上的第一群人》，XXI。
③ 《物理世界的本质》，p. 165。

很多世纪以来使用 world 的宇宙之义的人们很清楚自己是什么意思。他们心中的 world（或 mundus，或 kosmos）是依据古希腊和中世纪科学的描述：固定不动的球状"地球"位于正中，其余球体或"天体"环绕着它，体积和速度渐次递增，Primum Mobile（第一推动力）则环绕着一切。这一 mundus 有其内在的多样性：包含大气、变化和几率，向下延伸至最低的球体（月亮），在其之外即苍穹和必然性的永恒之所。这一切组成一个容易理解的模式，整个体系犹如一幢庞大的建筑物那样具有多样性的统一。当马洛说"the wondrous architecture of the world"（世界的神奇建筑），[①]architecture 这个词几乎谈不上是比喻。世界是一件伟大的艺术品，其"优雅"无与伦比（如我们所见）；完美：既不需要也不允许再做任何加工。

有些教科书的说法让人感觉，这个模型与之后取代它的牛顿版本的区别主要是前者更小。我觉得这错过了关键的一点。重要的区别有二。首先，前者有一个绝对的"向上"（离开地球）和"向下"（去往地球）。也就是说，尽管对我们来说夜空意味着极度抽象的距离概念，它对我们的祖先却意味着那个非常特殊、也远为具体的距离，我们称之为高度。那是一个会让人眩晕的世界。其次，它的巨大和无限都超乎想象。因此，它有形状。它与牛顿的宇宙之间存在的情感和想象维度上的差别也相应极大。旧时的 kosmos 因其大而让人心生谦卑，但又因其对称而令人心潮澎湃；人的内心可以带着全然的满足在这个宇宙中休憩。牛顿的

---

① 《帖木儿大帝》，873。

模型更像森林而不是建筑；没有边界，没有地平线。它激起浪漫主义情怀；它的前任符合古典的品味。因此，但丁、乔叟之辈无数次的空中漫步从来没有一次奏响过迷失、孤独和旷野恐怖之音，那是"空间"概念在帕斯卡和其他现代派那里激起的。我相信这种新的态度是从布鲁诺开始的。它最早触及英语诗歌是在弥尔顿的这句诗里：月亮

> Like one that had been led astray
> Through the heaven's wide pathless way
> （就像被引入歧途之人
> 穿过天堂宽阔的无路之道）。①

天堂之道一直是宽阔的；只是几个世纪前它才开始变得无路可寻。

  world 指以地球为中心的有序统一的 *kosmos*，这个用法时间很长，以至于它失去了指称"宇宙"的资格，如今我们是用 *universe*。旧模型一旦打破，我们意识到关于"众域之域"的具体知识也将永远无法企及了。我们现在需要一个词来指"有可能是整体的无论什么东西"，而不再是指某个具体的、可想象的客体，*universe* 就是这样一个词。更重要的是，打破旧模式的同一过程也赋予了 world 一个新的意义，只要这个词义不变，那么把整体称为 world 就是不可能的，一定会造成严重不便。

---

① 《沉思者》，69。

我之前引用过爱丁顿谈论"other worlds"（其它世界）的段
252 落。我们的祖先如果听到是会误解他的；不是因为他们从未讨论
过"许多世界"，而是因为这个表达对他们来说是不一样的意思。
对他们来说，许多世界的问题意味着"这个世界"——整个以地
球为中心的有序的 *kosmos*——是否是唯一存在的世界。它所包
含的其它星球是否可以住人不是关键所在。

柏拉图和亚里士多德①都坚持只有一个 *kosmos*。他们的观点
统领了几个世纪，最终还是有不同的声音响起，并非源自凡尘之
外尚存何物的猜测，②而是对凡尘内部秩序地图做修正的附带品。
先是哥白尼指出将太阳，而非地球，当作伟大布局不动的中心，
这具有方法论上的巨大优势。接着伽利略的望远镜让我们看到一
众月球围绕木星转动，正如地球按照哥白尼假设围绕太阳转动。
这一类比无法抗拒。卫星成了一个关键概念。其它观察显示，"固
定的"星星与地球的距离各有不同，绝不是嵌在某个天体中与地
球等距离。如果你还想在某个球体中定位这些星体，那个球体必
须巨大无比，也许是无限的厚度。但如果是这样，再把它看作一
个球体也毫无意义。原本是 *kosmos* 的墙体，现在变成不确定的，
253 或者可能是无限的，空间之洋，*kosmos* 则漂浮其间。*kosmos* 本
身也变成了太阳外加几个卫星。那么问题自然就来了，这些恒星
是否都有类似的追随者。如果真的有，那么那颗恒星，以及它的

---

① 《蒂迈欧篇》，30 c – 31 b；《论天》，276 a – 279 b。他们漫不经心地称之为 *kosmos*
和 *ouranos*（天堂），地球只是其中微不足道的一部分。

② 凡尘之外不存任何空间或时间之物。见《论天》，279a。

附属品，就有可能是跟我们相类似的一个体系：事实上就是"另一个世界"。因此，当早期的自然哲学家们讨论世界的复数，无论他们是用什么语言写作，无论他们用 *mundi* 还是 *mondes* 还是 *world*，他们就是在推测太阳系的复数。罗伯特·伯顿说："Why may we not suppose a plurality of worlds, those infinite stars visible in the firmament to be so many suns... to have likewise their subordinate planets as the sun hath his"（我们为什么不能假设有许多个世界，苍穹中无数的星星就是众多的太阳……和太阳一样它们也有自己从属的行星）；或者 "if there be infinite planetary worlds"（如果存在无数的行星世界）。① 法语也是如此。丰特奈尔*说，我们看不到围绕另一颗星星转动的（假设的）行星，是因为它们的光太弱了，无法在他们自己的体系之外还被看到；但这星星本身必然和我们的太阳一样，*le centre et l'âme d'un monde*（是世界的中心和灵魂）。② 另一方面，当他考虑月亮可以住人，却没有称之为世界，爱丁顿在类似的语境里可能会用"世界"，丰特奈尔用了地球：*que la lune est une terre habitée*（月亮是可以住人的地球）。③

显然，虽然这是当下的语言，*world* 几乎不能用来也指众域之域。除了历史学家，没人还记得 *kosmos* 的古老概念，文体需要的时候，但凡我们愿意又可以称宇宙为 *world* 了。于是丁尼生

---

① 《忧郁的解剖》，3, 2, 3; 3, 4, 1, 5。
* 丰特奈尔（Bernard Fontenelle, 1657—1757）：法国哲学家，科普作家。
② 《关于多重世界的对话》，V。
③ 同上，第二夜题下。

这样说："Look up thro' night: the world is wide"（抬头望天：世界宽广）。① 或者爱丁顿：

> Not the stars this time but universes stretch one behind the other beyond sight... But there is one feeble gleam of evidence that perhaps this time the summit of the hierarchy has been reached, and that the system of the spirals is actually the whole world
>
> （这一次不是星星，而是宇宙层层叠叠，遥不可及……但是尚有一丝隐约证据，也许这一次已经抵达九重天的至高点，这一螺旋系统也许真的就是整个世界）。②

这两处例子都不是普通用法。丁尼生是在写诗，单音节的古英语词总是更有力，也能产生更丰富的联想。而且他在押头韵；作为首字母的 w 也总是让人欲罢不能。爱丁顿显然不可能刚用完 universe 指部分，又用 universe 来指整体。但他选择 world 也有一种更阴郁、更让人无奈的宿命感。正如我前文所言，universe 的意思是"全部所包含的一切"。但作者此处是在说，"这一次"我们已经掌握了这一切到底是什么，我们的大脑抵达了它的尽头，我们可以说："这就是全部之所在"。于是，它在这一刻再次变成了以地球为中心的 mundus，一个确定物，也是唯一的存在

---

① 《两个声音》，24。
② 《物理世界的本质》，p. 166。

物。在此意义上，它配用古语 world。

《失乐园》的粗心读者有时候会忽视弥尔顿对 world 和 earth 使用上的精心区分，也因此错失了作者某些意象想象力的最伟大的成就。弥尔顿感觉到一种强烈的冲动，要表达某种新的空间意识。但那个有着围墙的优雅的旧 kosmos，无论可塑性还是联想性都更丰富，事实上除了某种特殊的（和浪漫的）崇高，它在任何方面都更丰富，弥尔顿也把这个旧宇宙的很大一部分保留下来。他的解决方法是把他的 world（kosmos 或 mundus）放进一个不透明的球形外壳中，用一个金链子把它悬在他的天堂的地板下，四周围绕着无限的混沌

> Without dimension, where length, breadth, and highth,
> And time, and place are lost
> （没有维度，长、宽、高、
> 还有时间和空间都迷失其中）。①

world 是一件人工制品；第七章就在描述它的制作。在世界之中，有外壳保护，他仍然可以享受旧时的美，"all this World beheld so fair"（这整个世界如此美好），② 天秤座和仙女座，"无数星星"，被它们围绕的地球"not unconform to other shining

---

① 《失乐园》, II, 893。
② 同上, III, 554。

globes"（与其它闪亮的星体无异），① 至高无上者，"金色的太阳""轻轻温暖着"② 整个护壳。护壳之外，在没有道路、荒芜的无限之中，弥尔顿成了（我们的第一位）太空诗人。他确实可能是赋予 space 一词太空之意的第一人。③

X. "WORLD B"作为价值度量

在十五世纪的《群妇之会》(539) 中我们读到："It was a world to look on his visage"（他的脸上能看到一个世界）。这句话的意思明确无疑。安妮·培根夫人*翻译朱尔主教的《为英国国教辩护》，将 operae pretium est videre 译作"it is a world to see"。如果把安妮夫人的翻译和朱尔主教的原作从头到尾对照一番，不难发现这是一位绝对值得信赖的译者；其泼辣完全不输伊丽莎白时代著名的译者们，同时还远比他们中的大多数更忠于原著。我们几乎可以肯定"it is a world to see"的意思是"it is very well worth seeing"（非常值得一看）。

为什么会发展出这个意思，在我看来很容易理解。一位我颇尊敬的学者对这一词义的发展有过一个解释，要不是我碰巧看到

---

① 《失乐园》，V, 259。
② 同上，I, 583。
③ 同上，I, 650。
* 安妮·培根夫人（Lady Anne Bacon, 1528—1610）：弗朗西斯·培根的母亲，精通多种语言，曾将朱尔主教（Bishop John Jewel, 1522—1571）的拉丁文著作《为英国国教辩护》翻译成英语。

这个很没有说服力的解释，也不会想到大费这番笔墨。这位学者注意到乔叟说鞑靼国王的音乐"lyk an hevene for to heere"（闻之如天堂）①；他相信"it was a world"的表达公式正是源自将 *heaven* 换成 *world*。但如果 *world* 仅仅是替代 *heaven*，有点莫名其妙。"如天堂般"意思是（通过夸张）"幸福如天堂"。没有人赞美任何东西时会说幸福如世界，因为没有人觉得世界幸福。

真相肯定是这样的：*world* 此处成了一个表示价值的词，因为它首先被当作一个表示数量的词。无论 *world* 是指 *mundus* 还是 *earth*，按照我们的标准，它都是非常巨大的。如果任何人有可能拥有它，都得是无比富有：如果任何人有可能将它拱手让人，他更是无比慷慨。这一概念在任何时代都很容易形成，而在一个以拥有土地为财富最明显、最常见标志的时代，就更不成问题：那是一个城池、省份、王国都可以当作嫁妆的时代。

基于这一观点，"it was（或 is）a world"的发展一目了然，它就是一系列上扬夸张的向上走的极限。

你给某个东西估价，最低可以说值一座城，或者不止一座城。如果亨利王要把伟大的巴黎城给你，条件是放弃你的爱人，257你可以这样回答：

> J'aime mieux ma mie, ô gué,
> J'aime mieux ma mie.
> （我更爱我的女人，咿呀嗨，

---

① 《乡绅的故事》，F. 271。

我更爱我的女人）。①

如果感觉城池还不够，你可以进一步抬价，跟着杜·贝莱*一起说 "ma pauvre maison qui m'est une province"（我的小破屋对我来说就是一个省）。如果一个省还是太小，你可以像雨果那样把它比作一个帝国：enfant, si j'étais roi, je donnerais l'empire（孩子，我若是国王，定会给你我的王国），等等。沿着这样的思路，语言最终一定会抵达 world。

事实上，一开始就已经抵达了；因为我给的例子是按夸张的渐强顺序，不是时间顺序。我们在《新约》里看到这样的用法："What good will it do a man to get the whole kosmos and lose his own psyche?"（得到全世界，却失去自己的魂灵，有什么好呢？）(《马太福音》, 16：26)。这样的用法不止盛行于一种语言；据我所知，所有语言皆同。于是我们有 je n'y manquerais pas pour un monde（就算给我全世界也不换），② 或者意大利语 la domestica che la spassava un mondo quella mattina（那天早上，这个女仆真是乐翻了天）。③ 英语中，我们天天都听到 "he thinks the world of her"（他对她的印象好上了天），或者 "I wouldn't hurt it for the world"（就算给我全世界，我也不会去伤害它）。

---

① 莫里哀，《愤世嫉俗者》, I, ii。
* 杜·贝莱（Du Bellay, 1522—1560）：法国诗人，七星诗社重要成员，文中句子引自他的小诗《尤利西斯的幸福》。
② 缪塞，《反复无常》, III。
③ G. 维万特，《魔法师的外甥》(Il Nipote del Mago) (1960), p. 69。

这就是人类的夸张热情,以至于一个 world 有时候都不够用。乔叟笔下的特洛伊罗斯说"Me levere were than thise worldes tweyne"①——我巴不得它好过这个世界翻一倍,好过两个这样的世界。

如我前文所说,量的概念的存在一般只是为了给价值概念提供依据。world 意思是"同世界一样大,因此也同世界一样宝贵";然而,有时它仅仅是定量的,如弥尔顿的"brought into this world a world of woe"(把满世哀伤带进这个世界),② 乔叟笔下的"a world of folk"(一世界的人),③ 以及《花与叶》(136)里的"a world of ladies"(一世界的女人)可能属于同一类。我们口语中的"a world of trouble"(一世界的麻烦)和"a world of difference"(一世界的差别/天差地别)是同类无疑。

如何给高尔下面这句话归类,我有些疑惑,他说有些人"couthe al the world of tricherie"。④ 这可能只是定量的,就像"满世哀伤"一样。也可能是更确切地指"he knew all there is to know of trickery"(他对骗术无所不知),他的骗术好比宇宙,不能再增加什么了。但还有第三种可能性。它可能是我们下一节将要讨论的用法的一个实例。

---

① 《特洛伊罗斯》, III, 1490。
② 《失乐园》, IX, 11。
③ 《特洛伊罗斯》, III, 1721。
④ 《情人的忏悔》, IV, 2078。

XI. 从属的"WORLDS"

太阳系如我们所知，是 *mundi* 或 *mondes* 或 *worlds*。这大大方便了——我不是说它引发了——我现在要讨论的用法。任何区域都可以被称为 *world*，前提是在一个特定语境中，它被认为是一个(相对)封闭的系统。这种用法最明显的、也可能是最早的例子是地理上的。美洲一经发现，就变成了"新世界"，而我们所知道的这块陆地就成了"旧世界"。培根说，史前的美洲有"far greater rivers and higher mountains than any part of the old world"(更大的河流，更高的山脉，远胜旧世界任何地方)。① 托马斯·布朗引用一句打油诗预言，"When the new world shall the old invade"(当新世界将旧世界入侵)；② 即当美国将入侵欧洲。多恩略作扩展，写道："Let sea-discoverers to new worlds have gone"(让海洋的发现者都去新世界吧)；③ 抑或吉本："Britain was viewed in the light of a distinct and insulated world"(英国被视为一个独特的、与世隔绝的世界)。④ 在这些例子中，被称为"世界"的区域从字面意义上来说就是"空间中的某个地方"。

在这些例子中，被戏称为 *world* 的领域是字面意义上的地方：某处空间。但它也可以是一个完全的概念领域，一个智力或精

---

① 《新亚特兰蒂斯》。
② 《杂著》，Tract XII。
③ 《早安》。
④ 《罗马帝国衰亡史》，Ch. I。

神环境。切斯特顿说,"St. Thomas Aquinas would have found himself limited in the world of Confucius"(圣托马斯·阿奎那在孔子的世界里会感觉受限)①——如果他不得不把自己局限于孔子使用的概念和价值观。诺尔斯教授说,"The author of the *Cloud* and Walter Hilton move in the same world of ideas and motives"(《云》的作者和沃尔特·希尔顿*在同一个理念和动机的世界里活动)。② 另一位作家告诉我们,胡话对爱德华·李尔来说,"became ultimately a world in itself"(最终变成了自成一体的世界)。③

在此意义上,一个人常居的世界可以被称为"他的"世界。因此,在 H.G. 威尔斯笔下,我们读到"Why didn't I stick to my play? That's what I was equal to. That was my world and the life I was made for"(为什么我没有坚持我的剧本?那是与我等值的。那是我的世界,我命定的生活)。④

在称任何这样的概念区域为 *world* 时,我们暗示它有一些内在的统一性和一种使它有别于其他区域的特征。但这一暗示的重要性因上下文和作者的风格而变化。当华兹华斯说"all the mighty world Of eye, and ear"(眼睛和耳朵的强大世界),⑤ 这

---

① 《永远的人》, II, i。
* 沃尔特·希尔顿(Walter Hilton, 1340—1396):英国十四世纪著名的神秘主义者,最早使用英语创作神秘主义作品。
② 《英国神秘主义传统》(1961), p. 42。
③ 《爱德华·李尔胡诌诗全集》, H. 杰克森(编)(1947), p. x。
④ 《月亮上的第一群人》, XIII。
⑤ 《丁登寺》, 105。

一暗示尤为强烈。视觉和听觉肩并肩,远离其他一切经验,既是感官的,同时拥抱距离。但是当济慈说"Daffodils And the green world they live in"(水仙花和它们所生活的绿色世界),① 这种塑形力量的冲击将一个转瞬而逝的画面框定并赋予统一性。华兹华斯的短语可能出现在散文中;济慈的几乎不会。

高尔的"al the world of tricks"(骗术世界)显然属于这个用法。骗术、杂耍之类可以是一个 world,就像可以存在金融或高等数学的世界,一个专家可以是那样一个世界的主人。

当所讨论的区域或环境属于一个特定的时间点,同时具备鲜明的特征,就不可能把这一义项与我们在第二节中讨论的 World(状态或时期)区分开来。阿诺德说,"Christianity was a new spirit in the Roman world"(基督教是罗马世界的一种新精神)。② 要问他指的是"罗马时期、罗马事态",还是"罗马人的思想和情感体系",那是毫无用处的。我想,他是有意识地指后者,因为他不是盎格鲁主义者,而且对 world 一词的中世纪用法也一无所知。但不管阿诺德愿不愿意,他指的就是高尔会称之为 world(时代)的对象。因此,语言中导致意义分离的迫切性有时也会使意义重新统一起来。

---

① 《恩底弥翁》,I。
② 阿诺德,《马可·奥勒利乌斯》。

XII. "WORLD"（人们）

我们早已不得不注意到，正如"街道"可以指住在街上的人一样，world——也包括 kosmos, mundus, saeculum 和 monde——可以指世界上的居民，人类。谁都能想起几个例子来。上帝的羔羊 "takes away the *harmartia* of the *kosmos*"（带走世人罪孽）(《约翰福音》, 1：29)。"The hope of the *mundus* was frustrated"（世人的希望落空了）。① "Blessed Cross on whose arms hung the ransom of the *saeculum*"（神圣十字架的臂弯上挂着世人的救赎）。② "*Toz li monz [tout le monde]* lies in her power"（所有人都在她的权力掌控之下）。③ "The Queen that (i.e. to whom) all this worlde schal do honoure"（全世界都敬仰的皇后）。④

以上有几个例句中的 world 可能是指整个人类，这是纯字面上来讲；更多时候，它是一种夸张，说话者也很清楚这一点。当夫人说 "Sir Wowen ye are alle the worlde worshipes"（高文爵士，全世界都崇拜您），⑤ 无论夫人还是作者都知道，很多人——愚昧的撒拉逊人和无知的农奴——从来没有听说过高文爵士。当

---

① 卢坎，《内战记》, V, 469。
② 福图内特斯（Venantius Fortunatus），《王旗前祷歌》(*Vexilla regis*)。
③ 《玫瑰传奇》, 1033。
④ 《珍珠》, 423-424。
⑤ 《高文爵士和绿衣骑士》, 1226。

约翰逊博士"向全世界"①揭露了这个鬼故事的真相,意思是他让好几百个人醒悟过来。

这一事实的重要性(足够明显)在于,夸张手法是 World(人们)词义内部产生分化的源头之一。夸张手法把一些人说得好像他们就是所有人。但是,根据说话者的观点,被选中的"这些人"也会各不相同。

可能就是指"大多数人":也就是说,假定的大多数,因为在这个用法背后很少有具体数据。world 所想的是"普通"或"大众"的观点;world 所做的是"平常"或"正常"的行为。蒙田说,Le monde ayt entrepris(全世界达成一致),②向意味独特的忧郁致敬。约翰逊博士说:"Madness frequently discovers itself by unnecessary deviation from the usual modes of the world"(疯狂常常因不必要的偏离世界的常规模式而自我发现)。他是在思考斯玛特*突然在街上跪地祈祷的习惯,也可能是任何他碰巧身处之地。约翰逊接着补充说,"rationally speaking it is greater madness not to pray at all than to pray as Smart didi"(从理性的角度来讲,完全不祈祷比像斯玛特那样祈祷还更疯狂些),但不祈祷者没发现自己疯狂,因为它不涉及对 world 模式,即大多数人的行为的偏离。司各特谈到一位女士时说:"In her case the world is good-natured, and perhaps it is more frequently so than

---

① 鲍斯威尔,《约翰逊博士传》,1763 年 6 月 25 日。
② 《随笔集》I, ii.
* 斯玛特(Christopher Smart, 1722—1771):英国诗人,约翰逊博士的朋友。

is generally supposed"(看她的例子就知道,世人都是好心肠的,也许比一般以为的更常见些)。① 也就是说"大多数人比大多数人想象的更善良"。

当我们讲大多数人时,通常是暗示了两种含意的其中之一。我们可以暗示"大多数人,但当然不是我们自己",或者"大多数人,因此当然也包括你我"。上文引用的蒙田语属于第一种;事实上他之前的话已经说得很明白了。这时候 world 就略带贬义,可能与神学上贬义的用法有关联。下面这几句柯珀的诗里,更突出的究竟是挑剔的退休人士对大多数人的厌恶,还是福音派人士对"世俗者"的谴责,就很难说了:

> How various his employments whom the world 263
> Calls idle; and who justly, in return,
> Esteems that busy world an idler too!
>
> (*Task*, III, 352)
>
> (他的职务如是多样,世人
> 倒称其闲散;作为回敬,他也公道地,
> 看世人是懒汉!)

如果是相反的暗示("因此当然包括你和我"),*world* 就与说话者认为是古怪、粗鲁、限制性的某个特殊圈子或生活方式形成对比——某种"暗戳戳"的事。这样看时,*world* 通常会由"真正

---

① 《日记》,1826 年 11 月 13 日。

的"、"成年人的"或"真实的"这样的形容词来支撑。司各特谈到"good sense and knowledge of the world picked up at one of the great English schools"（世人的良好判断力和知识，习自诸多伟大的英国学校之一）。① 这所学校消弭了地方主义和古语，纠正农村家庭的奇葩观念：把一个男孩变成，就像美国人说的那样，"自己人"。同样，他说："One knows nothing of the world if you are absent from it so long as I have been"（如果你离开这个世界的时间和我一样长，那你对它也是一无所知）。② 这里的 world 是指伦敦，被认为是政治、时尚和文学"关系"的中心。几页之后，它的意思乍看之下又完全不同：他"knows the world, having been a good deal attached both to the turf and the field"（了解这个世界，对草地和田野都有很深的感情）。③ 但是同样的语义原则仍然在起作用。伦敦作为 world，与爱丁堡和阿伯茨福德形成对比，因为后者被认为是特殊的、封闭式的，而非流行或标准的。赛马和狩猎，喧嚣热闹、鱼龙混杂，与更谨慎、更具筛选性、更有教养的生活形成相似的对比，而这种生活又可以被认为是特殊的或封闭式的。在所有这些用法中，world 都是你走出自己生活圈时遇见的对象，无论你意愿如何，你通常都只生活在小圈子里。

这就解释了一个奇怪的事实：称一个人 worldly（老于世故）

---

① 《日记》，1826 年 8 月 25 日。
② 同上，1826 年 10 月 7 日。
③ 同上，1827 年 3 月 27 日。

是贬义的，而称其为"a man of the world"（阅历丰富者）却属恭维。约翰逊博士会激烈地否认，或者(更有可能)颜愧声颤地承认，自己老于世故，但他颇为自得地说"I am a man of the world"（鄙人通晓世事）。① 这话的意思是："鄙人不再是来自利奇菲尔德的粗野校长，亦非博学的霍屯督人，甚至也不是埋头苦干的词典编者。我熟门熟路。我深谙套路。我是个礼数周全之人。无需谁来体谅我。我可以见任何人——甚至可以不时见见威尔克斯一家。"因此，有人说他不是一个通晓世事之人时，他便愤愤不平起来："您这是什么意思，先生？您把我当什么人了？您认为我对人情世故如此无知，以至于您想象我会去告诉一位绅士，他应该和什么人一起用餐？"②

布朗宁的诗《忏悔者》中那位不情愿的修女说

"Lies", "They lie", shall still be hurled
Till spite of them I reach the world.
（"谎言"，"他们撒谎"，谎言将继续横行，
直到我抵达世界，尽管有谎言）。

这里的 world 承载双倍重量。它(显然)是 *saeculum*，世俗生活意义上的世界。但它也强调外界：自由、开放、共同的人性的世界。

---

① 鲍斯威尔，《约翰逊博士传》，1763 年 7 月 14 日。
② 同上，1776 年 5 月 15 日前不久。

在所有这些例子中，*world* 的对立面都是少众（如此而已）或某些特殊的、受限制的群体。但也有一种几乎相反的用法。World，加上一些特定的形容词，本身可以指一个特定的群体，因此通常是少众。然而，例子都有些模棱两可。艾迪生谈到 "reforming the female world"（改革女性世界）；① 阿诺德的 "the literary world"（文学世界）② 或 "the Paris world of letters and society"（巴黎文学和社交界）；③ 约翰逊谈及某人的举止，"when first he set his foot in the gay world"（当他第一次踏入欢快的世界时）。④ 这些 *world* 的词义模棱两可，因为不可能分清它们是指人的 *World*，还是指次要领域的 *World*。我的感觉是，无论如何，阿诺德是在考虑一个社会环境，一个相对封闭的体系，而约翰逊只是指欢快的人群。艾迪生的"女性世界"也许是为了将女性具体化，集合起来，就像济慈的"绿色世界"之于水仙花。另一方面，他的短语可能并没有更深层次的源头，只是出于对女人这个词的好奇的恐惧，十八世纪和十九世纪早期的诗歌充满仙女和女性，就是源于这种恐惧。诚然，这些区别也是微乎其微。

前面不加形容词的 *world* 可以指一个特定的人群，但这个群体自认为是标准，即所有群体渴望实现的理想状态：总之，就

---

① 《卫报》，116。
② 《朱伯特》，《批评论文集》。
③ 同上。
④ 鲍斯威尔，《约翰逊博士传》，1763 年 12 月 8 日。
* 大写的"社会"：不是一般意义上的社会，而是作为特殊名词专指特定的上流社会。

是一个大写的"社会"*。当沃顿说蒲柏显示自己是"a man of gallantry and of a thorough knowledge of the world"（一位洞悉世界的勇士）。① 我相信这种用法并不是英语内部发展的结果，而是为了翻译法语的 le beau monde（或者就是 le monde）。这个法语表达常常被直接借用，意思是一样的，比如蒲柏的这句诗：

This the Beau monde shall from the Mall survey,
（上流社会将站在摩尔大道上观摩），②

或者切斯特菲尔德笔下，"A man who thinks of living in the great world must be... attentive to please the women... they absolutely stamp every man's character in the *Beau monde*"（一个想在伟大世界里生活的男人必须……细致取悦女人……在上流社会，每个男人的性格都会留下女人的烙印）。③ "伟大世界"和"上流社会"可能几乎是同义词。

我怀疑这个法语表达本身是由于 monde 一词的演变促成的，在英语 world 的历史中找不到类似的演变。这两个词，就它们指人类而言（通常带有夸张的意味），可以说是指人群。但是 monde 可以指任何一群人，无论多小、多短暂的聚合，无论他们是否有任何统一的特征，而 world 却不能。在这个意义上，

---

① 《夺发记》，尾注。
② 同上，V, 133。
③ 《伯爵家书》，旧历 1748 年 9 月 5 日。

monde 可以被定义为"孤独的对立面";最接近的英语对应词是 company（伙伴）。所以我们有 *je ne compte pas sur grand monde aujourd'hui,*①意思是"我想今天不会有很多人"。

既然有了这个词义，就可以很自然地问，比如，在某个特定的时刻，巴黎是否有 *beaucoup de monde*（很多人），就像一个英国人可能会问："城里有很多人吗？"但如果你如实回答（有数百万人），就会显示出一种误解。提问者是想知道，是否有很多某一特定阶层的人，他可以拜访或与之共进晚餐的人。因此，*monde* 可以指阶级，就像 society 可以指上流社会一样，没什么奇怪的。它甚至也不是一个多么傲慢的词。开学时，一位本科生说"几乎还没有人起床"，他的意思是"几乎还没有一个本科生起床"，而一位学监说同样的话，他的意思就是"几乎还没有一个研究员起床"。这是世界上最自然的说话方式；投桃报李，双方都没有理由感到被冒犯。也许正是经由这样的过程，*monde* 才有了"时尚人士"的意思。你想表达得更明确可以说 *beau monde*，但其实没必要。

既然我们也从法语里借了 *demi-monde* 和 *demi-mondaine* 这两个词，就此说几句也没什么不妥。②这是一个奇怪的有关语言浪费的故事，但绝非独一无二。Demi-Monde（《半上流社会》）是小仲马 1855 年出版的一部戏剧的名字，他在作品中非常清楚地解释了这个词组。*demi-monde* 里都是拥有"过去"的

---

① 缪塞，《一扇或开或关的门》。
② 接下来的内容受益于法国旺沃省的 G. 古根海姆教授，本人不胜感激。

女人 (*une faute dans leur passe, une tache sur leur nom*)。她们的共同之处是 *l'absence de mari*（丈夫缺席）。她们受此牵连，因此不再是 *le monde*（上流社会）的一员。不要把她们和妓女混为一谈，甚至不要把她们和 "顶级" 妓女、伟大的交际花，混为一谈。小仲马创造这个新词的全部目的，就是要给一个处于世界边缘的还没有名字的阴暗区域命名。因此，他在 1868 年写的序言中重复这个词组的正确含义，其懊丧情有可原。他抱怨说，人人都把 *semi-monde* 理解为 *la cohue des courtisanes*（吵吵闹闹的交际花）；而他的本意则是指介于合法妻子与娼妓之间的那种女人。"*il commence où l'épouse légale finit et il finit où l'épouse vénale commence. Il est séparé des honnêtes femmes par le scandale public, des courtisanes par l'argent*"（她们与良家妇女之间的区别在于违背了公序良俗，与高级妓女之间的区别在于她们不搞钱色交易）。但这一切都无济于事。有这样一个词摆在面前，可以满足某个语言需求，而法国人还是宁愿用它来指另一个意思，虽然后者早已有了好几个名字，之后英国人也学了样。

　　有抱负的新词学家会吸取教训。你可以发明一个词。它可能会被接受。它甚至可能流行起来。但不要指望它会保留你给它的义项，哪怕你可能解释得极为详尽。不要指望它被赋予的义项会派上一点点用场。聪明的小作家用起新词来眼明手快；但不过是像寒鸦衔起珠子和玻璃。

10 LIFE

I. "LIFE"(具体的)

"生命是什么",这是生物学家和哲学家讨论的问题;我们的任务没这么艰巨,就来看看人们用 life 这个词表达什么意思,或者,更严格来讲,有可能指哪些不同的事物。但凡有可能找出这个词最早的义项,我们自然可以从那里出发。但是,我们甚至没法确定存在清晰可辨的所谓"最早的义项"。一说"最早义项",就意味着这个词一开始肯定有一个单一的、严格同质的含义。有些词——比如"三角形"或者"膝盖"——可能就是这样开始的。而更多的词不是这么回事。因此,我必须安于不是从能被证明最古老的词义出发,而是从在我看来最简单、最直接的词义出发,即从人们在实践和情感推动下最充分意识到的词义出发。

life 在这一意义上就是指人或其它任何有机体在死亡时失去的东西。它是具体而个体性的,是"属于"某人或某物的生命。一个人的生命是"他的",正如他的胡子是"他的",也可以像他的胡子那样被移除。在希腊语中一般是用 aion。阿喀琉斯害怕苍蝇和蛆虫会盯上帕特罗克勒斯，因为他的 aion 已经不在。①会有人说"Let aion leave me"（让 aion 离了我吧）（让我死吧）。②杀死某人就是夺走他的 aion。③有时候也用 zoe；我们在品达笔下读到一场"death-and-zoe struggle"（死与 zoe 之较量）。④psuche 一词也能用作这个义项。阿喀琉斯追赶赫克托，两人都用脚跑，那是一场对赫克托的 psuche 的争夺。⑤不过一般来说，psuche 有其它两个词所缺乏的引申义。它可以暂时性地离开一个人。当他们把长矛从萨耳珀冬的伤口中拔出，"his psuche left him but was soon breathed back into him again"（他的 psuche 离开了他，但是很快又被吸入他体内）。⑥而且，即便 psuche 永远离开某人，显然也可以追问它去了哪里——这样追问 aion 或 zoe 是没有道理的。所以有"a psuche and phantasm (eidolon) in the house of Hades"（冥王府中的 psuche 和幻影）一说。⑦但这一 psuche 不是"本人"或"真实的人"。身体是真实的人。一场战役之后，亡者的 psuchai 去到冥界，但是"人们本身"被鬣狗秃鹰分食。⑧更奇怪的还有，赫拉克勒斯这样一位

270

---

① 《伊利亚特》XIX, 24-27。
② 同上，V. 685。
③ 埃斯库罗斯，*P.V.*, 862。
④ 《涅墨亚》, IX, 29。
⑤ 《伊利亚特》, XXII, 161。
⑥ 同上，V, 696。
⑦ 同上，XXIII, 104。
⑧ 同上，I, 3-4。

半神，他"本人"生活在诸神之中，而他的幻影却留在冥界。① 这些都是早期的用法。

之后，*psuche* 一词经历了两次意义深远的发展。其一是成为了完全神学或圣灵学意义上的灵魂，无形，具有智慧，且永恒不朽之实体。与荷马笔下的 *psuche* 不同，意为灵魂的 *psuche* 恰恰是人本身，而肉体则被视为其临时的牢笼。② 另一路的发展则让这个词抵达了亚里士多德笔下高度技术性和生物性的含义。

在拉丁文中，人死时会失去 *anima*，这个词常被等同于气血之物。"You could see the weary *anima* breathed out"（你能看到已然耗尽的 *anima* 被呼出），奥维德写道；③ 一位伤者"vomited his *anima*"（吐出他的 *anima*）。④ 也可以用 *vita* 一词。当图努斯被杀死，他的 *vita* "fled, full of resentment, to the shadows"（满怀愤恨，逃入阴影之中）。⑤ 和 *psuche* 一样，*anima* 和 *vita* 可以被认为在人死后仍独立存在于某处。墨丘利将 *animae* 指引去幸福的栖所。⑥ 在另一处 *vitae* 似乎是无形的存在体，从未属于人。⑦

身为基督徒的盎格鲁-撒克逊人比古人更坚信，每个人都拥有一个死后依然存在的实体，但他们不称其 *lif*，而是用 *gast* 或 *sawol*。*lif* 为身体所有："when my *lif* goes from my body"（当

---

① 《奥德赛》，XI, 601-604。
② 柏拉图的《斐多篇》也许是对这个主题最全面的阐释。
③ 《变形记》，XV, 528。
④ 《埃涅阿斯纪》，IX, 349。
⑤ 同上，XII, 952。
⑥ 贺拉斯，《颂诗》，I, X, 17。
⑦ 《埃涅阿斯纪》，VI, 293。

我的 *lif* 离开我的身体）①——"separating *lif* from body"（让 *lif* 离开身体）。②或者也可以反过来说，不是 *lif* 离开身体，而是人也可以"depart from *lif*"（告别 *lif*）。③严格来讲，这牵涉到这个词另一个略有不同的义项。它不再是一个个体的属性；它是一个场景，人在其中已经得享其份，眼下他要退场了。但是，蒲柏笔下被射中的云雀"fall and leave their little lives in air"（坠落，离开它们空中的小小生命），④不是这一词义的使用。因为它们的生命（their lives）是复数形式，因此也是个体属性的。这一表达异想天开，不合常规，因为蒲柏是在模仿维吉尔描写鸽子被箭射中的句子，*vitamque reliquit in astris*（离开了它在空中的生命），⑤而维吉尔用的也是某种奇想手法。

中古英语中的 *life* 可以是"一条生命"的意思，因此也就是指一个人。于是高尔这样描述笔下的一位女主角"and every lif hire loveth wel"，⑥每个人都很喜欢她。洪水吞没了全人类，除了八个人，"outake lyves eyhte"。⑦十五世纪苏格兰诗歌《国王书》开篇，诗人想象钟声在对他说"Tell on, man, quhat the befell"（说吧，人，你经历了什么）。然后他让自己起身，说道

---

① 《贝奥武夫》, 2743。
② 同上, 731-733。
③ 同上, 2471。
④ 《温莎森林》, 134。
⑤ 《埃涅阿斯纪》, V, 517。
⑥ 《情人的忏悔》, II, 1225。
⑦ 同上, VIII, 81。

> This is myn awin ymagynacioun;
> It is no lyf that spekis unto me.
> （这是我自己的想象；
> 不是有生命在对我说话）。①

——不是真的有人在说话。

II."LIFE"（时间的）

　　某种状态或条件的名称不可避免地会被用来命名那一状态或条件所延续的时间。*Presidency*（总统职位）是某一职位的名称，但是一个人的 presidency（总统任期）则是他担任总统的时段。*Life* 属我身体所有，但我的 *life* 也是我身体拥有它的时段。因此"he had reached the end of transient life"（他已抵达短暂一生的终点），② 或者 "Ther loved no wight hotter in his lyve"（从未有人如此热烈地爱过），③ 或者 "nothing in his life became him like the leaving it"（他一生行事，从未像临终时那么得体）。④ 这一量化含义是 life 从特殊指代转向一般指代的最早途径之一。于是它就有了正常生命长度的意思，有机体可存活的年数。如果我们不说明是哪种有机体——比如，"橡树的生命"还是"小虫的

---

① 《国王书》，II, 12。
② 《贝奥武夫》，2844-2845。
③ 乔叟，《贞女传奇·序言》，F. 59。
④ 《麦克白》，I, iv, 7。

生命"——那么就可认定是指人体的生命。因此，会有古希腊名医希波克拉底的名言"*Bios* is short but *techne* is long"（生命短暂，技艺漫长），也有拉丁文的 *ars longa, vita brevis*（艺术悠久，生命倏忽），以及乔叟的"The lyf so short, the craft so long to lerne"（生命有限，学艺无涯）。①

III."LIFE"（质的）

正如我们在 world 一词的发展历史中所观察到的，时段不仅有长度和位置，也有质量。一个人的 *life*，意指他活着的时段，可以从不止一个方面做质的考量。

（1）从伦理的角度。奥古斯都死后，塔西佗说，"his *vita* was diversely praised and censured"（对他的 *vita*，褒贬不一）。② 有一句中世纪的俏皮话，说一位主教大人参观一座女修道院，*vitam inquirere*，为了视察其成员的 *life*。③ 杰里米·泰勒引用 1626 年印刷的弥撒书里的一句祷告词，一个已死之人，即便他完全救赎无望，"may enjoy a refrigerium amidst the torments which now, perhaps, he suffers, for we have little confidence in the quality of his *vita*"（也许此刻也正经历折磨，但仍可以享受吊宴*，因为我

---

① 《众鸟之会》，I。
② 《编年史》，I, ix。
③ 《勒米尔蒙大会》(*Concilium in Monte Remarici*)，52。
* 吊宴：古罗马时期人一周年死祭时，会在其坟墓旁摆祭奠宴席。

们对他 vita 的质量知之甚少）。① 英国公祷书上有一条请愿，祈祷主教和副主教们能"both by their life and doctrine"（同时以他们的生命和教义）来阐释神的话语。特拉赫恩*意欲指出人之所以堕落，是因为有样学样，而非遗传，他这样说"it is not so much our parents' loins as our parents lives that enthralls and blinds us"（令我们受缚、蒙昧的，与其说是父母其人，不如说是其人生）。②

274 在此意义上，人的 life 是他行为举止的基调。我们姑且称之为 Life（伦理）。

（2）但是一个人的 life 也可以指他的命运，或命数。"We desire a quiet life"（我们渴望平静的生活），拉蒂默说。③ "All men desire to lead in this world a happy life"（人皆渴望在世上过幸福的人生）胡克说。④ 梅斯菲尔德**描述一个生于不幸之家的女孩"enduring life however bleak"（忍受着无论多么凄惨的人生）。⑤ 因为某些原因，我发现很难在早期文学中找到这种用法的例子，但是我们总在日常交谈中这样用——悲惨的人生，安逸的人生，受庇护的人生。如果我们将"He lives the life of a beast"（他过着野兽般的生活）与"he has a dog's life"（他过着猪狗不如的生活）做对比，差别就很明显。前者是 Life（伦

---

① "耶稣降临"，pt. 3,《著作集》，ed. Heber (1822), vol. V, p. 45。
* 特拉赫恩（Thomas Traherne, 1637—1674）：英国散文家，诗人，曾任圣公会牧师。
② 《世纪沉思》，III, 8。
③ 《主祷文》，v。
④ 《教会政制法规》，I, I, X, 2。
** 梅斯菲尔德（John Masefield, 1878—1967）：英国诗人、作家。
⑤ 《狐狸雷纳德》。

理)：他行为像野兽。后者不是在讲他的行为，而是说他被当作猪狗对待。我们不妨称之为 Life（际遇）。

（3）还有第三种义项，虽然可能隐入以上两种义项之一，仍然有一个区别于二者的核心语义场。每当我们说起一种户外 life，或者已婚、职业、平民或游牧 life，我们就是在用这个含义。因为其中任何一种都可以在伦理上是好或是坏，也都既可能悲惨，也可能幸福。当《皆大欢喜》里的老公爵问 "Hath not old custom made this life more sweet Than that of painted pomp?"① （传统习俗难道不是让生活比虚饰浮华甜蜜多了？）就是这一含义。与 "way of" 搭配使用时这一含义常常被强化，比如约翰逊博士说的 "we must think of some other way of life for you."（我们必须为你设想另一种生活方式。）② 我们把这一含义标识为 Life（日常）。

上述三种用法拉丁文 vita 都有。前文已经提到过塔西佗笔下有 Vita（伦理）。奥维德笔下有 malae taedia vitae，③ 我悲惨生活中的罪恶，这是 Life（际遇）。维吉尔的田园生活 nescia fallere④（它从不"让你失望"），或者贺拉斯的 "by way of an unobtrusive life"（以一种低调的生活方式），fallentis semita vitae⑤，都属于 Vita（日常）。

---

① 《皆大欢喜》，II, i, 2。
② 鲍斯威尔，《约翰逊博士传》，1775年3月27日。
③ 《黑海书简》，I, ix, 31。
④ 《农事诗》，II, 467。
⑤ 《书信集》，I, xviii, 103。

在希腊文里，指 Life（际遇）的最常见的词可能是 aion。
"What sort of aion will you have after this?"（从今往后你会有怎样的 aion？）① 歌队在珀琉斯经历丧亲之痛时这样问他。即便是最幸运的英雄，品达如是说，也并不拥有一帆风顺的 aion。②

当奥德修斯对欧迈俄斯说"you have a good bios"（你有好的 bios）③，他的意思显然是"你有个好主人，吃喝管够"，所以 bios 这里是 Life（际遇）；但我没有在别处再找到 bios 有这个用法。大多数时候，bios 都是 Life（日常），所以我们在亚里士多德笔下读到游牧、农业、渔民、或者猎人的 bios。④ 希罗多德则用 zoe 表达这一含义，⑤ 或许是经由 zoe 表示"生计"的过渡用法。

对有些读者来说，这些区分看似过于精细，但事实上，时至今日它们仍然没有细致到足以涵盖 bios 一词的所有含义。与游牧、渔民等等的 bioi 相并列的是一种不同的分类。亚里士多德区分了三种"显要"bioi：享乐的，政治活动的，以及沉思的（或研究的）。⑥ 它们部分是日常意义上的区别，但是毫无疑问也有伦理上的区别。古希腊关于幸福（eudaimon）生活的概念很难简单地归于 Life（命运）或 Life（伦理）。斯多葛学派声称美德会让一个即便正经受酷刑的人感到幸福，这是一种极端。梭伦*的

---

① 欧里庇得斯，《安德洛玛克》，1214。
② 《皮提亚》，III, 152 sq。
③ 《奥德赛》，XV, 491。
④ 《政治学》，1256 a sq。
⑤ 《历史》，IV, 112。
⑥ 《尼各马可伦理学》，1095b。
* 梭伦（Solon, 630—560 BC）：古希腊著名政治家、改革家。

告诫（"Call no man happy till he's dead"［不要说任何一个未死之人是幸福的］），将幸福等同于命运，是另一种极端。亚里士多德说，一个人若行事皆遵从优秀的标准（arete*），则他的 bios 将是 eudaimon（幸福的）。① 但是这句话并不像它看起来那么合乎伦理道德。首先，因为亚里士多德后来承认，这样的生活需要某些特定的命运际遇；其次，因为 arete 本身是远比英语中的"美德"（virtue）更狭义的一个道德词汇。arete 包含的不仅仅是"善"的意思，而且是在很多事情（包括道德）上"善"，而且亚里士多德对幸福生活的定义与我们认知中的完全文明的生活很接近，由命运提供的各种原材料（如健康、平和、能力）全都物尽其用。幸福几乎是一种生活方式。

　　我觉得 bios 这个词的侧重点几乎总是在行为上；几乎只有一次发现它被用来指命运。这一发现结合 bios 也指对某人一生的文字记录这一事实，能让我们对早期传记作家的写作有一些新的认识。这些古代传记作家，一直到沃顿**为止（苏埃托尼乌斯可能是个例外），对现代读者来说都显得很吝啬。他们很少花精力重构主人公的生活环境，对于身为主人公是什么感觉，我们几乎毫无头绪。对此的解释，我觉得就在于，这些作者致力于呈现的是主人公的 bios，即他的行为，至于他的日常生活，或者他的命运际遇，则除非能服务于主旨，否则无需赘述。他们不期待读者对主人公的经历本身有太多兴趣；重要的是他如何应对各种经

---

*　Arete：古希腊语"尽善尽美"之意。
①　《尼各马可伦理学》，1179a。
**　沃顿（Izaak Walton, 1593—1683）：英国作家，以传记作品闻名。

历，他说了哪些名言警句，以及他创下的或惊人或具有进步意义的先例——一言以蔽之，他的生活方式。

IV．"LIFE"（"人的共同命运"）

正如 Life（时间的）可以泛指一般生命长度，Life（质的）亦可泛指人从生到死之经历的共同特性——所有人都会经历的。这几乎总是 Life（际遇）而非 Life（伦理）的泛指。因此悲观主义者说，灾难很可能降临，因为"Life being what it is"（生命如是），但是残忍和背叛很可能发生，因为"人性如是"。

希腊语中的 Life（共同命运）是 bios。亚里士多德说，"Tragedy is an imitation not of personalities but of action and bios and happiness"（悲剧不是对人格的模仿，而是对行动、bios 和幸福的模仿）。① 拉丁文 vita 用法相同。"The fear of hell disturbs human vita"（对地狱的恐惧困扰人的 vita）。② "Vita is neither a good nor an evil, but the field in which both good and evil occur"（Vita 既非善，亦非恶，而是善恶共存之地）。③ "Menander delineated every image of vita"（米南德勾画了 vita 所有的画面）。④

life 在英语这门语言的各个历史阶段都是这样使用的。那位盎格鲁-撒克逊诗人这样说，"I can see no reason, why my

---

① 《诗学》，1450a。
② 卢克莱修，《物性论》，II, 38。
③ 塞内加，《道德书简》，XLIX。
④ 昆体良，《雄辩术原理》，x, i。

mind should not grow dark when I consider the whole *lif* of men" 278（当我思索人的 *lif*，我必定会郁郁寡欢，为什么不呢）。① 再往后这样的例子也俯拾皆是。麦克白的名句"Life is a tale told by an idiot"（人生如痴人说梦）②；"When I consider life, 'tis all a cheat"（我思索人生，不过一场骗局）；③ "Human life is everywhere a state in which much is to be endured and little to be enjoyed"（人生处处都是无穷苦难和些许欢愉）。④ 朗费罗的诗句 "Life is real! Life is earnest!"（人生何其真实！人生何其诚挚！）⑤ 诗歌就是 "a criticism of life"（对人生的批判）。⑥

理解这些如履平地。但是现在我必须转向那些对我来说很难解的现代用法。

亨利*这样写 "Life! Life! Life! 'Tis the sole great thing this side of death"（生命！生命！生命！这是死亡另一面唯一伟大之物）。⑦

切斯特顿说 "Our attitude to life can be better expressed in terms of a kind of military loyalty than in terms of criticism and approval"（我们对人生的态度与其说是批评或赞许，不如说是

---

① 《游荡者》，59-60；cf. 89。
② 《麦克白》，V, v, 24。
③ 德莱顿，《奥朗则布》，IV, I, 33。
④ 约翰逊，《拉塞拉斯》，XI。
⑤ 朗费罗，《人生颂》。
⑥ 阿诺德，《诗歌研究》。
* 亨利（W. E. Henley, 1849—1903）：英国诗人、批评家。
⑦ 《山楂与薰衣草》，XL。

一种军人般的忠诚）；还有，自杀"is the ultimate and absolute evil... the refusal to take the oath of loyalty to life"（是终极而绝对的恶……是拒绝许下忠诚于生命的誓言）。①

一本大学期刊赞扬一位作者的作品，因为"like tragedy, it is ultimately for and not against life"（正如悲剧，它在根本上肯定而非否定生命）。②

一位女信友对我说，她加了括号："not to love life is blasphemy"（不爱生命即为渎神）。

贾勒特·克尔神父提及利维斯博士："he is explicit that life is above all to be affirmed"（他明确表示，生命高于一切，值得肯定）。③

利维斯博士本人则这样评价劳伦斯："It was not possible for him to be defeatist. The affirmation of life was always strong in him"（他不可能是失败主义者。他始终怀有对生命的强烈肯定）。④

R. 博尔特先生在《星期日泰晤士报》⑤的杂志版块里有这样一句话："If Man destroys himself, it will be because his hatred of life is stronger than his love of life, because his greed, aggression, and fear are stronger than his self-denial, charity, and courage"（人若自毁，皆因其恨生命强于爱生命，其贪婪、

---

① 切斯特顿，《异教徒》，V。
② 《德尔塔》，1961 年 2 月 23 日，p. 28。
③ 《文艺评论》季刊，II，1952 年 10 月 4 日，p. 358。
④ F. R. 利维斯，《D. H. 劳伦斯》(1957)，p. 28。
⑤ 《星期日泰晤士报》，1961 年 1 月 29 日，p. 25。

好斗、恐惧有余,而克己、仁爱、勇气则不足)。

这些例子中的 *life* 是否指"共同命运",这是难点所在;若确实如此,则该词义精确到什么程度,又是如何排除了其它义项?

如果亨利的意思是"共同命运",则他的名句无异于废话。但我也想不出 *life* 的其他词义,可以让这句话不那么像废话。无论 *life* 这里指"共同命运",还是"一般生命长度",或"行为"、"命运"、"日常",或仅仅是有机体的存在状态,它当然不仅是死亡另一面"唯一伟大之物",而且就是唯一之物(你死之前都会一直活着)。你还不如跟我们说,早晨是中午之前的唯一伟大之物,或者未成年是你二十一岁生日之前的唯一伟大之物。显然,亨利是用 *life* 意指生命中(我们活着的岁月,或我们的命运或行为中)被他赋予了很高价值的某些元素或情形;只是他这么用 *life* 这个词,让我们完全猜不出他到底意指什么样的元素或情形。

另一方面,对于自己认为什么有价值,博尔特先生倒是说得很清楚。他看重的自然就是克己、仁爱和勇气。问题在于,他为什么偏偏将这几样美德描述为"爱"生命,而与之相对的恶习就成了"恨"生命。说"恐惧"是"恨生命",可大多数人主要的恐惧对象明明就是死亡;说"勇气"是"爱生命",而现实中勇气恰恰包括视死如归——这样的说法分明是悖论。毫无疑问,你可能会说,勇气和仁爱的行为往往是,也始终应该是,出于对邻人生命的爱。但是,这不过是显明了抽象谈论对生命之爱的无用性。个体和物种的生命总是处于潜在的、也往往是现实的竞争之中。只要你愿意,博尔特先生赞成和谴责的行为,都可以同样被看作"爱生命",尽管我更愿意称之为爱食物、爱自由、爱幸福,等等。只是,无论怎么个说法,真正的问题在于,是谁的食物(或自由)。或者这样问,博尔特先生的意思是不是说,贪婪、好斗以及其它此类恶习长远来看会摧毁所有(人类)生命,因此可以被称为对生命"有害"或"敌对"——既然敌对,就可以称之为"敌人",既然是敌人,就可以视之为"恨"生命?但这就成了把一个隐喻变成一则神话了。人自身的行为在事实上会阻遏某种事态,但这事态不一定就是人所厌恨的,同样人也不一定就热爱自身行为会促成之事。懒惰之人并非不想通过考试;好色之徒也未尝热爱梅毒。

把博尔特先生句子中的 *Life* 理解为"共同命运",我想是不可能的。把对人类命运的乐观或悲观估计与不同程度的自私和利他联系起来,这毫无道理。因此我们可以把亨利和博尔特先生一并从这名单上划去了。两人都将 *life* 用作一个带价值判断的术语;博尔特先生指向道德品质,亨利指向什么则无从知晓。但是,我们会看到,他们二位对 *life* 一词的用法都为一种不同寻常的语言状况做了宝贵的见证。

那位大学生赞赏作品是因其"肯定而非否定生命",在我看来,他所说的 *life* 正是指"共同命运"。他以反抗的姿态引悲剧为正例——有人会认为悲剧"否定生命"——足以说明问题。显然,好的文学作品不能对我们的命运持约翰逊式*的观点,更不

---

* 这里的约翰逊是指塞缪尔·约翰逊博士,约翰逊的命运观根植于虔诚的基督教信仰。他认为只有上帝才能赐予人幸福,而人于世间的一切愿望欲求都是无意义的,只能带来痛苦。

能是索福克勒斯式的*。对于生命，这"不断重演之事"，必须在某种意义上加以推崇。至于是因为生命确实值得推崇，还是因为我们只能抱着生命值得推崇的梦想，大学生作者并未说明。

切斯特顿在他对世纪末悲观主义**的有意识反击中，提出的就是这个问题。他所说的 life 就是"共同命运"。他选用的"忠诚"一词让他的答案格外清晰明了。他不是在表达一种观点，而是在呼吁一种态度。轮不到我们对生命形成观点，无论是赞许还是否定。我们必须以全部的身心所值投入生命。在生命之舟尚未倾覆之前，我们必须全力护航。

贾勒特·克尔神父和利维斯博士所用的 life 是同样的含义，而且我认为他们的观点其实与切斯特顿一致。因为"肯定"显然不是"声明"的意思，肯定生命不会是"声明有机体存在"的意思。与此种肯定相反的正是"失败主义"；而这个词包含的隐喻恰如切斯特顿的"忠诚"，会唤起关于军事的和爱国主义的联想。这两位作家诉诸之物也与切斯特顿一样，用柏拉图的话来说便是人的"激情要素"***。

---

* 古希腊悲剧作家索福克勒斯在《俄狄浦斯王》中描绘的命运图景其绝望悲观犹胜约翰逊博士，俄狄浦斯王虽秉性高洁，义立壮举，终究难逃杀父娶母的厄运，体现了人的自由意志在强大神秘的命运面前的渺小。

** 世纪末悲观主义（*fin de siècle* pessimism）：指 19 世纪末欧洲以叔本华为代表的一种悲观主义思潮，认为意志是一种永远无法满足的欲望，人生因此永远是痛苦的。

*** "激情要素"（the spirited element）：指柏拉图灵魂三分法中提供行动驱动力的激情部分。在《理想国》中，柏拉图将灵魂分为三个组成要素：理性、激情与欲望。其中理性是灵魂的最高原则，人类认识世界的力量，一切秩序的起源；欲望指非理性的生理性渴望，能带来愉悦；而激情同样属于非理性，使人冲动、发怒，也驱使人产生行动。

我们还要再往前一步,当我的信友在信里对我说,不爱生命是"渎神",她就是迈出了这一步。"共同命运"对塞内加而言是善与恶的中间地带。对朗费罗而言,它"真实"而又"诚挚"。对切斯特顿和利维斯博士来说,像是某种口号或事业。对我的信友来说则变成了神明。

所有这些现代例子,包括亨利和博尔特先生的句子,都见证了对 *life* 一词不断稳步升温的感情。若不是它已经获得了某种光环,像亨利和博尔特先生那样使用 *life* 是不可能的。甚至在其他几位作家那里,尽管我觉得 *life* 一词最主要、最有意为之的含义是"共同命运",但光环的影响也可能起了作用。

V. 语义光环

gentleman(绅士)这个词很好地说明了我所谓的语义光环是什么意思。这曾是一个没有光环的词,像 *peasant*(农民)、*burgher*(市民)、或者 *nobleman*(贵族)一样的指称性名词。之后它获得了一种准伦理义项,这一新义与旧义一度不自然地共存。但是,这一伦理义项所代表的理想逐渐成为维系整个社会的奥秘中心。这个词以这一义项被使用时,其魔咒般的力量如此强大,以至于会"渗透"(用燕卜荪教授的话来说)几乎每一个使用这个词的句子,无论说话人的本意是什么。然而,与此同时,其纯粹的社会含义实际上从未彻底消失——尽管常常被声明已经消失。所以,就会出现令那些人困惑的十九世纪言谈,说话的人从纯伦理角度来定义绅士,同时又声明他们理解的绅士也属于某

个社会阶层。于是，这个词的某一义项所引起的情感可以急剧影响它所有的义项。整个词都戴上了光环，最终除了光环，什么也没有了。那么，这个词无论被使用得多么准确，都已经死亡了。我想说的是，life 一词眼下可能正在经历类似这样一种现象。

需要指出的是，上一节里我们所关注的使用了 life 的那些热切表达都是很新的。早先的作家从来不知道 life 可以是一面旗帜，一种事业，或一位神祇。塞内加那样清醒的道德学家会不容争辩地说，使一切善与恶成为可能的条件，其本身怎么可能被称为善或恶（棋盘是一步好棋还是坏棋？）。富有想象力的作家或他们笔下的人物将生命描述为（充其量是）需要忍受之物。哲人们非但不会劝诫我们要"肯定"或"热爱"生命，还会不断提醒我们警惕对生命的热爱，他们设想这种热爱会过度，需要纠正。所有人都赞赏英勇献身的行为；基督徒歌颂殉教；斯多葛派推崇自杀。即便更温和的准则也是 "summum nec metuas diem nec optes"（"对于你的最后一天，既无需惧怕，也不必渴望"①）；"nor love thy life nor hate"（别爱你的生命，也别恨它）。② 这并不意味着我们的祖先对生命的热情比我们的更少或更弱。他们充满了热情和欲望：但不是只对生命本身；而是对自由、财富、名誉、美德、快乐、敬虔等等。这些东西不是因为生命而富有价值；如果说生命有任何价值可言，是因为这些东西。我们尤其被警告不要 "to lose for life's sake what makes the reason

---

① 马提亚尔，X, 47。
② 弥尔顿，《失乐园》，XI, 549。

for living"（为了活着而失去活着的理由），拉丁原文为 *propter vitam vivendi perdere causas*。①

我们不妨问一句，如此彻底的改变是怎么发生的，也许大家都会想到两种可能的解释。一方面，尽管我们大谈危机和焦虑，很可能现代人的"共同命运"就是变得更让人满意了，人们说 life 更好，因为它确实更好了。另一方面，也可能是情况更糟了，我们是吹着口哨强打精神呢；当下的"死亡渴望"太过执着，已经不能再草率处置；无论如何也不能揭穿真相。

但是，探索这一变化背后的成因将是在最深层次探究我们时代的全部历史。这不是区区一介语文学家能承担的任务。而我相信，在我们自己的学科中，在语言内部，我们就能找到一些影响现代人谈论 life 方式的原因。如果说 Life（共同命运）现在戴上了光环，这可能部分是由于受到该词其它义项的感染或"渗透"。我们现在必须转向这些义项，不仅因为它们对语义光环的促成作用，也因为它们本身值得关注。

Ⅵ."LIFE"：我所喜欢的

当我们认为某物是某类别的一个不良样本时，我们常常会说它根本不属于该类别。我们说"这不是诗歌（或网球）"，意思是"这是糟糕的诗歌（或网球）"。反之，当我们想表达"这是好诗或（好球）"，我们会说"这是真正的诗歌（或网球）"。在希腊

---

① 尤维纳尔，Ⅷ, 84。

语中，类似的倾向会把 a- 从一个否定前缀变为贬义前缀：*gamos agamos*,① 字面意思"婚姻，非婚姻"，实际指令人震惊的糟糕婚姻。德语中的 un- 也有同样用法。Unwahr 意思是不真实的；但是 Unfall 和 Untier 字面意思为"不机会"和"不野兽"，实际意为"厄运"和"怪物"。比较一下苏格兰语种的 *unchancy*，意为"不详"，"不测"，等等。

  同样的分析可以用于 *life*。*life* 一词可被用来指说话者在生活中最珍视的某种或多种元素。生活或者活着可以指"享受最值得的经历或展开最值得的行动"。但至于这是些什么样的经历和行动，人们的看法相去甚远。相应地，当 *life* 一词用于这一评价性义项时，几乎有多少个言说者就有多少种不同的语境。

  life 可以是情爱。法夸尔笔下的苏伦先生发现多琳达"无法想象没有床伴的男人"，便说："Why, child, you begin to live"（好吧，孩子，你开始生活了）。②

  life 可以是与智性相对的一般情感。"From the middle class one gets ideas, and from the common people – life itself, warmth. You feel their hates and loves"（从中产阶级那里你得到的是观念，而从普通人那里得到的则是——生活本身，温暖。你感受到他们的恨与爱）。③

  life 可以是智力活动和自我意识。"*Vivre, c'est penser et*

---

① 索福克勒斯，《俄狄浦斯王》，1214。
② 法夸尔，《花花公子的诡计》，IV, i。
③ D. H. 劳伦斯，《儿子与情人》，X。

sentir son âme"（生命的精髓在于思考和意识到自己的灵魂）。①

life 也意味着不特属于人的经验，就像自然有时候所代表的②。"The vast unexplained morality of life itself, what we call the immorality of nature, surrounds us in its eternal incomprehensibility, and in its midst goes on the little human morality play"（生命本身那广阔而未有解释的道德律，我们所谓自然之不仁，以其永恒的不可知性环绕着我们，而人类渺小的道德剧就在其中上演）。③（但也许这应该归入"Life，生物性的"。）

但是与生命相关的（vital）也可以是独属于人类的。"Self-control... is nothing but a highly developed vital sense, dominating and regulating the mere appetites"（自制……无非是一种高度发达的生命官能，主导并管控着低级欲望）。④

life 指说话者当下所思考的任何道德品质，这种指代有时显而易见，有时则需加以佐证。在萧伯纳的戏剧中，莽撞的科学新手们造出的两个类人生物会说谎。我们得知"if they were alive they would speak the truth"（如果他们真是活的，他们就会说实话了）。⑤ 不一会儿，这两个生物又要被毁灭。男性生物绝望地

---

① 阿诺德，《朱伯特》，《评论文集》。
② 参见前文第 48-50 页。
③ D. H. 劳伦斯，《文学评论选》，A. 比尔（选编）(1955)，"托马斯·哈代研究"，第 177 页。
④ 萧伯纳，《回到玛土撒拉的时代》，p. iii.
⑤ 同上，p.238.

恳求只杀他的伴侣。听了这话，他们的创造者心生厌恶："Let us see whether we cannot put a little more life into them"（让我们看看能不能给这两个东西再注入点儿生命）。他们这么做了，直接结果就是男性生物的请求变成了"放过她，杀了我吧"。[①] 因此这里的 life 就是甘心赴死，我们遇见的不过是新背景下的一个古老悖论。

在所有这些例子中，life 被用来指代说话者认为有价值的东西，这是可行的，因为尽管作者们珍视的东西可能大不相同，甚至相反，他们都会讲清楚这是些什么东西。life 这样被使用时，就是和 good 或 nice 一样有用的一个词。唯一的危险是，就怕我们觉得 life 要比另两个词更准确或科学。

然而，还有些例子中 life 一词也被用来指代作者赞赏的东西，但是通过上下文却不能搞清楚到底是指什么。更长的上下文——整部作品的主旨，或者我们对作者可能涉及的领域的了解——往往能提供一些线索。

阿诺德说，真正的天才 "capable of emitting a life-giving stimulus"（能够散发赋予生命的激励）。孤立地看，"赋予生命的激励"几乎可以是任何东西：让人像酒神女祭司一样狂舞的东西，让人停止说谎的东西，让人更自律的东西，让人像萧伯纳笔下的"古人"那样长出更多手脚的东西。而我们既然了解阿诺德，就能猜到他所谓被激励出来的生命应该是礼节、甜美与光亮，或诸如此类的东西。若不知道出处，这句格言的意思就会很

[①] 萧伯纳，《回到玛土撒拉的时代》，p.246。

模糊。

劳伦斯说"in life"（活着时），我们就"have got to live or we are nothing"（必须活着，不然我们就什么都不是了）。① 按字面意思来看，这句话就是前后同义反复，跟亨利那句一样，但是这样理解未免犯傻或故意挑剔。"活着"的意思是"像劳伦斯认可的那样活着"。至于那是什么样的，我们就需要对劳伦斯的作品和人生有大致的了解。

在利维斯博士笔下，我们经常读到"triumph over them (i.e. class-distinctions) of life"（生命胜过它们[即阶级差异]），或者"the pride of class-superiority... appears as the enemy of life"（阶级优越性的骄傲……作为生命的敌人出现）。② 一种"true moral sense"（真正的道德感）是"one that shall minister to life"（服务于生命的）。③ 又或者："I have spent many years in a university English school, doing what I could to promote a study of literature that should be a discipline of intelligence, fostering life"（我在大学英语系待了很多年，尽我所能促进文学研究，这应该是一门智慧的学科，有助于促进生命）。④ 还有："more important than ever that places of higher education should be fostering centres of responsibility, intelligence, and courage for life"（当下的高等教育机构应该是促进生命的责任、智慧和勇气

---

① 《文学评论选》,《小说何以重要》, p.107。
② 同上, p.75。
③ 同上, p.82。
④ 《文艺评论》季刊, III, 1953年4月2日, p.218。

的培养中心，这比以往任何时候都更紧迫）。①

也许诊断这一语义状况的最好办法就是申明以上这些说法我也都可以赞同。我也可以说，阶级差异是生命的敌人（这些差异确实讨人厌）。我也希望大学鼓励"生命"。但问题在于，life 一词的语境，它所唤起的画面，对利维斯博士和我来说也许大相径庭。我俩都是在用这个词来表示"我所赞同的"。life 是一张空白支票，一个纯粹的、因此也不具体的评价性词汇，除非它被明确定义，我俩之间的讨论就只能是鸡同鸭讲。而且在已引述的例子中，使用 life 一词非但不能澄清，反而让意思更浑稠，难道不是吗？"智慧"难道不比"促进生命的智慧"更好理解吗？"责任"和"勇气"难道不比"促进生命的责任和勇气"更清楚吗？因为我们也许可以肯定，利维斯博士加上"促进生命"的意思不是说要排除面对死亡的勇气吧。如果不是在生命中，还能在哪里面对死亡呢？

当说话者确实在用 life 来指"我所赞同的"——顺便说一句，那通常只是 life（共同命运）中很小的一部分——他们并非总是清楚地告诉读者自己是什么意思。也许他们自己也并非总是很清楚。因此，life（=我所赞同的）和 life（共同命运）之间很可能产生混淆，而那些从未问过自己 life 在这个特定语境中是什么意思的人，也可以看到这个词便生出欢喜的感觉。光环照耀着他们。

---

① 《文艺评论》季刊，III，1953 年 4 月 2 日，p.219。

VII. "真正的" LIFE

life 有时候是"real life"（真正的生命/活）的缩略。我们很清楚"真正的生命/活"和白日梦、期待、理论或理想的区别，但是很难以严密的语言来表述。既然我们不是在做哲学研究，我们就得满足于一种大致的现成的解释。

在上一章里我们注意到 *real* 一词的使用（"真正的诗"，"真正的网球"）是指"在同类中很好"，或"好到名副其实"。但是，当我们说"real life"时，*real* 往往不是这个意思。这一表达仍然暗示了对与"real life"相对立之物（或言明或暗示的）的贬低，但这是一种特殊的贬低。

除了某些形而上学的讨论，一般来说，对于"这是真的吗？"这个问题，最好的反问就是"什么是真的吗？"这不是一个真的鬼，但这是一个由萝卜和防尘布做的真正的鬼模型。这不是一幢真的房子，但它是一个真的舞台布景。晚上没有真鳄鱼吓到我；吓到我的是一个真的噩梦。查班德先生的虔诚不是真正的虔诚，却是真正的虚伪。这幅画是伦勃朗的真迹，还是一幅真正的赝品？

说某物"不是真的"——更严格来说，它不是真的 X，而是真的 Y——暗示了它要么没有我们（或其他人）以为的那么重要，要么就是在一个很不一样的意义上很重要。萝卜鬼没什么好怕的，也提供不了灵魂不朽的证据。舞台上的帆布房子不能挡风遮雨。赝品伦勃朗不可能卖出高价。查班德先生的虚伪有其重要性，但这种重要不会是和真正的虔诚一样的重要；我们理应做出不同的反应。

因此，在绝大多数语境中，"不真实的"就是不被重视的，放到一边的，可以也应该被忽视的。我们被骗了；我们现在看清楚了，可以继续向前了。如果欺骗是他人故意为之（比如查班德先生，或赝品制作者），我们会愤愤不平；如果是自欺的结果，我们会跟自己生气。不管怎样，这些经历都会促使我们把"不真实的"看作贬义词，把"真实的"看作褒义词。

这是大多数情况。但是，也可能出现认出（某种意义上的）不真实，却对其不抱贬低的情况。这种情况出现在并非幻觉的幻觉领域：在艺术或游戏中。舞台上的房子不是真房子，却可能被称赞为好布景。孩子们喝着百事可乐，假装是红酒，他们也不会瞧不起可乐。然而，必须注意的是，人类中的绝大多数对这些例外根本不当一回事。而且，认为艺术比游戏更重要的少数人，通常相信一些艺术理论，认为艺术的重要性恰恰在于某种巧妙定义的"真实"。就我们眼下的讨论而言，这些人是否正确完全无关紧要。重要的是，游戏和艺术的例外情况，经过这样的处理，对于 real 一词的褒义性或 unreal 一词的贬义性几乎都没有任何影响。

real life，正如亨利或劳伦斯笔下的 life，成了说话者珍视的人生经历中的某些元素。但是不一定是同样的元素，或同样的评价标准。

鲍斯威尔说："Johnson loved business, loved to have his wisdom actually operate on real life"（约翰逊喜欢商业，喜欢让

自己的智慧真正运用到真实生活中）。① 显然，任何微不足道的商业交易都是"真实生活"，与之形成对照的是思想的生活。罗丝·麦考莱*笔下的一个人物这样说："These universities cram learning into our heads but teach us little enough of life"（这些大学把学习塞进我们脑袋里，但是关于生活我们能学到的微乎其微）。② 我们读到劳伦斯写的："to us who care more about life than scholarship"（我们这些在意生活超过学问的人）。③ 阿诺德也谈及 "an Englishman who reads to live and does not live to read"（一位英国人不应为了读书而活着，而应为了生活而读书）。④ 所有人都记得歌德的下面这段话，却不是所有人都记得上下文：

> Grau, teurer Freund, ist alle Theorie,
> Und grün des Lebens goldnes Baum.
> （理论都是灰色的，
> 而生命之树常青）。⑤

说这句话的魔鬼梅菲斯特是用招摇撞骗、财源滚滚的现实生活作

---

① 1776 年 3 月 20 日。
* 罗丝·麦考莱（Rose Macaulay, 1881—1958）：英国女作家，作品受弗吉尼亚·伍尔夫影响。
② 《他们被打败了》（1960），第 378 页。
③ 《〈启示录中的龙〉导言》。
④ 《马可·奥勒留》。
⑤ 《浮士德》，"书斋二"。

为与理论对抗的 *Leben*（生命）。

"(*real*) *life*"与思想或研究之间的对立在哲学上臭名昭著，因为思想和研究也是生命运动，这一点和商业或实践没有区别，因此也是生命的一部分。我认为，这一对立的盛行有两个源头。其中之一是正当的。我们的想法所关乎的事物，与我们看这些事物为"真实"的想法——即思想企图或声称代表的真实，这两者形成合理的对比。因此，华兹华斯笔下的"快乐战士"

> When brought
> Among the tasks of real life, has wrought
> Upon the plan that pleased his boyish thought.
> （当面对
> 现实生活的任务，便赋予
> 计划他孩子气的想法所喜爱的）

英勇的行为是真实的，与他孩子气的想法形成对比，因为他孩子气的想法是关于英勇的行为，是对英勇行为的预期展现。但是，还有另一个源头，且不那么正当。这是一种基于狭隘心理的根深蒂固、深信不疑的想法，即只有他们自己主要从事的事情才是唯一重要的，唯一值得成年人去了解、去投入全部的兴趣。在现实生活中，这往往意味着除了求取功名利禄，一概被排除在（真实）生活的范畴之外，贬低到游戏和白日梦的范畴。

我们已经注意到，人们公认艺术是虚幻的，但这一点并没有影响"真实"一词所传递的强烈的赞同意味。但我们可以再进一步。我们关于艺术、文学的一般用语实际上帮助加亮了笼罩 life 或 real life 的光环。文学因"真实再现生活"而受赞誉，小说中角色、人物的栩栩如生常常就被简称为 life；正如在新古典主义批评中，与"大自然"（Nature）的相似被简称为"自然"。因此，雷利爵士[*]赞莎士比亚笔下"this amazing secret of life"（生命的惊人秘密），① 弗吉尼亚·伍尔夫抱怨阿诺德·贝内特^{**}"与生活擦肩而过"，又加了一句"perhaps without life nothing else is worth while"（没有生活，或许什么都不值一提）。② 诚然，没有人会误解这些选段中的表达；但是 life 一词是又增加了一层赞许的弦外之音。

VIII．"LIFE"（生物性的）

下面我们要谈的这个用法，在所有用法中对名词 Life 的升温做出了最大的贡献：是 Life 魔力的主要源头。

爱丁顿（推测其它星球时）说："I shall assume, that the required conditions of habitability are not unlike those on the earth and that if such conditions obtain life will automatically

---

* 雷利爵士（Sir Walter Alexander Raleigh,1861—1922）：苏格兰文学评论家，1904 年被任命为牛津大学首位英国文学教授。
① 雷利，《莎士比亚》（1907），第 143 页。
** 阿诺德·贝内特（Arnold Bennett, 1867—1931）：英国小说家、剧作家、评论家，欧洲现实主义小说家代表。
② 伍尔夫，《普通读者》，《现代小说》。

make its appearance"（我可以这样假定，宜居的必要条件与地球并无不同，一旦满足这些条件，生命就会自动出现）。[1] 此句中的 Life 和 Life（共同命运）一样，是高度的抽象；但又是截然不同的抽象。Life（共同命运）是地球、人类和个体经验的普遍典型特质的抽象，正如我们自身的体验，或（更多情况下）从传记、历史和某些虚构作品中所了解到的。但是爱丁顿笔下的 life 是指"一切有机体所共有的"：也可以说，就是组织、营养、成长和生殖——我们在实验室里研究或书本上学到的东西。我将称之为 Life（生物性的）。

从形式逻辑的角度来看，Life（生物性的）和其它任何普遍性处于相同的位置：它是从特殊性（所有特殊的有机体）中抽象得来，正如"蓝色"抽象自海洋、天空、蓝铃花、翠鸟等等，"形状"抽象于所有可见的物体，"美德"抽象于所有我们赞许的行动。因此，在流行的现代观点里，这就是一个"无对象的概念"，或者"话语的造物"；也就是说，不同于作为物体的特殊有机体，Life（生物性的）是一个语言装置，一个我们用来方便操作生物学主题的工具。

要我说，这就是现代对普遍性的认识；但是人们也曾有过很不一样的看法。大家都记得，柏拉图所言的"正义"或"善"是实体，但不仅是和具体的公义行为或一个个好人那样真实，而是远比后者更真实。他讨论"美"的时候，尤其强调这一点。这些内容大家耳熟能详，但尤其贴合眼下的讨论，所以我必须引用。

---

[1]《物理世界的本质》, p. 170。

柏拉图告诉我们，孩子学习美应该从爱美的身体开始。之后，他必须学习热爱美的灵魂；然后是法律和礼仪所蕴含的美；然后是科学中的美。之后，他就能准备好前往"美的海洋"。之后才有顿悟。他会"看到"一个奇观；"美"本身，既不增长也不衰退，不多也不少，没有身体，没有理喻，"其于自身中，永恒的纯粹同质的存在"。①

柏拉图将这一形而上的实体命名为 *eidos*（复数 *eidé*）（理念），我们不妨照用②。*eidos* 显然和现代逻辑中的抽象的普遍性很不一样。事实上，柏拉图的整个哲学立场被判断为与我们的思维方式大相径庭，以至于我们只用一句玩笑话就把他打发了："柏拉图认为抽象名词就是专有名词。"

然而在现实中，一个特殊化的抽象名词的现代用法往往揭示出一种思想状况——不一定是最好思想的最好状态——其与柏拉图的思想惊人的相似。如果我们想知道柏拉图思考"美"是什么感觉，我们可以从观察人们如何使用 *Life*（生物性）获得一些提示。

C.E.B. 罗瑟尔夫人这样写道："World-and-Life-Affirmation. This means that man has an inner conviction that life is a real thing"（世界—生命—肯定。这意味着人内心有一种坚信，即生命是一样真实的东西）。③ 如果这里的 *life* 只是像形状或平等这样的抽象普遍性，那么"坚信生命是真实的"就似乎只意味着坚

---

① 《会饮篇》，210b-211b。
② 其它同义词"form"和"idea"都有太多错误的联想。
③ 罗瑟尔，《通向重建之路》(1941)，p.v.

信有机体存在，这样的坚信几乎不值一提。显然，作者是把 *Life*（生物性的）设想为一种 *eidos*（理念），不是从众多有机体中提取的最大公约数，而是内在于有机体的一种超验性力量或实体。

在一两页之后，这一点得到了证实，罗瑟尔夫人说 "our guiding principle... should be reverence for that life which is the same divine, mysterious force in man or dog or flower or flea"（我们的指导性原则……应该是对生命的尊重，那无论在人、狗、花还是跳蚤身上都存在的同一股神圣而神秘的力量）。① 但是没有人能够把一个抽象的普遍特性尊为 "神圣"。

斯皮尔斯先生写高文爵士时这样说："the ultimate source of the poem's actuality, strength, and coherence, is the knowledge... that there is life inexhaustible at the roots of the world even in the dead season, that there is perceptually to be expected the unexpected spring re-birth"（这首诗的真实性、力量和连贯性的终极源头在于认识到……即便在死气沉沉的季节，世界的根基处也有着无穷无尽的生命，永远都可以期待春日重生的不期而至）。② 这话说得很动人。但是，毕竟无论诗人还是斯皮尔斯先生都并不知道，这个星球或这个宇宙是否永远存在有机体。斯皮尔斯先生信手拈来这样的夸张表达，我觉得还因为他所想的正是 *eidos*。诗人对青春、宴饮、狂欢、勇气以及（最重要的）绿衣骑士本人旺盛的"欢腾活力"充满热切由衷的欢喜，这

---

① 罗瑟尔，《通向重建之路》(1941)，p.v。
② 《中世纪英语诗歌：非乔叟传统》(1957)，p.221。

在评论家看来都是 *Life*（生物性的）的呈现。这些呈现在评论家心中唤起情感，渴望某种超验、终极的目标。在这一情绪下，很自然地——经由一种与其说是理智，不如说是信仰的行为——这一目标就被尊为"无穷无尽"。确实，诗人甚至很可能都不是有意识地在思考（这一意义上的）生命；但是斯皮尔斯先生可能会回答说"那些伟大的诗人被赋予了超越他们思想的思想"。

当我们读到"the orgiastic, mystical sense of oneness, of life as indestructibly powerful and pleasurable"（生命之整体性的狂放、神秘感，不可摧毁的强大而愉悦的生命），① 我们更强烈地感受到 *eidos* 的存在。如果这里的 *life* 是抽象的普遍性，那么称之为狂放或愉悦都是无稽之谈。个体有机体的存在有时狂放，有时不狂放，有时愉悦，有时不愉悦，而很多有机体（比如苔藓）既不知狂放也不懂愉悦。但是你关于抽象普遍性的概念里必须能放进所有个体共有的东西。说 *Life*（生物性的）是"愉悦的"，相当于把"用粉笔画的"或"等边的"放进你对三角形的概念。即便你铁了心要犯这个错，那为什么非得是"愉悦的"而不是"痛苦的"？就我们所知，活着是痛苦和愉悦可能的条件；所以称生命"愉悦"相当于，用我们之前的例子，称一个棋盘或者一盒棋子是一步好棋。棋盘和棋子让所有的好棋和坏棋成为可能。不过，如果 *Life* 是一个 *eidos*，那么情况就大不一样了；因为真正的柏拉图式的 *eidos* 不仅仅是位于一切个体之上，而且也

---

① 尼采语，引自 R. B. 休厄尔，《悲剧的形式》，载《文艺评论》季刊，IV, 4 (1954), p. 350。

优于所有的个体。美本身比所有的美丽之物更美：后者不过是美的影子。*Life*（生物性的）若能被称为"狂放的"和"愉悦的"，则它必须被赋予柏拉图的"美"同样的地位。它必须是丰富与完美，在真实存在物中只能依稀辨其影迹。

"整体性的神秘感"也需要追问。毫无疑问，所有因某个共同特点而被归为一类的特殊个体都有一个逻辑上的统一性，只要这一归类是合理的。但是，对这一整体性的认识并不需要"神秘感"的参与。常识告诉我，如果 *ABC* 是一个等腰三角形，那么在作为等腰三角形这一意义上，它就和所有其它的等腰三角形相一致。无论尼采的"整体性的神秘感"，还是劳伦斯"对生命统一性的深刻感知"[①]，必定是与"等腰三角形的共性"很不一样的东西。劳伦斯有两段话有助于我们的理解。他说"the gladness of a man in contact with the unknown in the female, which gives him a sense of richness and oneness with all life"（一位男性接触到女性身上的未知时的愉悦，给了他一种丰富感和与所有生命的合一感）。[②]《儿子与情人》（第十三章）里写那对在树林里交合的年轻情侣，我们读到："If so great a magnificent power could overwhelm them, identify them altogether with itself, so that they knew they were only grains in the tremendous heave that lifted every grass-blade its little

---

① D. H. 劳伦斯:《小说家》(1957), p. 99。利维斯博士，和很多生机论者不一样，非常明智地给"生命之整体性"补充了"生命的分离性和不可约的他者性"(p. 102)。

② 《文学评论选》, A.Beal 编（1951），"托马斯·哈代研究", p. 202。

height, and every tree and living thing, then why fret about themselves? They could let themselves be carried by life"（他们能被一股如此强大的力量征服，共同融入其中，令他们意识到，在这股掀起一草一木和一切生灵的洪流中，他们自身不过是沧海一粟，既然如此，又何必自寻烦恼呢？不如就随生命摆布吧）。

我想，我们都能辨识出劳伦斯意图表达的情感，而眼下的探究也无涉道德批评抑或文学批评。我们唯一关心的是，劳伦斯在表达这一情感时所使用的 *life* 一词到底意指什么。如果 *life* 是一个抽象的普遍性，则这两段话都会"说不通"。我们与其它所有生命体的仅仅是逻辑上的一体性，我们属于"有机体"的成员身份，都不至于导向这样的情感；交配也不会比营养、排泄或死亡更多（或更少）体现这种普遍性。至于同一般生命的和谐、合作的统一，则永远都不可能。一切有机体都处于和其它有机体的致命的竞争关系中：人尤其如此，他发明了杀虫剂、防腐剂，且无肉不欢。还有人的避孕措施。由于《儿子与情人》中的年轻情侣貌似从未对生育有过期许或恐惧，我们有理由假定他们已采取了谨慎措施，在方便的范围之内"随生命摆布"。但是，一旦你把 *life* 作为原型，即 *eidos*，则以上我所有这些冷酷、亵渎的吹毛求疵就立刻都消停了。树林中那对情侣的身边还有大量的有机生命，以这一事实来证明情侣不必"自寻烦恼"，这从冷静的逻辑角度来看，再荒谬不过；如果其它有机生命中也包括一大堆毒蛇、蚊子和毒藤之类的，他俩应该早发现了。但是这实在有点跑题。年轻恋人感觉自己的情欲并非"有机体活动"的一个"例子",而是由一个超验源头倾注于他们体内的东西。不同时代的恋人们都有这样的感觉。希腊人会说那是源于爱神阿弗洛狄特。一位文艺复兴时期的诗人可能会说那是对超越凡俗的"美"之本体的遥远追忆。对劳伦斯而言,这是 Life(生物性的)被构想为一个真实的超越个体的实体。提及树林中所有其它的有机体活动,是为了颂赞这一实体。一草一木皆为"生命"共同的仆人,在此意义上它们才有价值。没有女王,这些廷臣就不过是风景罢了。

在劳伦斯那里,这一概念只是隐含的,但是我们也能在别处发现它被明确表达。芬德利先生说:"The individual drop of life returns after death to the reservoir from which it came"(每一滴生命,在死后都会回到它所源自的水库)。[①] 这么说,有一个水库?实际的众多有机体并没有包括所有的生命?"A representation of the whole of life cannot consist in a combination of the simple ideas which life herself has deposited in us during the course of her evolution; how could the part be equivalent to the whole, the content to that which contains it, the residuum of the vital operation to the operation itself?"(生命在进化过程中在我们身上存储了一些简单的观念,这些观念的组合当然形成不了对生命整体的表述;部分怎么可能等同于整体,内容又怎能等同于承载内容的容器,重要手术后的残体怎能

[①] S.芬德利,《不朽的渴望》(1961),p.34。

等同于手术本身？）① 如果"生命"是一个实体，一股"力量"，或一位守护神，那就没有问题了。但如果"生命"只是抽象的普遍性，那么这些比喻都毫无意义。诸多三角形与三角形性质的关系可不是部分与整体、或内容与容器、残体与手术的关系。

虽然柏拉图没有将"美"拟人化，但他语言中的宗教内涵明确无误。这一内涵在一些关于 Life（生物性的）的现代表达中更加呼之欲出。它——或她——成了一位女神。进化生物学是"关于圣灵在世界中的永恒转化的科学"。② 创造进化论是"二十世纪的宗教"。③ 这一宗教有其伟大的戒律："Life must not cease. That comes before everything"（生命不能止息。这高于一切）。④

这一戒律至关重要。一种瞬间的强烈确信，确信自己的生命不能停息，确信保全性命"高于一切"，这是一种熟悉的体验；它一般被称为恐惧。这一同样的确信，被固定持有并长期付诸实践，以至于成为习惯，这为我们所熟悉。一般称之为懦弱。但是我怀疑我们是否出于本性而对 Life（生物性的）怀有类似的感觉。我们自发的欲望是有些生命被保存（如果仔细想一想，这意味着"以牺牲他人的生命为代价"）。但是准确来讲，这种欲望的名字是爱（对我们的朋友、或阶级、政党、国家、物种）。因为我们爱他们，所以我们希望他们活着；而不是说因为他们是活着

---

① 柏格森，《创造进化论》（1917），p. 53。
② 萧伯纳（引用洛伦兹·奥肯），《回到玛土撒拉时代》，p. xxix。
③ 同上，p. lxxviii。
④ 萧伯纳，《回到玛土撒拉时代》，p. 10。

的样本,所以我们爱他们。换言之,萧伯纳式宗教必须从一场皈依开始,从新的动机开始。我们必须摆脱本能或经验曾教我们去渴望,或学习去渴望的一切,转而去爱那"先于一切"的无形且无法想象的对象。

IX. "树"

前一章开头爱丁顿的引文里,只要适合的条件产生,无论在哪里 Life(生物性的)都会自动出现。如果天狼星的某个行星上(假定天狼星有行星)也这样出现了生命,那里的生命和地球上的生命将是相互独立的。他们有类似的成因,但是相互之间没有因果关联。他们只是同一事件的不同实例,正如天狼星的圆形和太阳的圆形都是同一形状的实例。

如果过去两个世纪里我们就是这样思考 Life(生物性的),那么我试图描述的语义情景可能永远不会出现。但事实并非如此。生物学对我们来说很自然地,也不可避免地,就是指地球生物学。而且长久以来,我们相信地球有机体不是 Life(生物性的)的独立实例,而是确实在基因上相互关联。"All species of life upon Earth... are descended by slow continuous processes of change from some very simple, ancestral form of life"(地球上所有的生命物种……都经过漫长连续的变化过程,从一些非常简单的古老的生命形态进化而来)。[①] 又或者,"Life, from

---

① H.G. 威尔斯,《世界简史》(1928),p.15。

its beginnings, is the continuation of a single and identical drive (*élan*) which has divided itself among the divergent lines of evolution"（生命，最开始，是一种单一的、相同的动力（*élan*）之延续，这一动力分化为不同的进化分支）。① 这赋予整个事件一个非常不同的特质。作为同一物种的成员，有机体具有逻辑上的统一性，除此之外，他们现在又有了另一种统一性。

这在某种程度上类似一个家庭的统一性。比如，所有波斯尔维斯特-琼斯家的人都有同一个姓氏。这不是因为，我们在一番检验之后，发现并抽象出了某个波斯尔维斯特-琼斯普遍共性（对某些家庭可以这么做，但不是所有家庭），而是因为，他们被一个因果关系的复杂网络连结在一起。如果他们是一个古老的贵族家庭，他们也许会说"波斯尔维斯特-琼斯血统"。他们会赋予这一"血统"很高的价值。他们事实上会把这一血统实体化，就好像它是高于所有家庭个体成员的一个东西，血统自身被看作宝贵。因为虽然他们可能希望并相信这一"血统"会因遗传而产生英雄的个体，他们同样也会反过来说，所有波斯尔维斯特-琼斯家的人都应该具有英雄气概，这才配得上他们的血统。在极端例子中，家族的所有成员都可能为家族牺牲。"血统"可能变得比拥有这一血统的人更重要。历史上，有好几个世纪都根植于这样的情感。这样的情感也常常延伸至其它团体，其成员之间的关联远不如家庭紧密：民族和（主要是想象中的）"种族"。

一旦我们看到所有地球有机体的基因统一性，构成某种家

---

① 柏格森，《创造进化论》，p. 57。

谱,那么针对家族"血统"的情感显然也可以被投向 Life(生物性的)。我认为有两大压力促成了这种转向。

(1)流行的进化论画面——在某些方面与真正的生物学家有区别——肯定深刻激发了丰富的想象力。Life(生物性的)起初脆弱卑微,几乎没有胜率。然而它还是赢了。它成了人。它战胜了无生命的自然。它还立志要成为超人的祖先。这个故事由此代表了一个重要的原型模式:丑小鸭,受尽压迫却最终胜利的灰姑娘,被鄙视的第七个儿子让其余六子黯然失色,还有亚瑟王时代的巨人杀手杰克。如此感人的故事不可能只是一个抽象吧。它邀请我们把 Life(生物性的)先是具体化,再拟人化,最终神化。

(2)我们都害怕自己和所爱之人死去,在此程度上(至少)我们珍视自己和他们的生命。因此,当我们思考个体生命,life 是一个富足的、温暖人心的词。它是死亡的对立面。这一富足的特质,这一光环,经由一种坚实的关联而牢牢依附在 life 一词上,即便它的意思是 Life(生物性的)。这一光环在逻辑上不属于这个义项。Life(生物性的)是无生命的对立面,而不是死亡的对立面。Life(生物性的)的权柄与死亡的权柄相重合,因为只有活着的才可能死,也没有任何活着的不会死。说宇宙中 "there is life inexhaustible"(有无穷无尽的生命),就相当于说有无穷无尽的死亡。只要前者出现,后者也会不断出现,不多也不少。但是在 Life 一词模棱两可的魔力之下,我们忽视了这一点。我们谈论 Life(生物性的),就好像它是一根概念之线,将所有的生命体如珠子般串起来,就好像它本身可以被渴望,被享受,被体验,而这也便成了我们对 Life(生物性的)的感受。

与此同时，逻辑必须问"Life（生物性的）是活着的吗？"毕竟，"迅捷"不会到处跑，"疾病"不会生病，死亡也不会死去。

X. 致歉

生活在维多利亚时代的任何人，若试图让自己置身于那个社会的神秘性之外，并从外部冷静地分析 gentleman 这个词，我们能猜到结果。不管他指出什么困惑，都会被告知"可是你当然不会明白。这是因为你本人不是一个绅士"。我很清楚，我试图拆解 life 这个词不啻冒着同样的风险。我是在对付一个仍然炙手可热的词。我必须让自己置身于我们自己这个时代的神秘性之外；而一切从外部提出的观察对于身在其中者都会显得亵渎。如果我指出，我自己私底下也并非对这个熠熠发光之词的吸引完全免疫，对于"共同命运"我并不比别人更多不满，或者我感觉不到关于"生命力量"的很多流行说法的魅力——可能说这些也都没有用。我可能还是会被看作"死亡博士"。但我仍然觉得值得冒这个险。我们这个时代的分析和批评倾向不应该全都用在我们祖先身上，有时候也应该去揭露一些仍然盛行的困惑，这在我看来具有实际的重要性。踩一个活巨人的鸡眼，要比割一个死巨人的脑袋危险得多，但是也更有用且有趣。

11　I DARE SAY

在现代英语中，这个惯用语从来不是一种强烈的肯定。在这方面，它完全不同于 *I venture to say*（恕我冒昧而言）。后者尽管语气谦和，却是要引入说话者准备好为之辩护的观点。而 *I dare say* 在语气最强烈时也只意味着"Probably"（可能）或"I shouldn't wonder if"（如果是那样我也不奇怪）；正如狄更斯的《荒凉山庄》中，医生看着死去的鸦片吸食者说："He must have been a good figure when a youth, and, I dare say, good-looking"（他年轻时肯定是个好人，我敢说，长得也不错）[1]，还有其中的詹狄士先生的话："Such wisdom will come soon enough, I dare say, if it is to come at all"（这样的智慧很快会来，我敢说，但凡真的要来的话）[2]。当 *I dare say* 的语气比上述的稍弱一些时，它差不多可以翻译成 *perhaps*（或许）："I dare say you're right"（我敢

---

[1] 《荒凉山庄》，Ch.XI, Gadshill edn. vol.I, p.169。
[2] 同上，XIII, p.217。

说你是对的)。① 它还可以被进一步弱化，仅仅表示拒绝否定，而没有了肯定的含义。就像 W.S. 吉尔伯特*的下面两句台词：

> Yet *B* is worthy, I dare say
> Of more prosperity than *A*—
> (然而 B 比 A 更配得上兴旺发达,
> 我姑且也这么说吧——)②

此处的 *I dare say* 相当于"for all I know to the contrary"(据我所知并非不是这样)。这种用法常常，甚或总是，带着一种暗示，即相关主张既不会被否定，也不会真的被调查，这主要是因为即便是真的，在当下语境中也无关紧要。由此，在上文已引用过的奈斯比特**的故事里，一群看起来身无分文的孩子告诉店主，他们想买一些他的货品，而店主干巴巴地答道，"I daresay you would"(要我说你们倒是想买)；③ 言下之意是"I couldn't care less"(关我什么事)。同样，在多萝西·塞耶斯***的《生而为王》④中，菲利普被一个推销员欺骗，损害了公家资产，他说："我非常抱歉，各位"，然后西蒙回了一句："I dare say you are,

---

① E. 奈斯比特，《五个孩子和它》，ch. II。
  * W. S. 吉尔伯特（W. S. Gilbert, 1836—1911）：英国戏剧家、文学家、诗人。
② 《日本天皇》，II。
 ** 奈斯比特（E. Nesbit）：英国女作家、诗人。
③ 《五个孩子和它》，ch. II。
*** 多萝西·塞耶斯（Dorothy Sayers, 1893—1957）：英国侦探小说家、诗人。
④ 《生而为王》(1943)，p.117。

but—"（要我说你是抱歉，但是——）。换句话说就是："你也许是抱歉，但这于事无补吧？"在面对面争论中，*I dare say* 就像拉丁文里带有让步含义的 *quidem*，说话者出于争论目的有所退让，但这退让不会损害他自己的立场。比如，"It is open to the noble lord to say that he would have decided differently. I dare say he would. But that doesn't mean to the rest of us that he would necessarily have decided more wisely"（尊贵的大人还可以说，他本会做出不同的决定。我敢说确实如此。但这并不意味着对我们其余人而言，他本会做出更明智的决定）。① 最后，*I dare say* 还可以带有讽刺意味。在 E. 奈斯比特的另一个故事中，孩子们告诉厨师："我们想要罐装的牛舌"，厨师回复："I dare say"（可不是嘛）；② 意思是，"多会编故事啊！"或者"你们可不是想吃牛舌吗？"

但是如果我们将阅读范围扩展到再早几个世纪，我们会发现 *I dare say* 曾经有着完全不同的含义。它曾经和 *I venture to say*（恕我冒昧而言）一样强烈，语气却远不那么谦虚。事实上，它意味着不妥协且极为响亮的断言。因此，被弱化的现代义项放进某些过去的语境，就会产生荒诞。艾克特爵士 "when he beheld Sir Launcelot's visage, he fell down in a swoon. And when he waked it were hard any tongue to tell the doleful complaints that he made for his brother. Ah Launcelot, thou were head of

---

① 《查泰莱夫人的审判》（1961），p. 281（上议院辩论）。
② 《凤凰和地毯》，ch. IX。

all Christian Knights, and now I dare say, said Sir Ector, thou Sir Launcelot, there thou liest, that thou were never matched of earthly Knight's hand"（看见兰斯洛特爵士的遗容，他一下子晕厥了过去。醒来后，他对兄弟所说的悼词之悲怆难以用任何语言来描述。啊，兰斯洛特，你是所有基督徒骑士的领袖，而此刻我敢说，艾克特爵士说，你，兰斯洛特爵士，躺在那里，这世间没有骑士能与你相比）。[①]艾克特爵士当然不是在说，据他所知，兰斯洛特或许永远不会遇到能够同他较量的人。此处的 I dare say 就是字面含义，"我敢这么说，我为自己说的话负全责"，或许还暗示着他会"光明正大地打倒"任何否定他的人，以证实自己说的话。

两个世纪后，班扬的"轻浮"太太这样说："I was yesterday at Madam Wanton's... so there we had music and dancing and what else was meet to fill up the time with pleasure. And, I dare say, my lady herself is an admirably well-bred gentlewoman"（昨天我在"水性杨花"夫人家里……在那儿，我们唱歌、跳舞，还做了种种能让我们快活度日的事情。还有，我敢说，那夫人本身是个令人敬佩的、有教养的贵妇人）。[②]关于"水性杨花"夫人的良好教养，说话者提出的并不仅仅是她认为比较可能的说法。她是在尽其所能坚决地断言这一点。如果我们用现代的方式去阅读，我们大概会把她的 I dare say 理解成 "Take it from me"（这

[①] 马洛礼,《亚瑟王之死》, XXI, xiii。
[②] 《天路历程》, Pt II。

是我说的）或者"Upon my word"（信我的话）。同一本书再往下读，克里斯蒂安娜气喘吁吁地爬上"艰难山"，喊道："I dare say this is a breathing [i.e. a breath-taking] hill"（我敢说这是一座让人喘不上气来的山）。类似于"I'll warrant you"（我向你保证），是我们能找到的最接近于她本意的表达。

通常情况下，在这些词义演变中，马洛礼的用法和现代用法这两种极端很容易区分；但在出现这两种用法之间的漫长时期里，几乎每一次 I dare say 的出现都需要仔细审视。简·奥斯汀常常使用这个短语。我在她作品中的很多地方都发现不可能是现代义项；有几处或许是；但没有一处必须作现代义讲。

我先讲几处我认为不可能是现代义的例子。

在《诺桑觉寺》[①]中，恶劣的索普这样评价蒂尔尼将军，"A very fine fellow; as rich as a Jew. I should like to dine with him. I dare say he gives famous dinners"（真是一表人才；像犹太佬一样富有。我会很乐意和他共进晚餐。我敢肯定，他家的晚宴非同凡响）。索普不会仅仅因为就他所知晚宴有可能不错，而愿意和某人共进晚餐。I dare say 这里的意思是"I bet"（我打赌）或"I'll be bound"（我肯定）。

在《爱玛》[②]中，伍德豪斯老先生对哈丽埃特·史密斯提起他的孙子孙女们，他说道："他们很喜欢住在哈特菲尔德"，哈丽埃特回答说："I dare say they are, Sir. I am sure I do not know who

---

① 《诺桑觉寺》, Ch. XII.
② 《爱玛》, Ch. IX.

is not"（我肯定他们很喜欢，先生。我真不知道有谁会不喜欢这里）。I dare say 按照任何现代义解读，对于热情洋溢的哈丽埃特来说，语气上都过于冷漠，让步程度过高，尤其是她本人觉得哈特菲尔德就是个社交天堂。按现代义几乎轻佻不恭。她的意思就是"他们当然喜欢这里！"

同样在这本书①里，埃尔顿夫人来访后，伍德豪斯先生对女儿爱玛说："she seems a very pretty sort of young lady, and I dare say she was very much pleased with you"（她看上去是个非常漂亮的年轻女士，我敢肯定她对你也非常满意）。那么伍德豪斯先生最是溺爱孩子、耳根子软的那类父亲，他渴望看到爱玛受仰慕，而且很容易满足于找到此类仰慕的证据。对他来说，埃尔顿夫人会喜欢爱玛并不是仅仅可能，或者仅仅有或然性。他的 I dare say 意思是"depend upon it"（信它没错）或者"you may be very sure"（你可以非常确定）。

以下几个例子有待商榷。

在《理智与情感》中，约翰·达什伍德希望布兰登上校和埃莉诺结婚。他把埃莉诺的几幅画拿给上校看，并介绍道："These are done by my eldest sister and you, as a man of taste, will, I dare say, be pleased with them"（这是我大姐画的，您是个有品味的人，我敢说，您会喜欢的）②。这可能是约翰的策略，佯装谦虚时广告效果最好。如果是这样的话，现代义项"you may

---

① 《爱玛》，Ch.XXXII。
② 《理智与情感》，XXXIV。

possibly care for them（您可能会喜欢）"可以适用。但是约翰·达什伍德是个粗鲁、不敏感的家伙。他口中的 I dare say 更可能是"I think I can predict"（我觉得我能预料到），甚至是"I don't mind betting"（我不介意打赌）。

在《诺桑觉寺》中，艾伦太太说道："I hope Mr Allen will put on his greatcoat when he goes, but I dare say he will not, for he had rather do anything in the world than walk out in a greatcoat"（希望艾伦先生去的时候穿上大衣，但我敢说，他不会穿的，因为他干什么也不愿意穿着大衣出门）。[1] 在这里，现代义项非常适用。但语气更强烈的古老词义同样适用。考虑到她丈夫的常规做法，艾伦太太的意思很可能是十拿九稳他不会穿大衣出门。

约翰·达什伍德夫人劝说丈夫不要理会他父亲临终前的遗言，她这样说："He did not know what he was talking of, I dare say; ten to one, he was light-headed"[2]（我敢说，他当时不知道自己在说些什么；他十之八九是头晕了）。*I dare say* 的意思是"for all we know"（就我们所知）吗，还是"十之八九"的近义词呢？

同样在这本小说中，詹宁斯夫人的 *I dare say* 也模棱两可。她确信布兰登上校有一个名叫威廉斯小姐的私生女。当上校收到一封信却没有跟身边人透露一句话，詹宁斯夫人说：

---

[1]《诺桑觉寺》，XI。
[2]《理智与情感》，II。

"Perhaps it is about Miss Williams – and, by the by, I dare say it is because he looked so conscious when I mentioned her... I would lay any wager it is about Miss Williams"（也许和威廉斯小姐有关——顺便说一句，我敢说，这是因为我提到她的时候他显得很不自然……我敢打赌这就是和威廉斯小姐有关）①。我们注意到 *I dare say* 前面是 "*perhaps*"（也许），后面是 "*I would lay any wager*"（我敢打赌）。它可以是和其中任何一个同义。也可能介于两者之间，仿佛说话人的确信度在她讲话过程中逐渐增强。

在《傲慢与偏见》中，当宾利劝达西去和伊丽莎白跳舞时，他指出伊丽莎白"就坐在你后面"，并评价伊丽莎白 "is very pretty and I dare say very agreeable"②（非常漂亮，我敢肯定，也十分亲切）"。这真的是现代对话中 *I dare say* 的意思吗？或许有这个可能。但如果评价一个姑娘"也许"、"可能"、"就我所知"十分亲切，这样的鼓励显得冷漠，也不符合宾利先生慷慨、乐观、随和的性格。我想，如果宾利说的是现代英语，他至少会说 "no doubt"（无疑），或者（更有可能）"I don't mind betting"（我不介意打赌）。

如果我们没有想到用马洛礼和班扬的用法作为参考，或许以上这些段落几乎没有什么地方会引起我们的注意。事实上，我惭愧地记得，还是孩子和年轻人的那些年里，我读十九世纪的小说

---

① 《理智与情感》，XIV。
② 《傲慢与偏见》，III。

却一直没有注意到，那时的语言与我们自己的有很多不同。我相信，正是读更早的英语作品才最先打开了我的眼睛：因为一个人在读这些古代作品时，遇到读不懂的地方没那么容易自以为读懂了。同样，有人说拉丁文或德语最先教会了他们英语也有语法。正所谓，不识庐山真面目，只缘身在此山中。

12 在语言的边缘

语言之所以存在,是为了传递它所能传递的信息。有些事情很难用语言表达,所以但凡有其它可用媒介,我们就不会再想用语言交流。有些人觉得,让一个孩子描述如何打领带或者剪刀长什么样,就是在测试孩子的"基本"英语水平,那真是大错特错了。因为语言所做不到的,做不好的,恰恰就是描述复杂的形状和动作。正因如此,古代作家对这些事物的描述几乎总是让人不知所云。也因此,在现实生活中有此类目的时,我们从不会主动使用语言,而是会画图,或者打手势。此类考官设计的基础语言测试,就好比把马戏团里最难的花样骑术作为基础马术的考核。

语言的另一大受限之处在于,它不能像音乐或手势那样,同时做出多样表达。一位伟大的诗人,无论他的词句如何交相辉映,犹如瞬间的和弦那样打动人心,然而,严格来讲,每个词都必须一个接一个地被读出来,或者被听到。这样一来,语言就像时间,是单向的。因此,在叙事中,把一个突然发生的复杂变化用语言呈现出来,是极其困难的。如果我们尽力体现复杂性,读者阅读文字花费的时间就会破坏瞬间感。如果我们展现瞬间感，又将无法体现复杂性。我不是说天才没法找到方法弥补语言工具的这一缺陷；我想说的只是，语言工具在这方面就是有缺陷的。

语言最重要、最有效的用途之一是表达情感。这当然也完全合理合法。我们说话不只是为了讲道理或说事情。我们还需要表达爱意、争吵、安抚、饶恕、指责、安慰、调解和刺激。约翰逊博士说："抱怨的人才像个人，像个社会人。"我们真正要反对的并不是表达情感的语言，而是明明在表达情感的语言，却伪装成——无论因为明摆着的虚伪还是更隐晦的自欺——别的什么东西。

我们这代人都很感谢 I. A. 瑞恰慈博士[*]，是他充分唤起了我们对语言情感功能的关注。与此同时，我也非常感谢燕卜荪教授，是他指出情感性语言这个概念容易被延伸得太广。① 是时候叫停了。

我们显然不能因为语言实际上唤起了情感，甚或因为语言必然会唤起情感，就把任何表达都称为"情感性"语言。"到底不是癌症"，"德国人投降了"，"我爱你"——可能都只是有关事实的真实陈述。而且唤起情感的当然是事实，不是语言。最后一句"我爱你"中的事实本身是一种情感的存在，但这并没有什么区别。关于犯罪的陈述不是犯罪语言；关于情感的陈述同样也不一定是情感语言。在我看来，价值判断（"这是好的"，"这是坏

---

* I. A. 瑞恰慈（I. A. Richards, 1893—1979）：英国教育家、文学评论家。
① 《复杂词的结构》，ch. I.

的")也不是情感性语言。赞成和反对在我眼中不是情感。如果我们总是对自己判断为好的事物怀有恰当的情感,活着会容易很多。将"我在羔羊血中被洗净"当作情感语言也是一个错误。毫无疑问这是隐喻语言。但是,说话者正试图通过他的隐喻来传递他所相信的一个事实。你当然有可能认为,这个人所持的这一信念是错的。你可能认为,鉴于真正的宇宙是什么样的,与此陈述相符合的事实不存在。你可能会说,一个人说出那样的话,促动他的正是一种情感状态。但如果是这样,便是一种情感产生了关于一个不可能的事实的错误信念,此人所陈述的是被错误相信的事实。有人(在德国人未投降前)草率相信德国人已经投降了,这可能是他的情感造成的。但不会让"德国人投降了"成为情感语言的例子。如果今天你还能找到一个人,他相信"俄国人已经被魔法消灭了",即便他这么说了,这也不是情感语言,尽管他会相信魔法可能是由情感导致的。

316 　　以上这些都容易理解。而在诗人的话语里,我们会遇到一些更难的东西。因为诗人的话如果不能唤起任何情感,那么其表达的目的也就受挫了。诗人的话不仅仅是在事实上唤起情感,如上文所引的句子那样;这些话的目的——无论如何,至少是部分目的——就是唤起情感。但我们必须非常小心。诗的话语确实唤起情感,其意图即唤起情感,如果被看作对现实的陈述——甚或是虚构叙事中的虚拟"现实"——就会变成一派胡言,或至少是错误的,认识到这些之后,我们是否可以总结说,诗仅仅是和我们交流了情感?我觉得答案是否定的。

"我的灵魂是一艘被施了魔法的小船",① 要说这句话和"天呐"之类的感叹词功能一样,只是更好一些——无论好多少——我是怎么也不会被说服的。阿西亚从冥王的黑暗洞府中升起。她正向上漂浮。她被颂赞为"生命之生命!"诗歌第 97—103 行("我们穿过了岁月的冰窟"等等)所描绘的倒转的时间过程,借自柏拉图的《政治家篇》(269° sq.),标志着一个事实,即此时此刻整个循环倒转了,宇宙重新开始。阿西亚正在被神化。那是什么样的感觉呢?诗人这样告诉我们:"想想划船。却又无需费力"(他在下一行补充道:"像一只睡梦中的天鹅"随波滑行),"像一艘无帆无桨之船;不知动力何在。就像一艘魔船——你一定读过或梦到过——一艘被魔法牵引的船,身不由己地、平稳飞速地向前驶去。"一点没错。我现在知道阿西亚的感觉了。语句传达了情感。但请注意是如何传达的。第一个例子诉诸我的想象力。他让我想象一艘船乘风破浪的画面,还有声音。在此之后,他无需多做什么;我的情感会自己跟上。诗歌最常传递情感,但不是直接地,而是充满想象力地为情感创造场地。因此诗歌传递的不止是情感;只有通过那不止是情感的什么,诗歌才可能传递情感。

彭斯把他的情人比作"一朵红红的玫瑰";华兹华斯把他的情人比作"长满苔藓的石头边被遮了一半的一株紫罗兰"。这些表述确实向我传达了诗人各自的情感。但我觉得他们向我传达情感只是通过迫使我想象两个(完全不同)的女人。我在一个女人

---

① 《被解放的普罗米修斯》, II, v, 72。

身上看到的是犹如玫瑰之浓烈的、仲夏夜的甜美；而在另一个女人身上，我看到的是默默无言的难以捉摸的新鲜感，一种很容易被忽视的美。这样的想象之后，我的情感就可以任其生发了。诗人们已经完成了他们的工作。

诗歌确实如此，所有的富于想象力的写作也都如此。对于带来手稿的初学者们，我们必须告诉他们的第一件事就是，"要避免所有仅仅是情感性的修饰语。告诉读者某事'神秘'或'可厌'或'令人敬畏'或'撩人'，是没有用的"。你觉得你的读者会因为你这么说就相信你吗？你必须从一条完全不同的途径来达到这个效果。通过直接描写，通过隐喻和明喻，通过暗中激发强烈的联想，通过恰到好处地刺激读者神经（以正确的强度和顺序），通过句子的节拍、元音韵律、长度和简洁度，你必须让我们，我们这些读者，而不是你自己，发出惊呼"多么神秘！"或"多么可厌"或不管是什么吧。让我自己来品尝，不需要你来告诉我，该做出怎样的反应。

在多恩的诗句中：

> Your gown going off, such beauteous state reveals
> As when from flowry meads th'hills shadow steales
> （你的长袍褪落，尽显优美之态
> 一如山丘的阴影从鲜花地上悄然移退）①

---

① 《挽歌》，XIX，13。

两句中只有 beautious（优美）一词没有起任何作用。

  这个原则也有例外。通过成功的排序，一位伟大的作家有时可以把"优美"这样的词也提升至诗意的高度。华兹华斯的诗句就是一个例子：

> Which, to the boundaries of space and time,
> Of melancholy space and doleful time,
> Superior –
> （空间和时间的边界，
> 忧郁的空间和哀伤的时间，
> 优越于——）①

此处我们看到一个和我之前描述的几乎完全相反的过程。诗中的客体（空间和时间）一方面是我们的想象力所熟悉的，另一方面，又是如此的不可想象——我们读到过太多乏味的尝试，试图仅用最高级甚或最简单的词汇，来让我们感受升华或敬畏——对这样的客体什么也做不了。所以这一次，诗人完全弃置客体（情感的基础），而直接诉诸我们的情感；且并非诉诸非常显著的情感。另一个例外自然存在于戏剧或戏剧性的台词中，诗人——通过谨慎并合理地使用错觉——模仿人们在高度情绪化场合下所说的话，必要时甚至包括口齿不清的呼喊。一位好诗人无法永葆纯洁，带有这种纯洁的模仿属于诗歌，这并不因为诗歌是一种特殊

---

① 《序曲》，VI, 134。

的语言运用，而是因为诗歌就是 *mimesis*（模拟）。古希腊悲剧人物口中的"啊！啊！"或"哦啊啊咦"或"啊哦！啊哦！"，不是诗歌的样本，正如阿里斯托芬笔下咩咩的羊叫和汪汪的狗吠不是诗句一样。

然而，一般而言，诗人触及我们情感的途径在于我们的想象力。

我们也必须从"情感语言"类别中排除我认为和 *supernatural* 一词类似的词汇。它们所指的一类事物可能主要由一种共同的情感绑在一起；但使用这些词汇的目的是把某些事物归入这一类别，而不仅仅是传达导致这种分类的情感。

这样缩小范围之后，我们现在可以重新开始了。大家注意到我自始至终都用了 *emotional*（情感的）这个词，而没有用 *emotive*（感染的）。这是因为我认为后者只符合情感语言的一方面。因为一个"感染词"应是指具有唤起情感的功能的词。可是我们理应把唤起情感的话语和表达情感的话语区分开来吧？前者是为了对（真实或虚构）听者产生某种效果；后者则是释放我们自己的情感，排遣我们满腹的怨气。

我们说到爱的时候，这种区别几乎微乎其微。正如弥尔顿笔下的参孙所说"爱寻求爱"，亲密话语到底更多是言说者对爱的表达，还是为了激起被爱者对爱的反应，这很难分清楚。但这更多是告诉我们爱的本质，而非语言的本质。我从前的一位校长明智地说过，很可惜我们学习的第一个拉丁文动词是 *amare*（爱）。他认为这导致了我们分不清主动态和被动态。如果从 *flagellare*（鞭打）开始学会更好。鞭打和被鞭打的区别，比起爱和被爱的区别，前者会让男生们更容易理解，也更印象深刻。同理，在一场吵架中我们最能看清楚语言的刺激功能和表达功能的区别；尤其是两种功能都由同一个词来承担的地方。说我卑鄙如狗的那个人既表达了情绪，也（事实上或刻意地）刺激了情绪。但不是同一种情绪。他表达的是轻蔑；他刺激了或希望刺激的是与轻蔑完全相反的耻辱感。

在抱怨的语言中我们常常只发现表达功能，而没有刺激功能。当两个错过了末班列车的人，站在安静的站台上，说着"该死"、"可恶"、"要命"，他们既不打算也不需要刺激彼此的沮丧之情。他们只是在发泄自己的郁闷。

在我看来，爱词、怨言、恶语提供了几乎是唯一的纯情感性词汇样本，所有想象的或概念的内容荡然无存，除了表达或刺激情感，它们根本没有其它功能。对这些词汇的研究很快会让我们相信，它们的使用也是最非语言性质的。我们已来到语言和无意义的发音之间的边界。在这里我们发现了一条运行中的双行道。

一方面，没有实义的声音逐渐有了固定的拼写方式，在词典里有了一席之地。英语的 *heigh-ho* 和拉丁文的 *eheu* 显然是对叹息声的书面模仿；*ah* 是模仿喘息声；*tut-tut* 是模仿舌头和硬腭相击的声音。这些是一般情况。特定情况下，无意义的声音也会临时"词化"。一声有意的尖叫或许代表求饶。一位伤者为了引起担架手的注意而故意呻吟，这呻吟可能等同于一句话（"这个战壕里有一位伤员"）。

但是我们也会看到从相反方向跨过这道边界。我们在咒骂和怨言中看到曾经的词汇逾越语言范畴（严格来讲），变成没有实义的声音，甚至动作；成了叹息、呻吟、呜咽、咆哮，或是老拳。

"诅咒语"——抱怨时的 *damn* 和咒骂时的 *damn you*——是个好例子。历史上，这些抱怨咒骂背后是完整的基督教末世论。如果从未有人想把他的仇敌发落到永恒的地狱之火中，且深信确实有永恒之火在等着他的仇敌，那么这些骂人话从来就不会存在。但是词义的膨胀、出自坏脾气的自动夸张、宗教的衰朽，早已清空了骂人话的骇人内涵。那些完全不相信下地狱之说的人——以及仍然相信的人——现在也会诅咒绝无可能下地狱的无生命体。这个词已经不再是诅咒话了。它被使用时，几乎已经算不上一个真正的词。它的流行可能更多是因为震耳欲聋的暴口效果，而不是和地狱还有多少想象中的关联。它不再具有亵渎意味。也变得远不如以前强有力。*sickening*（恶心）作为骂人话也是如此。惊恐和绝望确实能造成恶心，或者至少是与之类似的感觉。但那个错过了火车而喊 *sickening* 的人却和惊恐绝望无关。这个词只是 *damn* 或 *bloody* 的同类替代。而且它但凡还带有一点恶心呕吐的暗示，词效都会比现在强烈得多。

侮辱性词语也是如此。如果不是有人曾经真的把他的仇家比作一头猪，现在也不会有人用 *swine*（猪猡）来称呼他的同学或邻居。而现在这个词只是 *beast*（野兽）或 *brute*（禽兽）或各种不堪入耳之词的替代品。这些词都可以互相替换。我们知道，*villain*（恶棍）曾经是真的用来把你的仇家比作一个 *villein*（佃农）。一度喊一个人 *cad*（青头）或 *knave*（混混）是把他放到仆人的位置上。之所以可以这样，是因为早些时候这些词的意思是

"小子"或"小年轻"(希腊语招呼奴隶为"小子",法语招呼服务生为"小伙"[garçon])。

因此,所有这些词都在此世经历了降格。上文提到的词语没有一个从一开始就仅仅是侮辱性的,几乎没有几个是带侮辱性的。它们一度会刺激情感是因为有画面感。它们让仇家变得面目可憎、卑劣可鄙,因为它们声称仇家像某个我们本来就讨厌或鄙视的人或事。这些词的用法就是对三段论的某种热情的拙劣模仿:猪(或仆人或我的下手)是可鄙的——约翰像头猪(或仆人或小年轻)——因此约翰是可鄙的。这就是这些词伤人的原因;因为伤人不是它们唯一所做的事。它们刺激情感是因为它们也刺激了别的一些东西;就是想象力。它们在特定情况下刺激了情感,因为它们调动了我们对整类人或事物的既有情感。而现在它们能做的只剩下情感刺激,它们的情感刺激功能也就弱化了。这些词不做任何特殊的指控。它们告诉我们的仅仅是,说话者生气发火了。

而即便是这一点,骂人话也不是语言性地告诉我们,而是症状性地展现;正如涨红的脸、扯开的嗓门、攥紧的拳头也同样能做到。另一个人的怒气可能会伤害或吓到我们;如果我们爱他,就是前者,如果他比我们高大、年轻还用暴力威胁我们,那就是后者。但是他此刻的语言却几乎没有力量去做它唯一意图要做的事。当 swine(猪猡)这个词还能让人联想到臭烘烘的猪圈和可憎的猪叫,那么被叫作猪猡会伤人得多;当 villain(恶棍)这个词还会唤起一个肮脏、恶臭、难以管教、令人厌恶、打着饱嗝的吝啬乖戾的粗人形象,那被叫作恶棍也会更伤人。不过现在谁还

324 在乎呢？专门用作伤人的语言很奇怪地偏偏不怎么能伤人。

当我们逮到一个"正在变化中"的词时，这一点尤其一目了然。*Bitch*（母狗）就是一个例子。直到不久前——在一些特定语境中依然如此——这个词都是用来指责犯了某种特定错误的女人，通过唤起一只雌性狗发情时的滑稽不雅行为的画面，在一定程度上成功引发我们的鄙视。但现在，这个词被越来越频繁地用在任何让说话人不快的女性身上，不管是什么原因——在他前面的女司机，或者他认为有失公正的一位女性地方官员。显然，这个词的狭义用法要伤人得多。如果这一狭义用法彻底消失——我觉得会发生——这个词就会降到 *damn her* 的程度。请注意，*cat*（猫）用来指女人的时候仍然是一个强劲有用的词，因为这个意象仍然很鲜活。

一个重要原则因此出现。一般来说，情感词汇若要起效，一定不能只是情感性的。没有意象或概念的介入，任何对情感的直接表达或激发都将苍白无力。尤其当伤害仇家成为侮辱性词语直接唯一的目的，这样的词反而伤不到对方多少。不管在行为领域情况如何，在语言领域，仇恨只会引火自焚，那些太想去伤害的人往往无力出击。而这一切只是换一个说法，要说的还是当词汇只剩下情感，它们就不再是词汇，因此当然也就不再发挥严格意义上的语言功能。它们和咆哮、吠叫、泪水成了同类。"只剩
325 下情感"的前提很重要。作为词它们已经死亡，不是因为包含太多情感，而是因为包含太少其它东西——最终除了情感什么也没有了。

这倒也没什么可悲叹的。一个抱着婴儿的母亲，或在彼此

怀中的恋人，他们使用的语言满是情感，确实不再是语言，我觉得这也无所谓羞耻或冒犯；沉浸在仇恨中的人，尽管（物理意义上）在发出声响，实际上并没有比咆哮的野兽多讲——多说了些什么，这可能也没什么问题。真正的败坏在于，实际上抱着纯粹情感性目的在说话的人，却通过使用看似充满概念性内容、但实际并非如此的词汇，来隐瞒真实的说话目的，可能也是向自己在隐瞒。

我们都听过"布尔什维克分子"、"法西斯"、"犹太人"和"资本家"这些词不被用来描述，而仅仅用来侮辱人。罗丝·麦考莱注意到一种倾向，当某个词被用来指说话者讨厌的人时，前面就会加上"所谓的"；最荒唐的莫过于人们称德国人为"这些所谓的德国人"。"资产阶级"和"中产阶级"也是一样的命运。

我认识的一位文人朋友，读到任何对他作品的不佳评论时，都会称之为 vulgar（粗俗）。对他的指控是只有受过高等教育的人才会提出的那种；语调也谈不上冒犯，只是没有说好话；措辞亦无懈可击。如果他称其错误、不知所云、或居心叵测，我都能理解，尽管可能不同意。但为什么是"粗俗"呢？显然这个词被选中只是因为说话者认为这会是他的敌人——如果他能听见的话——最不喜欢的一个词。它相当于一句诅咒或一声怒吼。但是说话者自己也意识不到，因为"这真粗俗"听起来像是一句判断。

写批评文章时，我们必须持续警惕这样的事情。如果我们真的认为一部作品非常糟糕，就会忍不住讨厌它。然而，批评的功能是"让我们自己走开，让人性来决定"；不是去释放我们的厌恶，而是去阐述厌恶的理由；不是去诋毁错误，而是去诊断并展示错误。遗憾的是，表达厌恶和报复别人总是更容易，也更让人心生快意。因此，选用贬义词时，我们倾向于考虑的不是其准确性，而是其杀伤力。如果本意是要喜剧效果的写作让我们读得牙痒痒，*arch*（搞笑）或 *facetious*（滑稽）是多么轻易地从我们笔下流淌出来！但是，如果我们不知道我们用这些词究竟是什么意思，如果我们没有准备好讨论犯了 *archness*（搞笑）和 *facetiousness*（滑稽）错误的喜剧作品与犯其它错误的喜剧作品有何不同，恐怕我们使用这些词不是为了告知读者信息，而是为了刺激作者——*arch* 或 *facetious* 可是我们这个年代最有效的"抹黑词"。同样，那些明显在追求成熟或宣称成熟的作品，如果不讨批评家喜欢，就会被说成 *adolescent*（青春期的）；不是因为批评家真的认为作品的问题是青春期易犯的错误，而是因为他知道青春期这个词是作者最不想或不期待听到的指责。

327　　对此最有效的抵抗措施是不断提醒我们自己，贬义词的正确功能是什么。最简单、最抽象的终极贬义词是 *bad*（坏）。我们在批评时不用这个字眼的唯一目的是要更具体，是要回答"坏在哪里"这个问题。贬义词只有做到这一点才是被正确使用。*swine*（猪猡）作为侮辱词汇现在是个糟糕的贬义词，因为它对被中伤者并没有提出任何明确的指责；*coward*（懦夫）和 *liar*（骗子）是好的贬义词，因为它们是指控某人的某个特定错误——此人是否确实如此，也可以被证明。就文学批评而言，"枯燥"、"陈腐"、"不连贯"、"单调"、"色情"、"嘈杂"，都是好的贬义词；它们告诉大家一本书在我们看来具体是哪里出了问题。

adolescent 或 provincial（乡气）不是好的贬义词。因为即便它们是被诚实地用来定义，而不是仅仅为了伤人，这两个词也是在暗示这本书糟糕的缘由，而不是描述糟糕本身。我们实际上是在说："作者犯错是因为他不够成熟"或"是因为他住在兰开夏郡"。但是，指出错误本身，忽略有关它们成因的历史理论，这难道不有趣得多吗？如果我们发现这样的词——还有 vulgar 之类的——对我们的批评不可或缺，如果我们发现自己越来越多地用它们来指不同的事物，我们就有重大理由去怀疑——不管我们是否意识到这一点——我们用这些词是为了伤人，而不是为了诊断。果真如此，我们就是在协助词汇谋杀。因为这条下行之路通向的是被谋杀之词的坟墓。首先，这些词都是纯描述性的；adolescent 告诉我们一个人的年龄，villain 告诉我们他的身份。其次，它们有特殊的贬义含义；adolescent 告诉我们一个人的作品展现的是"为赋新词强说愁"，而 villain 是说一个人有着粗鄙之人的想法和举止。然后，这些词成了单纯的贬义词，bad 的无用的同义词，villain 已然如此，若不引以为戒，adolescent 也在劫难逃。最终，它们变成侮辱性词汇，也就不再是真正意义上的语言了。

　　本书即将结束，故此这些题外话——因其跳出词汇的主题——或许可以被谅解为某种尾声。在最后几段里，我们不得不提及文学批评。但凡我能向哪怕一位读者传达这样一个信念，即反面批评非但不是最容易的，反而是世界上最难做好的事情之一，我也深感欣慰了。我持此观点出于两个原因。

　　I. A. 瑞恰慈博士最早严肃探讨了坏文学作品的问题。他与这个问题持久搏击，足以显示问题性质之晦暗。因为当我们试图定义一部作品的糟糕之处,我们最终往往是基于一些同样能在优秀作品中找到的特质而称其为糟糕。I. A. 瑞恰慈博士一开始寄希望于能在引发俗套反应这一点上找到糟糕文学的秘密。但是格雷*的《墓畔挽歌》让他受挫。这是一首通篇引发俗套反应的优秀诗作。更糟的是,此诗独特的好就在于引发这样的反应。类似的情况层出不穷。你面前的小说是糟糕的——一位贫穷、普通的性饥渴女性,在做自我安慰的幻想。是的,但是《简·爱》亦是如此。另一本书杂乱无章;但是《项狄传》亦复如此。还有一位作者对自己所处时代的政治、社会、思想巨变一概漠不关心,令人震惊;就和简·奥斯汀一样。要解决这个问题,我想,还是路漫漫其修远兮。

另一处难点在于内心。如我先前所言,我们厌恶自己眼中全然低劣的作品。如果它不但低劣,且大受欢迎,以至于我们赞赏的作品反而被赶到舞台边缘,那么,一种不太客观的恨意便悄然滋生了。越来越低级的厌恨可能会层出叠见;我们可能会讨厌作者本人,我们和他可能分属敌对的文学"党团"或派系。我们面前的书成了一种可恶的(*l'infâme*)象征。于是,一种危险将盘桓不去,即所谓的批评(评判)沦为单纯的动作——战斗中的一记重拳。果真如此,我们作为批评家就迷失了。

所有记得阿诺德《学院的文学影响》一文的人都清楚我们为何迷失。但其中的教训已经被遗忘了。在我们这个时代,"英国报刊的暴行"(*brutalité des journaux anglais*)已被坚决且成功地

---

* 格雷(Thomas Gray, 1716—1771):英国抒情诗人。

复兴。我们常常谴责注满恶意的评论，指出其社交层面的无礼，伦理层面的失德。我无意在这两个层面是为这些评论辩护；但我想强调它们的无效。

毫无疑问，如果我们已然同意这个批评家的观点，就会喜欢他的评论。但是，我们这样的阅读无助于我们自己的判断。我们是在享受自己"一方"给出的一记重拳。如果我们带着开放的心态去读，就会明白这些评论毫无严格的批评功能。我最近读到一些异常猛烈的评论，都是出自同一位作者，让我对此深有感触。我的心态也非开放不可。他评论的书不是我写的，也不是我任何密友所写。我从未听说过这位批评家。我读（起初是读——很快就学会要跳读）是为了了解这些书怎么样，是否应该考虑购买。但是我发现关于这些书怎么样，我一无所获。批评家在前一百个字里，已经激情爆发。此后我所经历的，我想在这种情况下也会是所有人的经历。我的大脑自动地、不假思索地、毫无所谓地就把他说的每句话都打了折扣；正如我们听醉酒或神志不清的人说话时那样。事实上，我们甚至没法对这本书多做考虑。批评家把我们的注意力全集中到了他自己身上。一个人在肆意怨恨的痛苦和刺激的混合物中扭动，这样的景象让人无法视而不见，顾不上再去考虑文学作品本身。我们正面对现实生活中的悲喜剧。读到最后，我们发现批评家告诉了我们关于他自己的一切，唯独没这本书什么事。

因此，在文学批评中，就和词汇一样，仇恨超越了自身。伤人的意愿太过强烈和赤裸，以至于无力达到期望的恶作剧效果。

当然，如果我们要做批评家，我们就必须既批评，也赞赏；

有时候必须彻底地、严厉地批评。但我们显然也必须慎之又慎；自古以来，伟大的批评家们就在他们的指责中暴露了自己。我们——远不如他们的后人——是否能找到方法避免重蹈覆辙呢？我想也许还是可以的。我想我们得牢牢记住，越是感觉非写一篇慷慨激昂的批评不可的时候，恰恰也是最好闭上嘴巴的时候。冲动本身正是危险的信号。一位我们仰慕的作家，尝试了一种我们喜爱的体裁，最后交出了让人失望的作品，这时我们来写批评还是基本安全的。我们知道自己期待什么。我们看到，也欣赏他的努力。借着这些光亮，我们可能诊断出这本书的问题在哪里。但是，一位我们从来都没法忍受的作家，尝试"恰恰是我们一直都厌恶的东西"（他或许不成功——或许更糟糕地是，成功了），那么，如果我们是明智的，就应该保持缄默。我们厌恶之情的强烈本身就可能是一种症状，表明我们内在不太对劲；我们心中的某个痛处被刺到了，或者某种私人的或派系的动机在悄然运作。如果我们只是在评头论足，我们更应该冷静些；不要急于开口。我们如果真的开口，几乎肯定会大出洋相。

在这件事情上的节制无疑让人痛苦。但是，无论如何，你总可以现在就把你无情的批评写下来，然后把它扔进纸篓里过个一两天。冷静之后再重读几遍，节制就没那么难了。

索 引

索引所标页码为英文版页码，参见本书边码

ADDISON, 艾迪生 *wit*, 105; *sense*, 154; *sensibility*, 159; *simple*, 174; *world*, 265

AELFRED,*gecynde* (adj.), 27;*gecynd* (sbst.), 48;*freora*, 114; *woruld*, 214, 218, 221-222

AELFRIC, 埃尔弗里克 *gecynde* (sbst.), 26; *cynd* (gender), 26; *woruld*, 214, 244-245, 247

AESCHYLUS, 埃斯库罗斯 *aion* (world), 226; *aion* (life), 270

AGLIONBY, 阿格利昂比 on conscience, 197-198

ALANUS AB INSULIS, 里尔的阿兰 41 n., 44

ANDREWES, LAUNCELOT, 兰斯洛特·安德鲁斯 *villains*, 118

APULEIUS, 阿普列乌斯 *simplex*, 171-177

AQUINAS, THOMAS, 托马斯·阿奎纳 61; *simpliciter*, 168; *synteresis* and *conscientia*, 194

ARISTOPHANES, 阿里斯托芬 *xunoida*, 187; *be* and *au*, 319

ARISTOTLE, 亚里士多德 *phusis*, 34, 39, 56; history-tragedy, 57; *phusis*, 65; classification of his works, 68; *phusike*, 70; quoted, 110; *eleutheria*, I 26; *eleuthera* by analogy, I 27; *koine aisthesis*, 147; on sense and motion, 151; *haplos*, 167-168; *aion*, 226; *kosmos*, 252; *bios*, 275, 276, 277

ARNOLD, 阿诺德 18, 229; *world*, 241-242, 243, 248, 260, 265; *life*, 278, 286-287, 291

ASCHAM, 阿斯克姆 *Wits*, 88

'ASSEMBLY OF GODS, THE',《众神会》*synderesis*, 196

'ASSEMBLY OF LADIES',《群妇之会》*World*, 255

AUDEN, W. H., 奥登 94

AUGUSTINE, ST, 圣奥古斯丁 112; *communis sensus*, 150

AULUS GELLIUS, 奥卢斯·盖里乌斯 senserint, 137
AUSTEN, JANE, 简·奥斯汀 sad, 83, 84; sense-sensibility, 164; conscious, 186; I dare say, 307-311
AUTHORISED VERSION, THE, 钦定版《圣经》freedom, 125; single, 171; harmless, 172; lowly, 176; thought, 182; know by myself, 187; world, 218, 224-225, 233
AXIOCHUS,《阿西俄库篇》eleutheriotaten, 126

BACON, 培根 sense, 142; conscious, 139; world, 259
BAXTER, 巴克斯特 physically, 70-71; world, 240-241
BEDE, 圣徒比德 jree,114
BENSON, A. C., A.C.本森 simple and simplicity, 179-180
'BEOWULF',《贝奥武夫》gecynde (adj.); 27, 28sæd, 78;gewitt, 87; anfeald, 165; worold, 216, 218, 221, 245; lif, 271, 272
BERGSON, H., 柏格森 life, 300, 302
BERKELEY, 贝克莱 furniture, 15; conscious, 211
BERNARD, ST, 圣伯尔纳 conscience, 197
BERNARDUS SILVESTER, 伯纳杜斯·西尔维斯特 41 n.
BERNERS, LORD, 伯纳斯公爵 jrank, 123-124; world, 221
BLACK, J. B., 布莱克 199 n.
BOETHIUS, 波爱修斯 27; natura, 48;

ingenium, 90; weoruld, 215
BOILEAU, 布瓦洛 esprit, 93-94; bon sens, 154
BOLT, ROBERT, R.博尔特 life, 279-282
BOSWELL, 鲍斯威尔 state of nature, 64; nature, 64; jreedoms, 117; life, 291
BRADLEY, FH., H. F. 布拉德雷 simpler, 174
BROWNE, THOMAS, 布朗 simpled, 166; world, 259
BROWNING, ROBERT, 布朗宁 world, 237, 248, 264
BULLEYN, W. M., 布兰 natural and nature, 30
BUNYAN, 班扬 conscious, 189; conscience, 206; world, 239; I dare say, 308
BURNEY, FANNY, 范妮·伯尼 sententious, 141
BURTON, 伯顿 wit, 90, 100; reprobate sense, 143; common sense, 147; simply, 169; conscience, 194, 208, 209; salve and solve, 210 n.; world, 253
BUTLER, BP, 巴特勒 conscience, 198
BUTLER ('HUDIBRAS'), 巴特勒(《胡迪布拉斯》) consciences, 199, 200

CAESAR, 恺撒 natura, 24
CARLETON BROWN, 卡尔顿·布朗 sadde, 82
'CASTLE OF PERSEVERANCE, THE',《坚忍城堡》worlde, 238-239

CATULLUS, 卡图卢斯 sentio, 137
CAVENDISH, 卡文迪什 World, 219
CHAUCER, 乔叟 23; kinde (adj.), 29, 32; nature, 40, 41; naturelly, 44; nature, 48; sadde, 78; sadly, 79, 80; sad, 80, 81-82; wittes, 88; Jredom, 115; free, 116; vileinye, 119-121; sentence, 139-140; sensualitee, 151; simple, 177; conscience, 183; world, 219,222, 223, 239, 256, 257, 258; lyf, 272, 273
CHESTERFIELD, 切斯特菲尔德 238; monde, 266
CHESTERTON, 切斯特顿 178; World, 259; life, 278, 281-282
CHRONICLE, THE ANGLO-SAXON, 《盎格鲁－撒克逊编年史》Sæd, 77
CICERO, 西塞罗 natura, 25, 41; natura-judicio, 60; ingenium-ars, 91; ingenium, 92; liberi, 113; liberales, 113; sentiet, 134; sensit, 136; assensi and sentire, 137; sententia, 138, 139, 140; sensus, 142, 143; communis sensus, 149; sensus, 150; simplex-concreta, 166; saecula, 225; mundus, 229
CLARKE, 克拉克 consciousness, 211
CLEANTHES, 克利安西斯 41
CLEVELAND, 克利夫兰 106, 108
CLOUGH, 克劳夫 238
COLERIDGE, 柯勒律治 natural, 52, 71; world, 243
COLLINS, 科林斯 kind (adj.), 33
'CONCILIUM IN MONTE REMARICI', 《勒米尔蒙大会》life, 273
COTGRAVE, 科特格雷夫 sad, 78

'COURTESY' AND 'CURTSY', "礼貌"和"屈膝礼" 99-100
COVERDALE, 科弗代尔 77; lowly and simple, 176
COWLEY, 考利 wit-judgment, 91; his description of wit, 105, 106, 108
COWPER, 柯珀 73; sensibility, 160; conscious, 213; world, 263
CRANMER, 克莱默 172

DANTE, 但丁 natura, 39; semplicetta, 177; mondani, 246
DAVENANT, 戴夫南特 on wit, 101
DAVIES, 戴维斯 wit, 87
DEFOE, 笛福 conscience, 200
DEGUILEVILLE, Translunary-sublunary, 德吉维尔 40 n.; synderesis, 195
'DELTA',《德尔塔》life, 278,281
DENHAM, 德纳姆 conscious, 185
DESCARTES, 笛卡尔 abonde en son sens, 143; bon sens and sens, 153
DICKENS, 狄更斯 I dare say, 306
DIGEST, THE,《学说汇纂》sensus, 145; mundus, 229
DIOGENES LAERTIUS, 第欧根尼·拉尔修 suneidesis, 182
DONNE, 多恩 109, 110, 318; sentences, 141; one sense, 150; sense, 151; world, 259
DOUGLAS, 道格拉斯 sad, 79; ajaild, 165
DRYDEN, 德莱顿 18; kindness, 33; nature-reason, 49; wit and wits, 87; wits, 90; wit-poet, 96; his definitions

of *wit,* 101, 105; his actual use of the word, 102; momentary honesty, 107-108; *sense,* 145; *sensible,* 59; *simple,* 175; *life,* 278

DU BARTAS, 杜巴塔斯 108

DU BELLAY, 杜·贝莱 257

DUMAS *Demi-Monde,* 小仲马《半上流社会》267-268

EDDINGTON, 爱丁顿 *World,* 249, 254; *life,* 293-294

ELYOT, 埃利奥特 *unnatural* or *supernatural,* 65

EMPEDOCLES, 恩培多克勒 *phusis,* 34, 35, 36, 37

EMPSON, W., 燕卜荪 9, 93, 94, 96, 314

EPICTETUS, 爱比克泰德 *koinos nous,* 146, 152

EURIPIDES, 欧里庇得斯 *phuein,* 34; *phusis,* 34; *ephu,* 46; *sunesis* and *sunoida,* 188; *aion,* 275

FARQUHAR, 法夸尔 *sad,* 83; *Jive,* 285

FIELDING, 菲尔丁 *sensible,* 159

FINDLAY, S., 芬德利 *life,* 300

FLECKNOE, 弗莱克诺 on *wit,* 101

FLETCHER, *simples,* 166

'FLORIS AND BLANCHEFLOUR', 《弗洛里与布朗谢芙萝》*free,* 115

'FLOWER AND THE LEAF, THE', 《鲜花与绿叶》*unkindly,* 65; *world,* 258

FONTENELLE, 丰特奈尔 *monde,* 253; *terre,* 253

FREUD, 弗洛伊德 20

GASCOIGNE, 盖斯科恩 108

'GAWAIN AND THE GREEN KNIGHT', 《高文爵士与绿衣骑士》*kinde* (adj.), 32; *franchise,* 124; *simple,* 175, 176; *conscience,* 183; *worlde,* 222, 261

GAY, 盖伊 83

GENESIS, 创世记 40

'GENESIS AND EXODUS', 《创世记和出埃及记》*kinde* (sbst.), 27; *kinde* (adj.), 31

GENEVA BIBLE, 日内瓦圣经 *innocent,* 172

GIBBON, 吉本 *world,* 259

GILBERT, W. S., W. S. 吉尔伯特 *I dare say,* 306

GOETHE, 歌德 *Leben,* 292

GOLDING, 戈尔丁 'the *supernaturalls',* 68

GOWER, 高尔 *sad,* 78; *franchise,* 125; *conscience,* 183; *world,* 215, 219, 220, 258, 260; *life,* 272

GRIMSTONE, 格里姆斯通 *simple,* 173

GROTIUS, 格劳秀斯 61

HAGGARD, H. RIDER, 瑞德·哈格德 *nature,* 71

HALES, 海勒斯 *kind* (adj.), 31-32

HALL, 霍尔 *conscience,* 199

'HARROWING OF HELL', YORK PLAY OF, 《地狱劫》*free,* 115

HEGELIANS, 黑格尔派 106

HENLEY, 亨利 *life*, 278-282, 287
HERACLITUS, 赫拉克利特 76
HERBERT, GEORGE, 赫伯特 *unkinde*, 32; *nature*, 54; *sense*, 145, 152
HERODOTUS, 希罗多德 *phusis*, 34; *zoe*, 275
HOBBES, 霍布斯 61, 63; *conscious*, 185-211
HOLLAND, *PHILEMON*, 费尔蒙·赫兰德 *freedom*, 125
HOMER, 荷马 *aion* (world), 226; *aion* (life), 269; *psuche*, 270; *bios*, 275
'HOMILIES, BOOK OF' 布道书, *conscience*, 196
HOOKER, 胡克 61; *supernatural*, 64; *physical*, 71; *wit*, 100, 149; *simply*, 169; *simplicity*, 179; *life*, 274
HORACE, 贺拉斯 23; *natura*, 25, 56; *ingeniis*, 90; *sensi* and *sentiet*, 135; *communis sensus*, 147; *simplici*, 174; *conscire*, 187, 195; *munda*, 229; *animae*, 271; *vita*, 275
HUGO, 雨果 257

'IMITATION OF CHRIST, THE',《效法基督》54
ISIDORE, 伊西多尔 *physici*, 69

JACKSON, H., H. 杰克森 *world*, 259
JAMES, 雅各 confusion of *kosmos* and *aion*, 23 3
JARRET-KERR, FATHER, 贾勒特·克尔神父 *life*, 278, 281-282
JEWEL, 朱尔主教 *world*, 255
JOHN, ST, 圣约翰 *ge*, 224; *aion*, 228; *kosmos*, 230, 261; confusion of *kosmos* and *aion*, 233
JOHNSON, 约翰逊 *naturally*, 52; *nature*, 55, 56; state of *nature*, 63; *sad*, 83; *wretches*, 84; *poet*, 95, 105; definition of *wit*, 109; *generous* and *noble*, 130; *sentences*, 140; *sense*, 154; *insensible*, 158; *sensibility*, 159; *simply*, 169; *conscience*, 206; *world*, 220, 223, 261, 262, 264, 265; *life*, 274, 278
JONSON, 琼森 *free*, 125
JUVENAL, 尤维纳尔 *ingenuus*, 113; *conscius*, 189; *vita*, 284

KANT, 康德 45
KEATS, 济慈 *world*, 260, 265
'KINGIS QUAIR',《国王书》*lyf*, 272
KNOWLES, M.D., *world*, 259
KNOX, MONSIGNOR, 诺克斯大人 174

LACTANTIUS, 拉克坦提乌斯 *sensibite*, 157; *conscientia*, 182
LATIMER, 拉蒂默 *sententiously*, 141; *conscience*, 206; *life*, 274
LAW, 劳 231
LAWRENCE, D. H., D.H. 劳伦斯 *life*, 286, 287-288, 291, 298-300
LAXDALE SAGA,《拉克斯代尔萨迦》*saddr*, 77
LEAR, EDWARD, 李尔 *worldly*, 247
LEAVIS, F.R.S., 利维斯 94; *life*, 279, 281-282, 288-289
LOCKE, 洛克 *common sense*, 153; *sensible*, 157; *conscious*, 211, 212

LOFSTEDT, EINAR, 艾纳·雷夫斯特德 191 n.
LONGFELLOW, 朗费罗 *life*, 278, 282
LUCAN, 卢坎 94; *mundus*, 261
LUCIAN, 琉善 94
LUCRETIUS, 卢克莱修 *natura*, 36; *gravis*, 76; *ingenium*, 89; *sentimus*, 138; *sententia*, 139; *saecula*, 225; *vita*, 277
LUKE, ST, 路加 *oikoumenege*, 224; *world*, 225; *aion*, 235,238
LYDGATE, 利德盖特 *sad*, 79
LYLY, 黎里 *unkinde*, 29

MACAULAY, LORD, 麦考利 *liberal*, 130; *sense*, 143
MACAULAY, ROSE, 罗丝·麦考利 226; *life*, 291
MACDONALD, 麦克唐纳 *conscience*, 199
MACROBIUS, 马克罗比乌斯 *conscius*, 182
MALORY, 马洛礼 *kynde* (adj.), 28; *kindly*, 28, 29; *natural*, p; *sadly*, 79; *sad*, 83; *simpler*, 176; *simple*, 176; *world*, 247; *I dare say*, 308
MARCUS AURELIUS, 马克·奥勒利乌斯 *phusis*, 41; *eusuneidetos*, 188
MARIANA, 玛丽安娜 *communis sensus*, 150
MARK, ST, 马克 *basieia*, 236
MARLOWE, 马洛 *world*, 250
MARTIAL, 马提亚尔 283
MARVELL, 马维尔 *world*, 219
MASEFIELD, 梅斯菲尔德 *life*, 274
MATTHEW, ST, 马太 *haplous*, 171;

oikoumene ge, 224; *world*, 225; *aion*, 228, 232, 234, 238; *basileia*, 236-237; *kosmos*, 257
MENANDER, 米南德 112; *sunesis*, 188; *sunesis theos*, 192, 197
MILTON, 弥尔顿 *critical*, 20; *nature*, 40, 47, 48; *grave*, 76, 87; *sententious*, 141; *sense reprobate*, 144; *unexpressive*, 157; *sensible* and *sensibly*, 158; *plain*(adj.), 174; *simple*, 179; *conscious*, 186; *conscience*, 189, 197, 200, 205; *save appearances*, 210n.; *secular*, 248; *world*, 248, 258; *world* and *earth*, 254-255; *life*, 283
MOLIERE, 莫里哀 257
MONTAIGNE, 蒙田 *simple*, 166; *monde*, 262
MORE, HENRY, 亨利·莫尔 *conscience*, 206-207
MORE, THOMAS, 托马斯·莫尔 *conscience*, 196, 202-203; *world*, 219
MUSSET, *monde*, 缪塞 257, 266

NESBIT, E., 奈斯比特 *I dare say*, 306-307
NEVILLE, LADY DOROTHY, 陶乐茜·内维尔夫人 97
NEWMAN, 纽曼 *liberal*, 131
NIETZSCHE, 尼采 *life*, 297, 298
NORRIS, JOHN, 约翰·诺里斯 *simple*, 174

OLD NORSE, 古诺斯语 *veroldr*, 215-217; *heimr*, 216-217
OLD TESTAMENT, HEBREW, 《旧约》

234
ORIGEN, 奥利金, 197
OVERBURY, 奥弗伯里 *sentences*, 140; *sense*, 145
OVID, 奥维德 40, 102, 106; *liberioris*, 113; *ingenuas*, 130; *sensit*, 134; *sensus*, 142, 144; *penetrabile*, 157; *conscia*, 185; *anima*, 271; *vitae*, 275
'OWL AND NIGHTINGALE, THE',《猫头鹰与夜莺》*sade*, 78

PARMENIDES, 巴门尼德 *phusis*, 35, 37
PAUL, ST, 圣保罗 *nous*, 143; *sunoida*, 187; *suneidesis*, 192-193; *world*, 225; *aion*, 228, 238; confusion of *kosmos* and *aion*, 233
'PEARL',《珍珠》*kind* (adj.), p; *sad*, 80; *worlde*, 261
PEPYS, 佩皮斯 *conscience*, 204
PETER, ST, 圣彼得 *suneidesis*, 192
PHAEDRUS,《斐德罗篇》*sentiat*, 134; *sensus communis*, 146
'PHOENIX, THE',《凤凰》*gecynde* (sbst.), 26
PIERCE, C. A., C. A. 皮尔斯 192
'PIERS PLOWMAN',《农夫皮尔斯》*kynde* (sbst.), 27; *unkynde*, 30; *kinde* (adj.), p; *free*, 115; *world*, 222, 239
PINDAR, 品达 *aion* (world), 226; *zoe*, 270; *aion* (life), 275
PLATO, 柏拉图 *phusis*, 34; *phuseitechne*, 46; creation of Man, 49; *phusei nomo*, *phusis* of justice, law of *phusis*, 60; *aion*, 226-267; *kosmos*,

229, 252; *psuche*, 270; *eidos*, 294-297; *Politicus* of, 316
PLINY, 老普林尼 *mundus*, 229
PLOTINUS, 普罗提诺 *phusis*, 38
PLUTARCH, 普鲁塔克 *suneidos*, 182
'POEMA MORALE',《道德颂》*world*, 239, 242
POPE, 蒲柏 *conscience-nature*, 52; *nature*, 55; state of *nature*, 63; *nature's self inspires*, 71; whose body *nature* is, 72; *wit*, 87; *witart*, 91; *wits*, 93-94; *true wit*, 106; *wit*, 107, 108; *sense-thought* and *description-sense*, 152; good sense, 154; *conscious*, 212; *mundus*, 229; *monde*, 266; *life*, 271
PRAYER BOOK,《公祷书》27; *comfortable*, 157; *conscience(s)*, 196; *conscience*, 208; *world*, 214, 238; *worldly*, 247; *life*, 273
PSEUDO-CAlDMON, *wit*, 86

QUARLES, free 夸尔斯 116; *world*, 240
QUINTILIAN, 昆体良 *natura*, 46; *ingenium*, 89; *ingenium-judicium*, 91; *sententia*, 139, 140; *sensus*, 145; *sensus communis*, 146; *vita*, 277

RACINE, 拉辛 23
RADCLIFFE, MRS, 拉德克利夫夫人 *sensibility*, 160
RALEIGH, 雷利 *life*, 293
RHEIMS VERSION OF N.T., 兰斯版《新约》*sense*, 144
RICHARDS, I. A., I. A. 瑞恰慈 314, 328

ROBBINS, R. H., R. H. 罗宾斯 *worldly*, 245

'ROMAN DE LA ROSE', 《玫瑰传奇》*nature*, 41; *saddle*, 78; *sad*, 81; *villain* , 118; *vilanie*, 119; *frans*, 123, 124; *sentence*, 139; *simple, simples*, 172, 176; *monz*, 261

RONSARD, 23

ROPER, 罗珀 *conscience*, 196

ROSCOMMON, 罗斯康芒公爵 *sense*, 156

ROSS, SIR DAVID, 大卫·罗丝爵士 34

RUSSELL, C. E. B., C. E. B. 罗瑟尔夫人 *life*, 295-296

RYMER, 托马斯·赖默 *nature*, 57-58

SANNAZARO, 桑纳扎罗 *natura*, 47

'SAWLES WARDE', 《心灵的庇护》*worlde*, 214

SAYERS, DOROTHY, 多萝西·塞耶斯 *I dare say*, 307

SCOTT, 司各特 *gentle-simple*, 176; *world*, 220, 237, 243-244, 246, 262-263

SENECA, 塞内加 *natura*, 47, 62; *ingenium*, 89, 91; *sentiam* and *sentire*, 136; *sensus* (pl.), 149; *sensibile*, I 56; *conscientia*, 188, 198; *vita*, 277, 282

SEPTUAGINT, 七十士译本 *suneidesis*, 182, 188

SHADWELL, 沙德韦尔 *poet*, 95; his description of *wit*, 101

SHAKESPEARE, 莎士比亚 *physical*, 4, 69; *natural*, 28; *kind and natural*, 30; *kindly*, 32; *unnatural*, 43; *nature*, 50, 51, 54; *supernatural*, 66; *physic*, 69 *metaphysical*, 70; *grave*, 76; *sad*, 82, 83; *wits*, 88, 91; *wit* and *witty* 98; *liberal*, 117; *villain*, 121-123 ;*freedom*, 125; *sentence*, 140; *sense*, 143; *wits* and *senses*, 147; *common sense*, 149; *sense* and *motion*, 151; *sensible*, 157, 158, 162, 163; *simple*, 166; *simply*, 170; *simple* and *simpleness*, 172, 173, 179; *conscience*, 183, 188, 204, 207-208, 209; *world*, 220, 223, 245; *time, 226; life, 272, 274, 278*

SHAW, 萧伯纳 *worfd*, 248; *life*, 286-287,300

SHELLEY, 雪莱 316-317; *world*, 242, 243

SHERIDAN, 谢里丹 *free*, 116

SIDNEY, 锡德尼 *natural*, 28 ; *unkind-kind*, 30; *common sense*, 148, 189-190

SOPHOCLES, 索福克勒斯 285; *phunai*, 34; on divine laws, 59; *eleutheron*, 112 *suneidos*, 184; *suneidenai*, 184; *sunoide*, 189; *life*, 281

'SOVERIGN MISTRESS, A', "至高无上的情妇" *worldly*, 245

SPEIRS, J., 斯皮尔斯 *life*, 296

SPENSER,斯宾塞 23; *heavy, 75 ; frank*, 124; *common sense*, 149; *conscience*, 196; *world*, 239

STATIUS, 斯塔提乌斯 41

STEELE, 斯蒂尔 *free*, 117; *simplicity*, 179

STERNE, 斯特恩 *nature*, 53; *grave*, 76; *sensibility*, 160

索引 **375**

SWIFT, 斯威夫特 *grave*, 76; *simple*, 174

TACITUS, 塔西佗 *ingenium*, 89; *ingenia*, 90; *sentire*, 134, 136; *simplicissime*, 171; *conscius* and *conscientia*, 184; *conscientia*, 191 n.; *saeculum*, 225; *vita*, 273
TASSO, 塔索 *natura*, 39
TATIAN, 塔蒂安 *suneidesis*, 197
TAYLOR, JEREMY, 杰瑞米·泰勒 139; *simply*, 169; *innocents*, 173; *simple*, 173; *conscience*, 195, 197; *pretend*, 200; *conscience*, 206, 209; *vita*, 273
TENNYSON, 丁尼生 *sense-soul*, 151; *world*, 254
TERENCE, 特伦斯 *sententia*, 138
TERTULLIAN, 德尔图良 *conscimtia*, 182
THACKERAY, 萨克雷 174
THOMSON, 汤姆逊 *nature*, 72
TODD, 托德 196
TRAHERNE, 特拉赫恩 *life*, 273
'TRIAL OF LADY CHATTERLEY, THE',《查泰莱夫人的审判》*I dare say*, 307
TYNDALE, 丁代尔 *innocent*, 172

USK; 乌斯克 *sentence*, 138

VARRO, 瓦罗 *divina natura*, 73n.
VENANTIUS FORTUNATUS, 福图内特斯 *saeculum*, 261 VERBICIDE, 7, 8, 131-132, 327
VILLEHARDOUIN, 维尔阿杜安 *naturel*, 28
VIRGIL, 维吉尔 *graviora*,75; *gravis*, 76; *solidum*, 79; *sensit*, 135; *penetrabile*, 157; *non repostae*, 175; *saecula*, 225; *anima*, 271; *vita*, 271, 272, 275
VIVANTE, G., G. 维万特 *mondo*, 257
VULGATE, 拉丁文圣经 *sensus*, 143; *simplex*, 171; *simplices*, 172; *conscientia*, 182; *terra*, 224; *orbis*, 224; *saeculum*, 225; *mundus* (adj.), 226; *mundus* (sbst.), 230

'WANDERER',《游荡者》*lif*, 278
WARTON, 沃顿 *world*, 265-266
WEBBE, W. M., 威廉·韦布 *simple*, 166
WELLS, H. G., H.G. 威尔斯 *world*, 249, 259; *life*, 302
WHITGIFT, 维特基夫特 *consciences*, 199
WILDE, 王尔德 139
WILSON, 威尔森 *conscience*, 210
WOOLF, VIRGINIA, 弗吉尼亚·伍尔夫 *life*, 293
WORDSWORTH, 华兹华斯 56; *nature*, 72; *sense*, 142-219; *world*, 241, 243, 260; *life*, 292
WYCLIFFE, 威克里夫 *sad*, 78

XENOPHON, 色诺芬 *eleutherous apo*, 111; *eleuthera*, 126

YEATS, 叶芝 *world*, 243

图书在版编目（CIP）数据

语词谈薮 /（英）C. S. 刘易斯著；丁骏译. —北京：商务印书馆，2023（2023.8 重印）
（语言学与诗学译丛）
ISBN 978-7-100-21927-3

Ⅰ.①语… Ⅱ.①C…②丁… Ⅲ.①英语—词语—研究 Ⅳ.① H313

中国版本图书馆 CIP 数据核字（2022）第 249191 号

权利保留，侵权必究。

语言学与诗学译丛
语词谈薮
〔英〕C. S. 刘易斯 著
丁 骏 译

商 务 印 书 馆 出 版
（北京王府井大街36号 邮政编码100710）
商 务 印 书 馆 发 行
北 京 冠 中 印 刷 厂 印 刷
ISBN 978 - 7 - 100 - 21927 - 3

2023年2月第1版　　开本 880×1230　1/32
2023年8月北京第2次印刷　印张 12 1/8
定价：72.00 元